MD 중학영단어

개정 9쇄 2025년 01월 13일

지은이 : 문덕, 김형탁

발행처 : 도서출판 지수

제작 총괄 : 창 미디어(010-5214-1879)

주소 : 서울시 마포구 토정로 222, 417-2호

전화 : 02-717-6010

팩스 : 02-717-6012

ⓒ 문덕, 김형탁 2020

ISBN 89-93432-27-5 [53740]

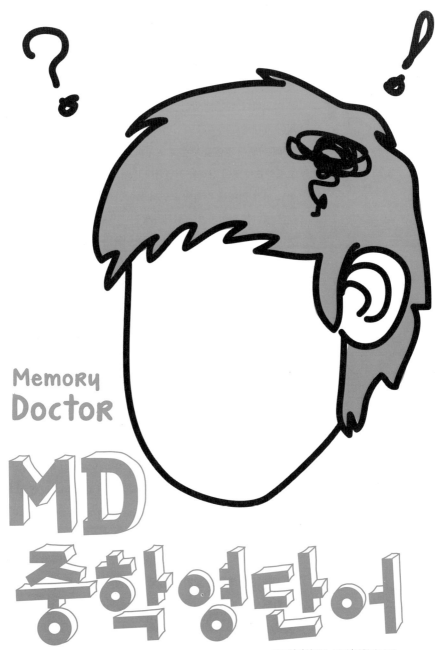

Memory
Doctor

MD
중학영단어

MD 영어연구소 문덕/김형탁 공저

중학교 시절은 단순히 고등학교로 이어지는 중간단계를 의미하는 것은 아닙니다. 대부분 학생들의 영어 성적을 살펴보면 중학교 영어 성적이 그대로 고등학교로 이어지는 것을 볼 수 있습니다. 그만큼 중학교 때 어떻게 영어를 배우고 공부하느냐가 대학 입시를 목표로 하는 고등학교의 영어 성적을 결정한다고 해도 무방합니다.

십년 넘게 영어를 강의해 오면서 특이한 점 하나를 발견했습니다. 그것은 영어를 멀리하거나 싫어하게 된 시점이 대부분 중학교 2학년 무렵이라는 사실입니다. 여러분은 그 이유가 무엇이라고 생각하나요? 그것은 바로 그 시기 때 암기해야 할 영어 단어의 수가 폭발적으로 증가하기 때문입니다. 즉 학생들이 영어에 담을 쌓기 시작하는 단계는 급격히 많아진 어휘의 양을 제대로 소화하지 못한 상태로 문법과 영어 지문을 이해하려하니 자연히 영어가 어려워지고 급기야는 영어를 멀리하게 되는 것입니다. 그러므로 중학교 과정에서 어휘 학습은 단순히 시험문제를 맞추기 위한 것이 아니라 한 학생의 '영어 운명'을 좌우하는 결정적 요인으로 작용합니다.

우리는 이처럼 중요한 중학 어휘책을 집필함에 있어 그 어느 때보다 치밀한 계획과 비장한 각오로 임했습니다. 2년여에 걸친 원고 집필 후에도 또 1년이 훨씬 넘는 13차의 교정 작업을 거치고 또 거치며 「대한민국 어휘교과서」라는 이름에 걸맞는 최고의 책을 만들어냈습니다.

[MD 중학영단어]는 중학 과정에서 꼭 알아야 할 중학 필수 어휘 1,200여개의 어휘를 최중요 어휘 400여개와 주제별 필수어휘 800여개로 분류하고 정확한 용례와 실전력을 갖춘 예문과 함께 수록하였습니다.

이 책에는 학생들이 암기의 벽에 부딪혀 더 이상 좌절하지 않도록 하기 위해 여러 가지 특별한 장치들이 마련되어 있습니다.

첫째, 세계 최초로 만들어 낸 〈cross-day 시스템〉으로 이전 day에서 공부한 모든 어휘가 바로 다음 day의 용례에 그대로 재등장하여 어제 공부한 모든 단어를 학생 스스로 자동 반복할 수 있는 획기적인 복습 시스템입니다.

둘째, MD만의 암기 코드인 〈WCS 시스템〉입니다. WCS란 「MD 영어연구소」가 오랜 연구와 실제 강의를 통해 완성해낸 어휘 습득 장치로 하나의 어휘를 '단어(Word) – 짝짓기(Coupling) – 문장(Sentence)'으로 구성하여 해당 단어가 짝짓기(용례나 어구)로 이어지고 또 그것이 그대로 예문에 등장하여 단어가 자동적으로 3회 반복되도록 하였습니다. 이 〈WCS 시스템〉은 단순히 어휘를 암기하게 하는 데서 그치는 것이 아니라 어휘를 기반으로 영어의 실제 활용 능력(proficiency)까지 대폭 향상시킬 수 있게 됩니다. 셋째 과학적 암기 비법이 담긴 주제별 어휘 구성과 암기의 마침표를 찍게 해 줄 4단계 입체적인 연습문제 또한 「MD 중학영단어」가 자신 있게 내세울 수 있는 부분입니다.

독자여러분! 「MD 중학영단어」는 우리 학생들이 결코 중학교 때 영어와 담을 쌓지 않고 정말 제대로 영어를 공부할 수 있도록 하겠다는 저희들의 절박한 사명감이 담겨있다는 점을 말씀드립니다. 부디 이 책을 통해 중학교 내신 대비는 물론이고 고등학교 영어에 대한 튼튼한 기반을 쌓아가길 기원합니다.

이 책이 나오기까지 많은 분들의 고마운 도움을 받았습니다. 우선 예쁜 삽화를 완성하여 주신 림파림파의 김성연 대리님, 조수진 대리님께 깊은 감사를 드립니다. 책의 내지와 표지 디자인을 총괄하신 구수연 팀장님께도 깊은 감사를 드립니다. 바쁘신 와중에도 저희 책의 구성과 편집에 대해서 조언을 아끼지 않으신 김화정 편집장 님께도 깊은 감사를 드립니다.

2020년 봄
문덕, 김형탁

이 책의 **특징**

『**MD 중학 영단어**』는 MD만의 절대 암기 공식으로
중학 영단어를
제대로, 반드시 외워지게 합니다

❶ 국내의 중학 영단어책 중 단연 **중요어휘 수록!**

총 1,200여 개에 이르는 영단어를 수록했습니다.

- 기적의 최중요 400
- 과학적 암기 주제별 800   → 어휘 총 1200여개

❷ 기적의 **WCS 학습법**으로 최고의 실력 보장!

WCS 학습법은 국내 최고의 영어 어휘 전문 연구소인 〈MD 영어 연구소〉가 20년이 넘는 연구와 실제 현장 강의를 통해 완성해 낸 실전적 영어어휘 습득 이론입니다. 다음 3단계 WCS 학습법으로 최적화 어휘 암기 시스템을 확립했습니다.

단어(Word) → 짝짓기(Coupling) → 예문(Sentence)

WCS 학습법 체험해보자규~

858
diary
[dáiəri]
圐 일기

▶ keep a **diary** 일기를 쓰다
▷ I have **kept a diary** everyday since I was young.
난 어렸을 때부터 매일매일 일기를 써왔다.

– 주어진 표제어를 〈단어 → 짝짓기 → 예문〉의 3회 학습으로 완전한 암기 가능
– 핵심 활용 어구와 예문을 통해 영어에 대한 proficiency(실전능력) 향상
– 실전적 어휘력 향상을 바탕으로 영작문과 회화능력까지 자동으로 upgrade!

❸ 100% 암기 보장 **Cross-Day 자동 반복** 시스템

반드시 기억되게 하는 MD만의 암기 시스템! 400개의 중학 최중요 영단어에는 Cross-Day 자동 반복 시스템을 적용했습니다. Cross-Day 자동 반복 시스템은 이전 Day에서 배운 단어가그 순서 그대로 다음 Day의 용례에 다시 등장해 자동 복습은 물론 100% 완벽한 암기가 가능하도록 한 것입니다.

- Day **1**의 모든 표제어 → Day **2**의 용례에 그대로 재등장
- Day **2**의 모든 표제어 → Day **3**의 용례에 그대로 재등장
- Day **3**의 모든 표제어 → Day **4**의 용례에 그대로 재등장

위의 방식대로 Day 1부터 Day 10까지 400개의 표제어가 완벽한 그물망 구조로 짜여 져 하나의 커다란 '자동 암기 장치'를 형성합니다.

Cross-Day 자동 반복 체험해보자규~

최중요 Day 1	**accept** 받아들이다	**accept** an invitation 초대를 받아들이다
	accident 사고	a car **accident** 자동차 사고
	war 전쟁	declare **war** against ~에 전쟁을 선포하다
최중요 Day 2	**offer** 제공하다	accept an **offer** 제안을 받아들이다
	crash (충돌) 사고	a car **crash** and a car accident 자동차 충돌 사고와 자동차 사고
	survive ~에서 생존하다	**survive** a war 전쟁에서 살아남다
최중요 Day 3	**gift** 선물	offer a **gift** 선물을 제공하다
	cause 원인	the **cause** of the car crash 그 자동차 충돌 사고의 원인
	contest 경쟁	a **contest** for survival 생존을 위한 경쟁

www.moonduk.com에 오시면
「MD 중학 영단어」의 체계적 복습을 위한
추가 학습 자료를 무료로 다운 받을 수 있습니다.

❶단계 : 단어 한 눈에 익히기

하루 학습할 분량의 영단어들을 한눈에 볼 수 있도록 했습니다.
어떤 단어들을 학습하게 될지 미리 확인해보는 예습 페이지입니다.

눈으로 쭉 훑으며 헷갈리거나 모르는 단어에 체크하세요.
체크된 단어들은 본 학습이 끝난 후 다시 돌아와 확인하는 것도
잊지 마시구요.

❷단계 : 본격적인 단어 학습

자~, 이제 본격적으로 단어 학습을 시작합니다.

① 먼저 각 단어 세 번씩 소리 내어 읽으세요.
② 단어-짝짓기-문장(WCS) 순으로 단어를 익힙니다.
   이때도 소리 내어 읽으면 더 효과적이겠죠~?
③ 단어의 뜻을 생각하며 연습장에 다섯 번 써봅니다.
④ 그렇게 오늘 공부할 40개의 단어 학습이 끝나면,
   40개 단어를 쭉~ 연결하여 한 번 더 소리 내서 읽어봅시다.

※ 어휘의 의미를 더욱 분명하게 각인시켜주는 재밌는 삽화로
   공부가 훨씬 쉬워집니다.

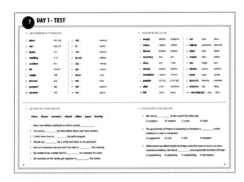

❸단계 : 4-Step 연습문제 풀기

단어를 얼마나 잘 외웠는지 확인해봐야겠죠?
4단계 연습문제를 차례차례 풀어
암기의 마침표 찍읍시다.

문제 A(1단계) : 영단어와 뜻 연결하기
문제 B(2단계) : 올바른 의미 선택하기
문제 C(3단계) : 해석을 통해 문장의 빈칸에
　　　　　　　　단어 채우기
문제 D(4단계) : 4지선다형 문제풀기
　　　　　　　(실전문제를 통해 학교 시험에도
　　　　　　　대비할 수 있도록 했습니다.)

Contents

중학 최중요 영단어
400

사용되는 기호들

»

▶ 표제어 짝짓기
▷ 짝짓기가 그대로 사용된 예문

동 동사   명 명사   형 형용사
부 부사   전 전치사
접 접속사   반 반대말

비교 : 표제어와 비교되는 단어
Tip : 추가로 알아야 할 정보
참고 : 참고로 알아둘 단어
시제변화 : 동사의 시제변화(현재-과거-과거분사)
비교변화 : 형용사의 급변화(원형〈비교급〈최상급)

중학 필수 영단어 주제별
800

MD 스마트 발음기호

모음 vowel

쉬운 모음

[ɑ]	ㅏ	body[bάdi] 몸 box[bɑks] 박스
[e]	ㅔ	air[eər] 공기 net[net] 그물
[i]	ㅣ	lip[lip] 입술 hill[hil] 언덕
[o]	ㅗ	home[houm] 집 snow[snou] 눈
[u]	ㅜ	look[luk] 보다 full[ful] 가득찬

주의 해야 할 모음

[ə]	ㅓ 약하게	asleep[əslíːp] 잠이든 girl[gəːrl] 여자아이
[ʌ]	ㅓ 강하게	son[sʌn] 아들 cut[kʌt] 자르다
[ɔ]	ㅗ/ㅏ 중간	dog[dɔːg] 개 fall[fɔːl] 떨어지다
[ɛ]	ㅔ	bear[bɛər] 곰 care[kɛər] 신경쓰다
[æ]	ㅐ 입술을 좌우로 길게 벌리고	apple[ǽpl] 사과 bad[bæd] 나쁜
[ː]	모음길게	moon[muːn] 달 beat[biːt] 치다

강세 accent

제1강세 제2강세
necessary [nésəsèri] 필요한

제2강세 제1강세
international [ìntərnǽʃənəl] 국제적인

자음 consonant

쉬운 자음

[b]	ㅂ	boy[bɔi] 소년 bed[bed] 침대	[l]	ㄹ	lady[léidi] 숙녀 line[lain] 선, 줄
[d]	ㄷ	dish[diʃ] 접시 dinner[dínər] 저녁 식사	[m]	ㅁ	man[mæn] 사람, 남자 mother[mʌðər] 어머니
[g]	ㄱ	game[geim] 게임, 경기 green[gri:n] 녹색	[n]	ㄴ	nine[nain] 아홉 neck[nek] 목
[h]	ㅎ	hair[hɛər] 머리카락 hat[hæt] 모자	[p]	ㅍ	pie[pai] 파이 pine[pain] 소나무
[k]	ㅋ	kind[kaind] 친절한 cake[keik] 케이크	[s]	ㅅ	sun[sʌn] 태양 spoon[spu:n] 숟가락
			[t]	ㅌ	tea[ti:] 차 table[téibl] 탁자

주의해야 할 자음

[w]	ㅜ	입모양을 동그랗게 앞으로 내밀며	wind[wind] 바람 woman[wúmən] 여자	[ʒ]	쥐	pleasure[pléʒər] 기쁨 usual[júːʒuəl] 평소의
[r]	ㄹ	'l'과 달리 입천장에 혀가 닿지 않게	roof[ru:f] 지붕 arm[a:rm] 팔	[dʒ]	짧게 쥐	juice[dʒu:s] 쥬스 age[eidʒ] 나이
[f]	ㅍ/ㅎ 중간	윗니를 아랫입술에 살짝대고	father[fáːðər] 아버지 fine[fain] 좋은	[ʃ]	쉬	sure[ʃuər] 확실한 nation[néiʃən] 국가
[v]	ㅂ	윗니를 아랫입술에 살짝대고	very[véri] 매우 view[vju:] 시야	[tʃ]	짧게 취	chair[tʃɛər] 의자 nature[néitʃər] 자연
[θ]	ㅆ	이 사이에 혀를 살짝 물었다 빼며	three[θri:] 셋 think[θiŋk] 생각하다	[ŋ]	받침 ㅇ	song[sɔ́:ŋ] 노래 bring[briŋ] 가져오다
[ð]	ㄷ	혀가 윗니에 살짝닿게	this[ðis] 이것 brother[brʌ́ðər] 형제	[ja]	ㅑ	yard[ja:rd] 마당, 뜰
[z]	ㅈ	우리말'ㅅ'을 성대를 떨며 발음	zebra[zíːbrə] 얼룩말 zoo[zu:] 동물원	[jʌ]	ㅕ	young[jʌŋ] 젊은
				[je]	ㅖ	yellow[jélou] 노랑
				[jɔ]	ㅛ	yawn[jɔ:n] 하품하다
				[ju]	ㅠ	you[ju] 너

100% 암기를 가능케 하는
비법이 담긴

중학
최중요 영단어

400

>> 001

040

오늘 학습할 필수 단어입니다. 눈으로 스캔하며 모르거나 헷갈리는 단어에 체크하세요.

- **accept** 받아들이다
- **accident** 사고
- **war** 전쟁
- **beat** 치다
- **heat** 열, 더위
- **energy** ① 활력 ② 에너지
- **nature** ① 자연 ② 천성
- **beautiful** 아름다운
- **refuse** 거절하다
- **wedding** 결혼(식)

- **couple** ① 두 개 ② 부부
- **discuss** 토론하다
- **secretary** 비서
- **whole** 전체의, 모든
- **health** 건강
- **close** 닫다; 가까운
- **attend** ① 참석하다 ② 돌보다
- **college** 대학
- **grade** 등급
- **collect** 모으다, 수집하다

- **memory** 기억(력)
- **remember** 기억하다
- **forget** 잊다
- **bit** 약간, 조금
- **piece** 부분, 조각
- **amateur** 아마추어
- **uniform** 유니폼
- **similar** 유사한
- **popular** 인기 있는
- **taste** 맛

- **develop** 발전시키다
- **bottom** 바닥
- **slide** 미끄러지다
- **pattern** ① 무늬 ② 양식
- **slip** (실수로) 미끄러지다
- **passport** 여권
- **prevent** 막다
- **pause** 중단, 멈춤
- **bless** ~에게 축복을 빌다
- **bill** ① 계산서 ② 지폐 ③ 법안

accept
[æksépt]
图 받아들이다,
수용하다

▶ **accept** an invitation 초대를 받아들이다

▷ I decided to **accept his invitation** to the party.
나는 파티에 오라는 그의 초대를 받아들이기로 결정했다.

图 acceptance 수락, 수용

图 acceptable 받아들일 수 있는

accident
[æksidənt]
图 ① 사고 ② 우연(= chance)

▶ a car **accident** 자동차 사고

▷ The young actor's life came to an end in **a car accident**.
그 젊은 배우의 인생은 자동차 사고로 끝났다.

▶ meet her **by accident** 그녀를 우연히 만나다

图 accidental 우연한

숙어 by accident 우연히

war
[wɔːr]
图 전쟁

▶ declare **war** against ~에 전쟁을 선포하다

▷ Britain and France **declared war against** Germany in
1939. 영국과 프랑스는 1939년 독일에 전쟁을 선포했다.

beat
[biːt]
图 ① 치다, 때리다
② 이기다, 물리치다

▶ **beat** a drum 북을 치다

▷ The boy was **beating a drum** throughout the song.
그 소년은 그 노래 내내 북을 치고 있었다.

▶ **beat** the enemy 적을 물리치다

시제변화 beat - beat - beaten

heat
[hiːt]
图 열, 더위

▶ extreme **heat** 폭염

▷ The Sahara Desert gives off **extreme heat** in the
daytime. 사하라 사막은 낮 동안에 폭염을 발산한다.

图 heater 난방기, 히터

energy
[énərdʒi]
명 ① 활력, 활기
　　② 동력, 에너지

▶ full of **energy** 에너지가 넘치는

▷ The athlete is always **full of energy** and is active all the time. 그 운동선수는 항상 힘이 넘치고 항상 활동적이다.

▶ an **energy** crisis 에너지 위기

형 energetic 활기찬, 활동적인

---

nature
[néitʃər]
명 ① 자연
　　② 천성; 본질(= essence)

▶ **nature** conservation 자연보호

▶ the human **nature** 인간의 본성

▷ Is **the human nature** good or evil?
인간의 본성은 선한가, 악한가?

형 natural ① 자연[천연]의 ② 타고난 ③ 당연한

숙어 by nature 천성적으로, 본래

---

beautiful
[bjúːtəfəl]
형 아름다운

▶ a **beautiful** dress 아름다운 드레스

▷ I have never seen a more **beautiful dress** than this one.
난 이것보다 더 아름다운 옷을 본 적이 없다.

명 beauty 아름다움

---

refuse
[rifjúːz]
동 거절하다, 거부하다
(= turn down)

▶ **refuse** a request 요청을 거절하다

▷ I don't know how to **refuse his** polite **request**.
나는 그의 정중한 요청을 어떻게 거절해야 할 지 모르겠다.

명 refusal 거절, 거부

Tip refuse [réfjuːs] 명 쓰레기

---

wedding
[wédiŋ]
명 결혼(식)

▶ a **wedding** ceremony 결혼식

▷ Their **wedding ceremony** was conducted by the minister.
그들의 결혼식은 그 목사님의 주례로 치러졌다.

동 wed 결혼하다

011

couple
[kʌpl]

명 ① 두 개, 한 쌍
　② 부부, 커플

- ▶ a **couple** of days 이틀 정도
- ▶ a newly married **couple** 신혼 부부
- ▷ We toasted to the future of **the newly married couple**.
  우리는 신혼부부의 앞날을 축복하며 건배했다.

012

discuss
[diskʌ́s]

통 **토론하다**, 논의하다

(= debate)

- ▶ **discuss** the matter 그 문제를 논의하다
- ▷ All members of the family got together to **discuss the matter**. 가족 구성원들 모두가 그 문제를 논의하기 위해 모였다.

　　　　　　　　　　　　　　명 discussion 토론, 논의

013

secretary
[sékrətèri]

명 ① 비서
　② 장관

- ▶ a private **secretary** 개인 비서
- ▷ Mary was initially employed as John's **private secretary**. 메리는 처음에 존의 개인비서로 고용되었다.
- ▶ the Foreign **Secretary** 외무부 장관

　　　　　　　　　　　　　　참고 secret 비밀

014

whole
[houl]

형 전체의, 모든

(= entire)

- ▶ the **whole** family 온 가족
- ▷ Let me recommend a good film that **the whole family** can enjoy. 내가 온가족이 즐길 수 있는 좋은 영화 하나 추천해줄게.

　　　　　　　　　　　　　　부 wholly 완전히, 전적으로

　　　　　　　　숙어 on the whole 전체적으로, 대체로

015

health
[helθ]

명 건강

- ▶ good **health** 좋은 건강
- ▷ **Good health** is an important factor of success.
  좋은 건강은 성공의 중요한 요인이다.

　　　　　　　　　　　　　　형 healthy 건강한

　　　　　　　　　　　　　형 healthful 건강에 좋은

　　　　　　　　　　　　　　참고 heal 치유하다

close
[klouz]

동 닫다(= shut)

형 가까운, 친한

▶ **close** a door 문을 닫다

▷ He came into the room and quietly **closed the door**.
그가 방으로 들어와 조용히 문을 닫았다.

▶ a **close** friend 친한 친구

---

attend
[əténd]

동 ① 참석하다

② 돌보다, 처리하다
(= take care of)

▶ **attend** a meeting 모임에 참석하다

▷ He's on a business trip and won't be able to **attend the meeting**. 그는 출장 중이어서 회의에 참석하지 못할 것이다.

▶ **attend to** a patient 환자를 돌보다

명 attendance 출석, 참석

명 attention 주의, 주목 명 attendant 종업원, 안내원

숙어 pay attention to ~에 주의[주목]하다

---

college
[kálidʒ]

명 대학(= university)

▶ go to **college** 대학에 들어가다

▷ My teacher advised me to **go to college**.
선생님께서 나에게 대학에 진학하라고 권유하셨다.

---

grade
[greid]

명 ① 등급, 성적

② 학년

▶ a good **grade** 좋은 성적

▷ How can she acquire **a good grade** on the math test?
어떻게 그녀는 수학 시험에서 좋은 성적을 얻은걸까?

▶ be in the third **grade** 3학년이다

형 gradual 점진적인

부 gradually 서서히

---

collect
[kəlékt]

동 모으다, 수집하다

▶ **collect** information 정보를 수집하다

▷ The survey **collected information** about part-time workers. 그 조사는 시간제 근무 직원들에 대한 정보를 수집했다.

명 collection 수집품, 모음집

021

memory
[mémǝri]
명 기억(력)

▶ vivid **memory** 생생한 기억

▷ I still have **vivid memories** of the terrible incident.
나는 아직도 그 끔찍한 사건이 생생히 기억난다.

동 memorize 암기하다

명 memorial 기념비

참고 memo (간단한) 메모

022

remember
[rimémbǝr]
동 기억하다
(= recall)

▶ **remember** one's anniversary 기념일을 기억하다

▷ My husband hardly **remembers our** wedding **anniversary at all.** 우리 남편은 결혼기념일을 거의 전혀 기억하지 못 한다.

명 remembrance ① 기억 ② 추모

023

forget
[fǝrgét]
동 잊다

▶ **forget** to do homework 숙제하는 것을 깜박 잊다

▷ Oh, my goodness! I **forgot to do** my **homework.**
아이고 이런! 숙제하는 것을 깜박 잊었네.

형 forgetful 잘 잊어 먹는

시제변화 forget - forgot - forgotten

024

bit
[bit]
명 약간, 조금

▶ **a bit of** food 약간의 음식

▷ The patient ate only **a bit of food** all day.
그 환자는 하루 종일 약간의 음식만을 먹었다.

숙어 **not a bit** 조금도[전혀] (~아니다)

반 a lot of 많은

025

piece
[piːs]
명 부분, 조각

▶ a **piece** of cake 한 조각의 케이크

▷ My sister left **a piece of cake** for me.
누나가 나를 위해 케이크 한 조각을 남겨놓았다.

참고 It's a piece of cake. 식은 죽 먹기다.

비교 peace 평화

026

amateur
[ǽmətʃùər]
명 아마추어, 비전문가

▶ **amateurs** and professionals 아마추어와 프로들

▷ The tournament is open to both **amateurs and professionals**.
그 토너먼트 대회는 아마추어와 프로선수 모두에게 열려있다.

027

uniform
[júːnəfɔ̀ːrm]
명 유니폼, 제복

형 획일적인, 한결같은

▶ wear a school **uniform** 교복을 입다

▷ When I go to school, I should **wear a school uniform**.
등교할 때 난 교복을 입어야만 한다.

▶ a **uniform** standard 획일적인 기준

028

similar
[símələr]
형 유사한(= alike)

▶ have **similar** interests 비슷한 관심을 가지고 있다

▷ It's a pleasure to meet those who **have similar interests**. 비슷한 관심을 가진 사람들을 만나는 것은 즐거운 일이다.

부 similarly 비슷하게   명 similarity 유사성, 닮음

반 dissimilar 같지 않은, 다른

029

popular
[pápjulər]
형 인기 있는, 대중적인

▶ become **popular with** teenagers 십대들에게 인기를 얻게 되다

▷ The new K-pop girl group has **become popular with teenagers**. 새로운 K팝 걸그룹은 십대들에게 인기를 얻게 되었다.

명 popularity 인기

비교 population 인구

030

taste
[teist]
명 ① 맛 ② 취향, 감각

동 ~한 맛이 나다

▶ a bitter **taste** 쓴맛

▷ Black coffee leaves **a bitter taste** in a mouth.
블랙커피를 마시면 입에 쓴 맛이 남는다.

▶ have **taste** in clothes 옷에 대한 감각이 있다

▶ **taste** good 맛 좋다

031
develop
[divéləp]

동 **발전시키다**, 성장하다

- ▶ **develop** a company 회사를 발전시키다
- ▷ My husband has worked hard to **develop his company** for years. 우리 남편은 회사를 발전시키기 위해 몇 년 동안 열심히 일했다.

명 development 발달, 성장

Tip **a developing country** 개발도상국

032
bottom
[bátəm]

명 바닥, 맨 아래

- ▶ the **bottom** of the sea 바다의 밑바닥
- ▷ The ship had sunk to **the bottom of the sea**. 그 배는 바다 밑바닥으로 가라앉았다.

033
slide
[slaid]

동 ① 미끄러지다

② 슬며시 움직이다

- ▶ **slide** on ice 얼음을 지치다
- ▷ It will be a lot of fun to **slide on the ice** outside. 밖에서 얼음을 지치는 것은 아주 재미있을 거야.
- ▶ **slide into** the bed 슬며시 침대 안으로 들어가다

시제변화 slide - slid -slid

034
pattern
[pǽtərn]

명 ① 무늬

② (정해진) 양식, 패턴

- ▶ a flower **pattern** 꽃무늬
- ▷ The actress was wearing a blouse with **a flower pattern**. 그 여배우는 꽃무늬 블라우스를 입고 있었다.
- ▶ study behavior **patterns** 행동 패턴들을 연구하다

035
slip
[slip]

동 ① (실수로) 미끄러지다

② 살며시[몰래] 움직이다

명 미끄러짐, (작은) 실수

- ▶ **slip** on the ice 얼음 위에서 미끄러져 넘어지다
- ▷ The famous figure skater **slipped on the ice** by mistake. 그 유명한 스케이트 선수는 실수로 얼음 위에서 미끄러져 넘어졌다.
- ▶ **slip** out of the house 그 집에서 몰래 빠져나오다
- ▶ make a **slip** 작은 실수를 하다

형 slippery 미끄러운

명 slipper 슬리퍼

passport
[pǽspɔ:rt]

명 여권

▶ get a **passport** 여권을 발급받다

▷ How long does it take to **get a passport**?
여권 발급받는데 시간이 얼마나 걸리죠?

참고 port 항구

prevent
[privént]

동 막다

▶ **prevent** people **from** ~**ing** 사람들이 ~하는 것을 막다

▷ The heavy rainstorm **prevented people from** going out.
사나운 폭풍우 때문에 사람들은 외출을 할 수가 없었다.

명 prevention 예방, 방지

pause
[pɔ:z]

명 중단, 멈춤(= halt)

동 잠시 멈추다

▶ a brief **pause** 일시 중단

▶ **pause** for a while 잠깐 동안 멈추다

▷ Would you **pause for a while** and listen to my opinions?
잠깐 멈추고 제 의견 좀 들어 보실래요?

비교 stop 멈추다, 중단(하다)
→ stop ~ing (~하던 것을) 중단하다
→ stop to V (~하기 위해) 멈추다

bless
[bles]

동 ~에게 축복을 빌다

▶ God **bless** you! 신의 축복이 있기를!

▶ pray for God's **blessing** 신의 축복을 기원하다

▷ She knelt on the floor and **prayed for God's blessing**.
그녀는 무릎을 꿇고 신의 축복을 기원했다.

명 blessing 축복(의 기도)

bill
[bil]

명 ① 고지서, 계산서
② 지폐
③ 법안

▶ the electricity **bill** 전기요금 고지서

▶ a ten-dollar **bill** 10달러짜리 지폐

▶ pass a **bill** 법안을 통과시키다

▷ Congress **passed a** new gun-control **bill**.
의회는 새로운 총기 규제 법안을 통과시켰다.

A 다음 단어들을 올바르게 연결해보세요.

1 **piece** ·	· 약간, 조금	
2 **war** ·	· 부분, 조각	
3 **grade** ·	· 사고	
4 **wedding** ·	· 두 개	
5 **accident** ·	· 막다	
6 **bit** ·	· 아마추어	
7 **couple** ·	· 전쟁	
8 **prevent** ·	· 등급	
9 **passport** ·	· 결혼	
10 **amateur** ·	· 여권	

1 **자연** ·	· memory	
2 **맛** ·	· health	
3 **기억** ·	· bottom	
4 **열, 더위** ·	· college	
5 **건강** ·	· energy	
6 **중단** ·	· nature	
7 **에너지** ·	· taste	
8 **바닥** ·	· heat	
9 **대학** ·	· pattern	
10 **무늬** ·	· pause	

C 다음 문장에 맞는 단어를 써넣으세요.

> **refuse** / **discuss** / **secretary** / **attend** / **collect** / **pause** / **develop**

1 Mary was initially employed as John's private _____.

2 The survey _____ed information about part-time workers.

3 I don't know how to _____ his polite request.

4 Would you _____ for a while and listen to my opinions?

5 He's on a business trip and won't be able to _____ the meeting.

6 My husband has worked hard to _____ his company for years.

7 All members of the family got together to _____ the matter.

B 다음 중 올바른 뜻을 고르세요.

1	**accept**	☐ 허락하다	☐ 받아들이다		1	**치다**	☐ beat	☐ cheat
2	**refuse**	☐ 거절하다	☐ 거주하다		2	**아름다운**	☐ handsome	☐ beautiful
3	**discuss**	☐ 토론하다	☐ 부딪히다		3	**전체의**	☐ hole	☐ whole
4	**secretary**	☐ 부하	☐ 비서		4	**수집하다**	☐ elect	☐ collect
5	**close**	☐ 닫힌	☐ 가까운		5	**잊다**	☐ forget	☐ lose
6	**attend**	☐ 참석하다	☐ 참여하다		6	**획일적인**	☐ unison	☐ uniform
7	**remember**	☐ 기념하다	☐ 기억하다		7	**비슷한**	☐ same	☐ similar
8	**popular**	☐ 인기 있는	☐ 인구가 많은		8	**발전시키다**	☐ develop	☐ envelope
9	**slide**	☐ 스치다	☐ 미끄러지다		9	**미끄러지다**	☐ slip	☐ sleep
10	**bill**	☐ 견적서	☐ 계산서		10	**~에게 축복을 빌다**	☐ pray	☐ bless

D 다음 문장에 맞는 단어를 써넣으세요.

1 We met by _____ at the airport the other day.

ⓐ accident   ⓑ incident   ⓒ crash   ⓓ clash

2 The government of France is preparing to introduce a _____ to ban smoking in a pub or restaurant.

ⓐ suggestion   ⓑ rule   ⓒ bill   ⓓ standard

3 While cancer can affect people of all ages, and a few types of cancer are more common in children, the risk of _____ cancer generally increases with age.

ⓐ establishing   ⓑ advancing   ⓒ establishing   ⓓ developing

day
2

>> 041
080

오늘 학습할 필수 단어입니다. 눈으로 스캔하며 모르거나 헷갈리는 단어에 체크하세요.

- **offer** 제안하다; 제의
- **crash** 사고
- **survive** ~에서 생존하다
- **enemy** 적
- **invent** 발명하다
- **source** 근원
- **amazing** 놀라운
- **sight** ① 시력 ② 광경
- **follow** ~을 뒤따르다
- **guest** 손님

- **trust** 신뢰; 신뢰하다
- **method** 방법
- **consult** ① 상담 받다 ② 상의하다
- **area** ① 지역 ② 분야
- **harmful** 해로운
- **relative** 친척; 비교적인
- **ceremony** 의식, -식
- **junior** ① 부하 ② (대학) 3학년
- **history** 역사
- **data** 자료, 데이터

- **depend** 의지하다
- **senior** ① 상사 ② 연장자
- **lock** 잠그다; 자물쇠
- **cotton** 면, 솜
- **metal** 금속
- **anxious** 걱정하는
- **type** 유형, 종류
- **shape** 모양, 형태
- **sample** 견본, 샘플
- **fine** 좋은; 벌금

- **balance** 균형
- **tower** 탑, 타워
- **valley** 계곡, 골짜기
- **observe** ① 관찰하다 ② 준수하다
- **stage** ① 단계 ② 무대
- **usually** 보통, 대개
- **climate** 기후
- **shower** ① 소나기 ② 샤워
- **luck** 운, 행운
- **huge** 거대한, 엄청난

offer
[ɔ́:fər]
동 제안하다, 제공하다
명 제의, 제안

▶ **offer** him a job 그에게 일자리를 제안하다

▶ accept an **offer** 제안을 받아들이다

▷ He persuaded me to **accept the** job **offer**.
그는 나에게 그 일자리 제의를 받아들이라고 설득했다.

crash
[kræʃ]
명 (충돌) 사고
동 부딪치다, 충돌하다

▶ witness the air **crash** by accident 비행기 사고를 우연히 목격하다

▷ The farmer **witnessed the air crash by accident** in the rice field.
그 농부는 논에서 비행기 사고를 우연히 목격했다.

▶ **crash** a car **into** a wall 차를 벽에 들이받다

survive
[sərváiv]
동 (~에서) 생존하다

▶ **survive** a war 전쟁에서 살아남다

▷ The brave soldiers **survived the** Second World **War**.
그 용감한 군인들은 세계 2차 대전에서 살아남았다.

명 survival 생존   명 survivor 생존자

비교 revive 부활시키다

enemy
[énəmi]
명 적

▶ beat the **enemy** 적을 물리치다

▷ The brave soldiers were able to **beat the enemy** at the battle. 그 용감한 군인들은 그 전투에서 적을 물리칠 수 있었다.

invent
[invént]
동 발명하다

▶ **invent** heating equipment 난방 장치를 발명하다

▷ The company **invented heating equipment** using solar energy. 그 회사는 태양 에너지를 사용하는 난방장치를 발명했다.

명 invention 발명(품)   명 inventor 발명가

형 inventive 창의적인

046

source
[sɔːrs]

명 근원, 원천

▶ a **source** of energy 에너지원

▷ We can utilize the sun as **a source of energy**.
우리는 태양을 에너지원으로 이용할 수 있다.

비교 resource 자원

047

amazing
[əméiziŋ]

형 (감탄할 만큼) **놀라운**

▶ **amazing** views of nature 놀라운 자연 경관

▷ Jeju Island boasts **amazing views of nature**.
제주도는 놀라운 자연 경관을 자랑한다.

동 amaze 놀라게 하다

비교 amusing 재미있는

048

sight
[sait]

명 ① **시력**, 시각
② **광경**, 모습

▶ lose one's **sight** 시력을 잃다

▶ a beautiful **sight** 아름다운 경치

▷ We enjoyed **the beautiful sight** to the full on the top of the mountain. 우리는 산 정상에서 아름다운 경치를 만끽했다.

숙어 catch sight of ~을 언뜻 보다

참고 sightseeing 관광

049

follow
[fálou]

동 ~을 뒤따르다,
따라가다

▶ **follow** the tradition 전통을 따르다

▷ She refused to **follow the tradition** because it was unfair. 그녀는 부당했기 때문에 그 전통을 따르기를 거부했다.

명 follower 추종자, 팬

형 following 뒤따르는, 이후의

050

guest
[gest]

명 손님

▶ a wedding **guest** 결혼식 하객

▷ Many **wedding guests** were invited to the event.
많은 하객들이 그 행사(결혼식)에 초대되었다.

비교 customer 고객, 손님

trust
[trʌst]

명 신뢰, 신임(= faith)

동 신뢰[신임]하다

▶ **trust** in the couple 부부간의 신뢰

▷ To rebuild **trust in the couple**, the key is to communicate.
부부간의 신뢰를 다시 세우려면 소통하는 것이 열쇠이다.

▶ I'll **trust** you. 널 믿을게.

형 **trustworthy** 믿을만한

method
[méθəd]

명 방법

▶ discuss the **method** 방법에 대해 논의하다

▷ In the final chapter we will **discuss the** new **method** to solve the problem.
마지막 장에서 우리는 그 문제를 풀기 위한 새로운 방법에 대해 논의할 것이다.

형 **methodical** 체계적인

consult
[kənsʌlt]

동 ① 상담 받다
　 ② 상의하다

▶ **consult** a lawyer 변호사에게 상담 받다

▶ **consult with** a secretary 비서와 상의하다

▷ I'll have to **consult with my secretary** on the matter.
제 비서와 그 문제에 대해 상의를 해봐야겠네요.

명 **consultant** 상담가, 컨설턴트

area
[ɛ́əriə]

명 ① 지역(= region)
　 ② 분야, 부문(= field)

▶ the whole **area** of the city 그 도시의 전 지역

▷ **The whole area of the city** is a wonderful place.
그 도시의 모든 지역은 굉장히 멋진 곳이다.

▶ a new **area** for reaearch 새로운 연구 분야

harmful
[háːrmfəl]

형 해로운, 유해한

▶ be **harmful** to health 건강에 해롭다

▷ It is obvious that smoking **is harmful to** your **health**.
흡연은 당신의 건강에 해롭다는 것은 분명한 사실이다.

명 **harm** 해, 피해

숙어 **do harm** 해를 주다[끼치다]

반 **harmless** 무해한

056

relative
[rélətiv]

명 친척

형 비교[상대]적인

▶ a close **relative** 가까운 친척

▷ The old man does not have any **close relatives**.
그 노인은 가까운 친척이 아무도 없다.

▶ the **relative** merits of each method 각 방법의 상대적 장점들

부 relatively 비교적　　동 relate 관련짓다

비교 relation 관계(= relationship)

057

ceremony
[sérəmòuni]

명 의식, ―식

▶ attend a wedding **ceremony** 결혼식에 참석하다

▷ Have you ever **attended a wedding ceremony** you weren't invited to?
당신은 초대받지 않은 결혼식에 참석해 본 적이 있나요?

형 ceremonial 의식[예식]의

058

junior
[dʒú:njər]

명 ① 부하, 아랫사람
　　② (대학교) 3학년

형 하급의, 부하의

▶ my **junior** in rank 내 부하 직원

▶ a **junior** in college 대학교 3학년

▷ When I first met him, he was a **junior in college**.
내가 그를 처음 만났을 때 그는 대학 3학년이었다.

▶ several people **junior to** me 내 밑으로 몇 명의 부하직원들

059

history
[hístəri]

명 역사, 역사학

▶ get a good grade in **history** 역사(과목)에서 좋은 성적을 받다

▷ I have **got a good grade in history** this semester.
나는 이번 학기에 역사(과목)에서 좋은 성적을 받았다.

형 historical 역사(상)의　　형 historic 역사적인, 역사에 남을

060

data
[déitə]

명 자료, 데이터

▶ collect **data** 자료를 수집하다

▷ We are **collecting** sufficient **data** for the annual report.
우리는 연례 보고서를 위해 충분한 자료를 수집하고 있다.

비교 〈단수형〉 **datum** (하나의) 자료

depend
[dipénd]

동 의지하다,
    의존하다(= rely)

▶ **depend on** one's memory 기억력에 의존하다

▷ He **depended on his memory** to reveal the truth.
그는 진실을 밝히기 위해 자신의 기억력에 의존했다.

명 **dependence** 의지, 의존   형 **dependent** 의지[의존]하는

반 **independent** 독립한

비교 **defend** 방어하다

senior
[síːnjər]

명 ① 상사, 윗사람

    ② (나이가 더 많은) 연장자

형 고위의, 상위의

▶ remember one's **senior** 상관을 기억하다

▷ He still **remembers his senior** telling him to try harder.
그는 아직도 그에게 더 열심히 노력하라고 말해주던 상관을 기억한다.

▶ four years my **senior** 나보다 4살 많은 사람(네 살 연상)

▶ a **senior** officer 고위 관리

lock
[lak]

동 잠그다, 잠기다

명 자물쇠, 잠금장치

▶ forget to **lock** the door 문 잠그는 것을 잊어버리다

▷ Don't **forget to lock the door** when you go out.
외출할 때 문을 잠그는 거 잊지 마.

▶ break the **lock** 자물쇠를 부수다

명 **locker** 개인사물함

비교 **rock** 바위

cotton
[kátn]

명 면, 솜

▶ a bit of **cotton** 약간의 솜

▷ The shoemaker uses **a bit of cotton** for making warm boots.
그 제화공은 따뜻한 장화를 만드는데 약간의 솜을 사용한다.

metal
[métl]

명 금속

▶ a piece of **metal** 금속 한 조각

▷ The driver noticed **a piece of metal** lying on the road.
그 운전자는 도로위에 금속 조각이 떨어져 있는 것을 발견했다.

anxious
[æŋkʃəs]

형 ① 걱정하는(= worried)

② 열망하는,
간절히 바라는

▶ be **anxious about** the result 결과에 대해 걱정하다

▶ an amateur **anxious for** success 성공을 갈망하는 아마추어

▷ The competition attracted over 100 **amateurs anxious for success**.
그 대회는 성공을 갈망하는 100명 이상의 아마추어들이 참가했다.

명 anxiety ① 걱정 ② 열망

type
[taip]

명 유형, 종류

▶ a **type** of uniform 유니폼의 종류

▷ We must choose between the two different **types of uniform**. 우리는 두 가지 다른 유형의 유니폼 중에서 선택해야 한다.

형 typical 전형적인, 대표적인

shape
[ʃeip]

명 모양, 형태

▶ be similar in **shape** 모양이 비슷하다

▷ An eel **is similar in shape** and size to a snake.
장어는 모양과 크기가 뱀과 유사하다.

숙어 keep in shape 건강을 유지하다

out of shape 건강이 안 좋은

sample
[sǽmpl]

명 견본, 샘플

▶ the **sample** of a popular book 인기 있는 책의 견본

▷ I could download **the sample of the popular book** from a web site.
나는 한 홈페이지에서 그 인기 있는 책의 샘플을 다운로드 받을 수 있었다.

fine
[fain]

형 ① 좋은, 훌륭한

② 가는(= thin)

명 벌금

▶ a **fine** taste in art 예술에 대한 고상한 취향

▷ She insists that her husband has **a fine taste in art**.
그녀는 자신의 남편이 예술에 고상한 취향이 있다고 주장한다.

▶ draw a **fine** line 가는 선을 긋다

▶ pay a **fine** for speeding 과속한 것에 대해 벌금을 내다

071

balance
[bǽləns]

명 균형

동 균형을 잡다

- ▶ a sense of **balance** 균형 감각
- ▶ develop a **balanced** policy 균형 잡힌 정책을 개발하다
- ▷ The new government has **developed a** more **balanced policy** for economy.
  새 정부는 좀 더 균형 잡힌 경제 정책을 개발했다.

072

tower
[táuər]

명 탑, 타워

- ▶ the bottom of a **tower** 탑의 밑바닥
- ▷ The boy found something glittering near **the bottom of the tower**.
  그 소년은 탑의 밑바닥 근처에서 반짝이는 무언가를 발견했다.

비교 **pagoda** (사찰의) 탑

073

valley
[vǽli]

명 계곡, 골짜기

- ▶ slide down the **valley** 그 계곡으로 미끄러져 내려가다
- ▷ The climber missed his step and **slid down the valley**.
  그 등산객은 발을 헛디뎌서 계곡으로 미끄러져 내려갔다.

074

observe
[əbzə́ːrv]

동 ① 관찰하다

　② 준수하다

- ▶ **observe** a similar pattern 유사한 형태를 관찰하다
- ▷ **A similar pattern** was **observed** throughout the world.
  유사한 형태가 전 세계에 걸쳐 관찰되었다.[발견되었다]
- ▶ **observe** the speed limit 속도제한을 준수하다

명 **observation** 관찰

명 **observance** 준수

075

stage
[steidʒ]

명 ① 단계, 시기

　② 무대, 연극

- ▶ an early **stage** 초기 단계
- ▶ slip on the **stage** 무대 위에서 미끄러져 넘어지다
- ▷ The actress **slipped on the stage** which was wet and slippery. 그 여배우는 젖어서 미끄러운 무대 위에서 미끄러져 넘어졌다.

076

usually
[júːʒuəli]
튀 보통, 대개
(= generally)

▶ **usually** carry a passport 대개 여권을 소지하다

▷ While travelling abroad, I **usually carry a passport** all the time.
해외여행을 할 때 나는 대개 여권을 항상 소지하고 다닌다.

형 **usual** 평상시의, 보통의

반 **unusually** 평소와 달리, 특이하게

077

climate
[kláimit]
명 기후

▶ prevent **climate** change 기후변화를 예방하다

▷ To **prevent** dangerous **climate change**, we must reduce greenhouse gas emissions.
위험한 기후 변화를 예방하기 위해서 우리는 온실 가스 배출을 줄여야 한다.

비교 **weather** 날씨

078

shower
[ʃáuər]
명 ① 소나기 ② 샤워

▶ get caught in the **shower** 소나기를 맞다

▶ pause to take a **shower** 샤워하기 위해 멈추다

▷ While running on a treadmill, I **paused to take a shower**.
러닝머신에서 뛰다가 나는 샤워를 하기 위해 멈췄다.

079

luck
[lʌk]
명 (좋은) 운, 행운
(= fortune)

▶ Good **luck** and God bless you.
행운과 하느님의 은총이 함께 하길 빌어요.

▷ **Good luck and God bless you,** your family, and your company.
행운과 하느님의 은총이 당신과 당신의 가족 그리고 회사에 함께 하길 빌어요.

형 **lucky** 운이 좋은, 행운의

080

huge
[hjuːdʒ]
형 거대한, 엄청난

▶ a **huge** mobile phone bill 엄청난 휴대 전화 요금

▷ I complained about my **huge mobile phone bill** to the telecommunication company.
나는 통신사에 내 엄청난 휴대 전화 요금에 대해 항의했다.

A 다음 단어들을 올바르게 연결해보세요.

1	**method** ·	· 친척	1	근원 ·	· trust
2	**cotton** ·	· 적	2	지역 ·	· junior
3	**guest** ·	· 탑	3	제의 ·	· type
4	**enemy** ·	· 모양	4	신뢰 ·	· source
5	**relative** ·	· 면, 솜	5	부하 ·	· sample
6	**data** ·	· 역사	6	상사 ·	· balance
7	**metal** ·	· 방법	7	종류 ·	· area
8	**shape** ·	· 금속	8	시력 ·	· senior
9	**history** ·	· 손님	9	견본 ·	· offer
10	**tower** ·	· 자료	10	균형 ·	· sight

C 다음 문장에 맞는 단어를 써넣으세요.

> **survive** / **ceremony** / **invent** / **huge** / **anxious** / **follow** / **consult**

1 The company _____ed heating equipment using solar energy.

2 I'll have to _____ with my secretary on the matter.

3 The brave soldiers _____d the Second World War.

4 The competition attracted over 100 amateurs _____ for success.

5 She refused to _____ the tradition, because it was unfair.

6 Have you ever attended a wedding _____ you weren't invited to?

7 I complained about my _____ mobile phone bill to the telecommunication company.

B 다음 중 올바른 뜻을 고르세요.

1	**crash**	□ 사건	□ 사고	1	생존하다	□ survive	□ revive
2	**amazing**	□ 이상한	□ 놀라운	2	발명하다	□ invent	□ event
3	**ceremony**	□ 의식	□ 절차	3	뒤따르다	□ fellow	□ follow
4	**lock**	□ 풀다	□ 잠그다	4	상담 받다	□ insult	□ consult
5	**anxious**	□ 걱정하는	□ 짜증나는	5	해로운	□ harmful	□ harmless
6	**fine**	□ 세금	□ 벌금	6	의지하다	□ depend	□ suspend
7	**valley**	□ 계곡	□ 개천	7	대개, 보통	□ usefully	□ usually
8	**observe**	□ 측정하다	□ 관찰하다	8	소나기	□ shower	□ heavy rain
9	**stage**	□ 조치	□ 단계	9	행운	□ luck	□ lock
10	**climate**	□ 날씨	□ 기후	10	엄청난	□ fuse	□ huge

D 다음 문장에 맞는 단어를 써넣으세요.

1 We have no choice but to depend _____ the ability of the doctor.

   ⓐ in   ⓑ on   ⓒ to   ⓓ for

2 The long drought has made farmers _____ about the harvest.

   ⓐ afraid   ⓑ dreadful   ⓒ anxious   ⓓ scary

3 "Would you like more coffee?" "No, this is _____, thanks."

   It is possible for the court to impose a _____ for any criminal offence.

   ⓐ fine ⓑ tax   ⓒ limit   ⓓ prohibition

>>

081
120

오늘 학습할 필수 단어입니다. 눈으로 스캔하며 모르거나 헷갈리는 단어에 체크하세요.

- gift 선물
- cause 원인; ~을 일으키다
- contest ① 대회 ② 경쟁
- chase 뒤쫓다, 추적하다
- machine 기계
- destroy 파괴하다
- scene 장면
- attract (마음을) 끌다
- rule 규칙
- list 목록

- judge 판사; 판단하다
- possible 가능한
- soldier 군인
- population 인구
- effect 영향, 효과
- fly 날다, 비행하다
- tradition 전통
- course ① 강좌 ② 방침
- direction ① 방향 ② 지시
- burden 짐

- experience 경험
- remind 생각나게 하다
- garage 차고
- amount 양, 액수
- furniture 가구
- examination ① 시험 ② 조사
- government 정부
- branch ① 나뭇가지 ② 지점
- select 선택하다
- create 창조하다

- necessary 필요한
- suppose 생각하다, 추측하다
- stream 개울
- ocean 대양, (큰) 바다
- revolution 혁명
- occur (일이) 일어나다
- mild 온화한, 부드러운
- comfortable 편안한
- instead 대신에
- mistake 실수, 잘못

gift
[gift]

명 ① 선물(= present)

② (타고난) 재능(= talent)

▶ offer a **gift** 선물을 제공하다

▷ A handsome boy **offered a gift** to me.
잘 생긴 소년이 나에게 선물을 주었다.

▶ have a **gift for** music 음악에 대한 천부적 재능이 있다

형 **gifted** 재능이 있는

cause
[kɔːz]

명 **원인**, 이유(= reason)

동 ① ~을 일으키다

② ~를 ~하게 하다

▶ the **cause** of the car crash 그 자동차 충돌 사고의 원인

▷ The police investigated **the cause of the car crash**.
경찰은 그 자동차 충돌 사고의 원인을 조사했다.

▶ **cause** a fire 화재를 일으키다

▶ **cause** him **to** resign 그를 물러나게 하다

contest
[kántest]

명 ① **대회**, 시합

② **다툼, 경쟁**

▶ a beauty **contest** 미인 대회

▶ a **contest for** survival 생존을 위한 경쟁

▷ We are faced with the endless **contest for survival**.
우리는 생존을 위한 끝없는 경쟁에 직면하고 있다.

chase
[tʃeis]

동 **뒤쫓다, 추적하다**

(= pursue)

▶ **chase** the enemy 적을 뒤쫓다

▷ The troop did not give up **chasing the enemy**.
그 부대는 적을 추적하는 것을 포기하지 않았다.

machine
[məʃíːn]

명 **기계**

▶ invent a **machine** 기계를 발명하다

▷ The scientist **invented a machine** which can change the salt water into clean water.
그 과학자는 소금물을 정수로 바꿔주는 기계를 발명했다.

명 **machinery** 〈집합적〉 기계류

destroy
[distrɔ́i]

동 파괴하다

▶ **destroy** a source of water 상수원을 파괴하다

▷ Industrial waste water will pollute our rivers and **destroy a source of water**.
산업 폐수가 우리의 강들을 오염시키고 상수원을 파괴할 것이다.

명 destruction 파괴   형 destructive 파괴적인

---

scene
[siːn]

명 ① 장면

② 현장

▶ amazing **scenes** 놀라운 장면들

▷ I saw several **amazing scenes** in the war film.
나는 그 전쟁 영화에서 몇 가지 놀라운 장면들을 보았다.

▶ the **scene** of the crime 범죄 현장

명 scenery 경치, 풍경

---

attract
[ətrǽkt]

동 (마음을) 끌다(= draw)

▶ a beautiful sight **attracting** tourists
관광객들을 끌어들이는 아름다운 광경

▷ A glowing sunset is **a beautiful sight attracting tourists**.
불타는 저녁놀은 관광객을 끄는 아름다운 광경이다.

명 attraction 매력   형 attractive 매력적인

---

rule
[ruːl]

명 규칙

동 통치[지배]하다(= govern)

▶ follow the **rules** 규칙을 따르다

▷ Most things work more smoothly when we all **follow the rules**. 우리 모두가 규칙을 따를 때 대부분의 일들이 더 원활하게 돌아간다.

▶ **rule over** an empire 제국을 통치하다

명 ruler ① 통치자 ② (길이를 재는) 자

---

list
[list]

명 명단, 목록

동 명단[목록]을 작성하다

▶ a guest **list** 손님 명단

▷ My secretary will make **a guest list** for this party.
내 비서가 이번 파티에 초대할 손님 명단을 작성할 것이다.

▶ be **listed** alphabetically 명단이 알파벳순으로 작성되다

091

judge
[dʒʌdʒ]

몡 판사, 심판

됨 판단하다

▶ trust a **judge** 판사를 신뢰하다

▷ Generally, most people **trust a judge** more than anybody else.
일반적으로 대부분의 사람들은 다른 어떤 사람보다도 판사를 신뢰한다.

▶ **judge** people by appearance 사람들을 외모로 판단하다

몡judgment 판단

092

possible
[pásəbl]

혱 가능한, 가능성이 있는

▶ a **possible** method 가능한 방법

▷ The manager tried to seek for **a possible method** to solve the problem.
그 경영자는 그 문제를 풀기 위한 가능한 방법을 찾으려고 했다.

몡 possibility 가능성

숙어 as soon as possible 가능한 한 빨리

맨 impossible 불가능한

093

soldier
[sóuldʒər]

몡 군인, 병사

▶ consult an experienced **soldier** 경험 있는 병사의 조언을 구하다

▷ The fresh recruit wanted to **consult an experienced soldier**.
그 신병은 경험 많은 병사의 조언을 구하고 싶었다.

094

population
[pɑpjuléiʃən]

몡 인구

▶ the **population** in the area 그 지역의 인구

▷ **The population in the area** is growing so fast recently.
그 지역의 인구가 최근 매우 빠르게 증가하고 있다.

비교 popularity 인기

095

effect
[ifékt]

몡 영향, 효과, 결과

▶ have a harmful **effect** on ~에 해로운 영향을 미치다

▷ Pollution **has a harmful effect on** the environment.
오염은 환경에 해로운 영향을 미친다.

혱effective 효과적인

혱efficient 효율적인

비교 affect ~에 영향을 주다

096

fly
[flai]

图 날다, 비행하다

▶ **fly** relatively high 비교적 높이 날다

▷ My kite is **flying relatively higher** than the others.
내가 날리는 연이 다른 것들보다 비교적 높이 날고 있다.

图 **flight** 날기, 비행

시제변화 fly - flew - flown　　Tip 图 **fly** 파리

097

tradition
[trədíʃən]

图 전통

▶ a ceremony reflecting **tradition** 전통을 반영하는 의식

▷ The villagers hold **an** annual **ceremony reflecting tradition**. 그 마을 사람들은 전통을 반영하는 의식을 매년 개최한다.

图 **traditional** 전통적인

098

course
[kɔːrs]

图 ① 강좌, (교육) 과정
　 ② 방향, 방침

▶ a junior high school **course** 중학교 과정

▷ Everyone comes to know certain basic knowledge through **a junior high school course**.
모든 사람은 중학교 과정을 통해 어느 정도의 기본적 지식을 알게 된다.

▶ change **course** 방향을 바꾸다

099

direction
[dirékʃən]

图 ① 방향, 쪽
　 ② 지시, 지휘(= command)

▶ the right **direction** of history 역사의 올바른 방향

▷ It's the first step in **the right direction of history**.
그것은 역사의 올바른 방향으로 나아가는 첫걸음이다.

▶ under the **direction** of ~의 지휘 하에

图图 **direct** 직접적인; 지시[감독]하다

图 **director** ① (회사의) 이사, 책임자 ② (영화) 감독

100

burden
[bə́ːrdn]

图 짐, 부담

图 부담[짐]을 지우다

▶ the **burden** of data collection 자료수집의 부담

▷ The computer program reduces **the burden of data collection**. 그 컴퓨터 프로그램은 자료수집의 부담을 줄여준다.

▶ **burden** you **with** my problems 너에게 내 문제로 부담을 주다

experience
[ikspíəriəns]

명 경험

동 ~을 경험하다, 겪다

▶ depend on **experience** 경험에 달려있다

▷ Their salaries **depend on experience** and qualifications.
그들의 월급은 경험과 자질에 달려있다.

▶ **experience** a lot of difficulties 많은 어려움들을 겪다

형 experiential 경험에 의한, 경험상의

---

remind
[rimáind]

동 (다시) **생각나게 하다**

▶ **remind** me **of** my senior 나에게 내 상관을 생각나게 하다

▷ The old picture **reminds me of my** gentle **senior**.
그 오래된 사진은 나에게 내 온화한 상관을 생각나게 한다.

명 reminder ① 생각나게 하는 것 ② 독촉장

---

garage
[gərá:dʒ]

명 **차고**, 주차장

▶ lock a **garage** 차고를 잠그다

▷ I was not certain whether I **locked the garage** or not.
나는 내가 차고를 잠갔는지 확실치 않았다.

---

amount
[əmáunt]

명 ① 총계, 총액

② **양, 액수**

동 총계가 ~에 이르다(= total)

▶ a refund of the full **amount** 전액 환불

▶ a large **amount** of cotton 많은 양의 솜

▷ This region produces **a large amount of cotton**.
이 지역은 많은 양의 솜을 생산한다.

▶ **amount to** thousands of dollars 총계가 수천 달러에 이르다

---

furniture
[fə́:rnitʃər]

명 **가구**

▶ a piece of metal **furniture** 금속 가구 한 점

▷ Two men are moving **a piece of metal furniture**.
두 남자가 금속 가구 한 점을 옮기고 있다.

Tip furniture는 불가산 명사이므로 복수형 불가

two furnitures (X) → two pieces of furniture (O)

examination
[igzæmənéiʃən]

명 ① 시험

② 조사, 검토(= research)

▶ be anxious about the **examination** 시험에 대해 걱정하다

▷ The student **is anxious about the** upcoming **examination**.
그 학생은 곧 있을 시험에 대해 걱정하고 있다.

▶ under **examination** 조사 중인

동 examine 조사[검토]하다   명 exam 시험

---

government
[gʌ́vərnmənt]

명 정부

▶ a new type of **government** 새로운 형태의 정부

▷ They hoped to set up **a new type of government**.
그들은 새로운 형태의 정부를 세우길 희망했다.

동 govern 통치하다   명 governor 주지사

---

branch
[bræntʃ]

명 ① 나뭇가지

② 지점, 부서

▶ Y-shaped **branches** Y자 모양의 가지들

▷ You can find numerous **Y-shaped branches** in a tree.
당신은 나무에서 많은 Y자 모양의 가지들을 발견할 수 있을 것이다.

▶ open a new **branch** 새로운 지점을 개설하다

---

select
[silékt]

동 선택하다, 선정하다

(= choose)

▶ **select** a sample 표본을 선정하다

▷ The researchers randomly **selected a sample** of 30 students.
그 연구자들은 무작위로 30명의 표본 학생들을 선정했다.

명 selection 선발, 선택

비교 elect 선출하다

---

create
[kriéit]

동 창조하다

▶ **create** fine works of art 우수한 예술 작품을 창조하다

▷ Our ancestors **created** many **fine works of art**.
우리 조상들은 우수한 예술작품을 많이 창조했다.

명 creation 창조   형 creative 창조적인   명 creativity 창의력, 창조성

비교 creature 생물, 동물

necessary
[nésəsèri]

형 필요한

▶ the **necessary** balanced diet 필요한 균형식

▷ The school cafeteria must provide the students with **the necessary balanced diet**.
학교 구내식당은 학생들에게 필요한 균형식을 제공해야 한다.

명 necessity ① 필요(성) ② 필수품 부 necessarily 반드시

반 unnecessary 불필요한

suppose
[səpóuz]

동 (~라고) **생각하다,**
추측하다(= guess)

▶ **suppose** that the tower will collapse
탑이 무너질 것이라고 생각하다

▷ A number of experts **supposed that the tower would collapse** soon. 많은 전문가들은 그 탑이 곧 무너질 것이라고 생각했다.

명 supposition 추정

숙어 be supposed to V ~하기로 되어 있다

stream
[striːm]

명 ① **개울, 시냇물** (= brook)

② (계속되는) 흐름, 연속

▶ the **stream** of a valley 계곡의 시냇물

▷ There are small fish in **the stream of the valley**.
그 계곡의 시냇물에는 작은 물고기들이 있다.

▶ a **stream** of visitors 계속되는 방문객들

비교 scream 비명(을 지르다)

ocean
[óuʃən]

명 대양, (큰) 바다

▶ observe in the **ocean** 바다에서 관찰하다

▷ The old fisherman carefully **observed** a whale **in the ocean**. 그 나이든 어부는 바다에서 고래를 유심히 관찰했다.

revolution
[rèvəlúːʃən]

명 혁명

▶ the early stage of a **revolution** 혁명의 초기단계

▷ Right after the war, the country was at **the early stage of a revolution**. 전쟁 직후에 그 나라는 혁명의 초기 단계에 있었다.

형 revolutionary 혁명적인

occur
[əkə́:r]

图 ① (일이) **일어나다,**
　　발생하다(= happen)
　② (생각이) ~에게 떠오르다

▶ usually **occur** during the night 대개 밤중에 발생하다

▷ Such a terrible incident **usually occurs during the night**.
그런 끔찍한 사건은 대개 밤중에 발생한다.

▶ An idea **occurred to** me. (내 머리에) 어떤 생각이 떠올랐다.

图 occurrence 발생

---

mild
[maild]

휑 온화한, 부드러운
　　(= gentle)

▶ a **mild** climate 온화한 기후

▷ With its **mild climate**, the island attracts hundreds of thousands of tourists.
온화한 기후로 그 섬은 수십만의 관광객을 끌고 있다.

문 mildly ① 부드럽게 ② 약간　　图 mildness 온화함

---

comfortable
[kʌ́mfərtəbl]

휑 편안한

▶ **comfortable** shower facilities 편안한 샤워시설

▷ The fitness club is equipped with **comfortable shower facilities**. 그 헬스클럽은 편안한 샤워 시설을 갖추고 있다.

图 comfort 편안함, 위안

반 uncomfortable 불편한

---

instead
[instéd]

문 대신에

▶ value efforts **instead of** good luck 행운보다는 노력을 중시하다

▷ My wise wife **values** steady **efforts instead of good luck**.
내 현명한 아내는 행운보다는 꾸준한 노력을 가치 있게 여긴다.

---

mistake
[mistéik]

图 실수, 잘못

图 오해[착각]하다
　　(= misunderstand)

▶ make a huge **mistake** 엄청난 실수를 하다

▷ You **made a huge mistake** and you should apologize.
너는 엄청난 실수를 했으므로 사과해야 한다.

▶ **mistake** him **for** his brother 그를 그의 형으로 착각하다

숙어 by mistake 실수로

시제변화 mistake - mistook - mistaken

? DAY 3 - TEST

A 다음 단어들을 올바르게 연결해보세요.

1	**stream** ·	· 정부
2	**fly** ·	· 대양
3	**furniture** ·	· 필요한
4	**gift** ·	· 대회, 시합
5	**population** ·	· 날다
6	**contest** ·	· 개울
7	**government** ·	· 실수
8	**necessary** ·	· 선물
9	**ocean** ·	· 인구
10	**mistake** ·	· 가구

1	군인 ·	· cause
2	판사 ·	· scene
3	원인 ·	· amount
4	명단 ·	· machine
5	장면 ·	· garage
6	경험 ·	· rule
7	기계 ·	· soldier
8	차고 ·	· list
9	액수 ·	· judge
10	규칙 ·	· experience

C 다음 문장에 맞는 단어를 써넣으세요.

> **revolution** / **instead** / **remind** / **select** / **suppose** / **burden** / **occur**

1 The researchers randomly _____ed a sample of 30 students.

2 A number of experts _____d that the tower would collapse soon.

3 The computer program reduces the _____ of data collection.

4 Right after the war, the country was at the early stage of a _____.

5 The old picture _____s me of my gentle senior.

6 Such a terrible incident usually _____s during the night.

7 My wise wife values steady efforts _____ of good luck.

B 다음 중 올바른 뜻을 고르세요.

1	**tradition**	☐ 전통	☐ 의식
2	**course**	☐ 강의	☐ 강좌
3	**burden**	☐ 부담	☐ 곤경
4	**remind**	☐ 꺼리다	☐ 생각나게 하다
5	**branch**	☐ 줄기	☐ 가지
6	**create**	☐ 창조하다	☐ 고안하다
7	**suppose**	☐ 추측하다	☐ 의심하다
8	**occur**	☐ 발달하다	☐ 발생하다
9	**mild**	☐ 온화한	☐ 약한
10	**comfortable**	☐ 편안한	☐ 편리한

1	**추적하다**	☐ cheat	☐ chase
2	**파괴하다**	☐ destroy	☐ spoil
3	**(마음을) 끌다**	☐ attract	☐ contract
4	**가능한**	☐ available	☐ possible
5	**방향**	☐ direction	☐ director
6	**시험**	☐ experiment	☐ examination
7	**선택하다**	☐ elect	☐ select
8	**혁명**	☐ evolution	☐ revolution
9	**대신에**	☐ instead	☐ however
10	**효과**	☐ affect	☐ effect

D 다음 문장에 맞는 단어를 써넣으세요.

1 We have to find out the more _____ method to solve the difficult problem.

　ⓐ bare　　　ⓑ effective　　　ⓒ economic　　　ⓓ intelligent

2 Expanding your business by opening a _____ office requires a lot of planning and work.

　ⓐ root　　　ⓑ stalk　　　ⓒ trunk　　　ⓓ branch

3 In theAustralian Curriculum, students develop capability in critical and _____ thinking, clarify concepts and ideas, seek possibilities, consider alternatives and solve problems.

　ⓐ negative　　　ⓑ dense　　　ⓒ creative　　　ⓓ hollow

>> **121**
160

- **wrap** 포장하다
- **chief** 주된
- **international** 세계적인
- **hunter** 사냥꾼
- **export** 수출하다
- **forest** 숲
- **battle** 전투
- **lot** 많음, 다수
- **election** 선거
- **passenger** 승객

- **sentence** ① 문장 ② 선고
- **adventure** 모험
- **increase** 증가하다; 증가
- **decrease** 감소하다; 감소
- **contrary** 반대되는
- **abroad** 해외에(서)
- **remain** 여전히 ~인 상태다
- **honor** 명예
- **guide** 안내인
- **tax** 세금

- **serious** ① 심각한 ② 진지한
- **nation** ① 국민 ② 국가
- **order** ① 순서 ② 주문
- **produce** 생산하다
- **supply** 공급; 공급하다
- **prepare** 준비하다
- **spirit** 정신
- **firm** 단단한; 회사
- **consider** 고려하다
- **universe** 우주

- **instrument** 기구
- **hold** 잡고있다
- **row** 줄, 열
- **surface** 표면
- **primary** 주된, 주요한
- **schedule** 일정
- **fair** 공정한
- **trousers** 바지
- **trick** 속임수
- **thief** 도둑

121

wrap
[ræp]
통 포장하다, (둘러) 싸다

▶ **wrap** a gift 선물을 포장하다

▷ This video shows you how to **wrap a gift** professionally.
이 비디오는 당신에게 전문적으로 선물을 포장하는 방법을 보여준다.

숙어 wrap up 끝내다, 마무리하다

122

chief
[tʃiːf]
형 ① 주된(= main)
  ② (직책이) 최고위자인
명 (단체의) 최고위자, −장

▶ the **chief** cause of death 주된 사망 원인

▷ An investigation was held to discover **the chief cause of death**. 주된 사망 원인을 밝히기 위한 조사가 있었다.

▶ a **chief** financial officer 최고 재무 책임자

▶ a police **chief** 경찰총장

부 chiefly 주로

123

international
[ìntərnǽʃənəl]
형 세계적인, 국제적인
  (= global)

▶ an **international** contest 국제 대회

▷ She is allowed to join **the international contest**.
그녀는 국제대회에 참가 승인을 받았다.

부 internationally 세계적으로

참고 worldwide 전 세계적인

124

hunter
[hʌ́ntər]
명 사냥꾼

▶ the **hunter** chasing a deer 사슴을 쫓고 있는 사냥꾼

▷ **The hunter chasing a deer** tripped over a stone and fell down. 사슴을 쫓고 있던 사냥꾼이 돌에 걸려 넘어졌다.

동 hunt 사냥하다

125

export
[ikspɔ́ːrt]
동 수출하다

명 [ékspɔːrt] 수출(품)

▶ **export** a machine 기계를 수출하다

▷ Korea is rapidly losing ground in **exporting machines**.
한국은 기계 수출에 있어 급속도로 기반을 잃고 있다.

▶ an **export** market 수출 시장

반 import 수입(하다)

126

forest
[fɔ́ːrist]
명 숲, 삼림(= woods)

▶ destroy **forests** 숲을 파괴하다

▷ Global warming will **destroy** our precious **forests**.
지구 온난화가 우리의 소중한 숲을 파괴할 것이다.

숙어 not see the forest for the trees 나무만 보고 숲을 못 보다

127

battle
[bǽtl]
명 전투, 싸움

▶ a **battle** scene 전투 장면

▷ **The battle scenes** were intense and horrible.
그 전투장면들은 강렬하고 끔찍했다.

명 battlefield 싸움터, 전장

128

lot
[lat]
명 ① 많음, 다수
　　② (토지의) 한 구획

▶ attract **a lot of** attention 많은 관심을 끌다

▷ The incident **attracted a lot of attention** from the media. 그 사건은 매체의 많은 관심을 끌었다.

▶ a parking **lot** 주차장

반 a bit of 약간[조금]의

129

election
[ilékʃən]
명 선거

▶ follow the **election** rule 선거 규정을 지키다

▷ All official candidates must **follow the election rule**.
모든 공식 후보자들은 선거규정을 지켜야만 한다.

동 elect 선출하다

비교 select 선택하다
collect 수집하다

130

passenger
[pǽsindʒər]
명 승객

▶ a **passenger** list 탑승자 명부

▷ The police searched **the passenger list** to look for the suspect. 경찰은 그 용의자를 찾기 위해 탑승자 명부를 조사했다.

비교 passerby (지나가는) 행인
passage 통로, 복도

131

sentence

[séntəns]

명 ① 문장
　② (형의) 선고

- ▶ a complete **sentence** 완전한 문장
- ▶ the **sentence** of the judge 그 판사의 선고
- ▷ **The sentence of the judge** surprised the audience in the courtroom. 그 판사의 선고는 법정안의 방청객들을 놀라게 했다.

132

adventure

[ædvéntʃər]

명 모험

- ▶ a possible **adventure** 가능한 모험
- ▷ The director set out to make the biggest **possible adventure** fantasy.
  그 감독은 가장 크고도 가능한 환상 모험 영화를 만드는 작업에 착수했다.

형 adventurous 모험적인

133

increase

[inkrí:s]

통 증가하다, 늘리다

명 [ínkri:s] 증가, 인상

- ▶ **increase** the number of soldiers 병사들의 수를 늘리다
- ▷ **Increasing the number of soldiers** will lead to rising costs. 병사들의 수를 늘리는 것은 비용 증가로 이어질 것이다.
- ▶ an **increase in** sales 매출 증가

decrease

increase

134

decrease

[dikrí:s]

통 감소하다, 줄(이)다

명 [díkri:s] 감소,
　하락(= fall)

- ▶ **decrease** speed 속도를 줄이다
- ▶ a **decrease in** population 인구 감소
- ▷ **A decrease in population** is going on in our society.
  우리 사회 내의 인구 감소는 계속되고 있다.

135

contrary

[kántreri]

형 반대되는(= opposite)

- ▶ an effect **contrary to** ~와 반대의 결과
- ▷ His failure was **an effect contrary to** what we expected.
  그의 실패는 우리가 예상했던 것과는 반대의 결과였다.

숙어 on the contrary 그와는 반대로

abroad
[əbrɔ́ːd]

틧 해외에(서),
외국에(서)

▶ cheap flights **abroad** 저가 해외 항공편

▷ Some people take advantage of **cheap flights abroad**.
어떤 사람들은 저가 해외 항공편을 이용한다.

비교 **aboard** (배 · 비행기에) 탄, 탑승한

---

remain
[riméin]

동 ① (여전히) ~인 상태다
② 남다, 머물다(= stay)

▶ **remain** silent 여전히 침묵을 지키고 있다

▶ the **remaining** tradition 남아있는 전통

▷ Preserving **the remaining tradition** has become an important issue. 남아있는 전통을 보존하는 것은 중요한 문제가 되었다.

명 **remains** ① 남은 것 ② 유적

---

honor
[ánər]

명 명예, 영광

동 존경하다(= respect)

▶ treat VIPs with **honor** 귀빈들을 예우하다

▶ **honor** the course of life 삶의 과정을 존경하다

▷ I **honor the** respectable **course of life** led by the general. 나는 그 장군이 살아온 훌륭한 삶의 과정을 존경한다.

형 **honorary** 명예의   숙어 **in honor of** ~을 기리기 위해, ~을 기념하여

비교 **glory** 영광, 영예

---

guide
[gaid]

명 안내인, 안내서

동 안내하다, 지도하다

▶ hire a tour **guide** 여행 가이드를 고용하다

▶ **guide** the direction 방향을 제시하다

▷ The local council will **guide the direction** of its community.
지방의회가 지역사회의 방향을 제시할 것이다.

명 **guidance** 안내, 지도

---

tax
[tæks]

명 세금

동 세금을 부과하다, 과세하다

▶ ease the **tax** burden 세금 부담을 덜어주다

▷ The measures will **ease the tax burden** on small businesses.
그 조치는 소규모 회사들의 세금 부담을 덜어 줄 것이다.

▶ **tax** the rich 부자들에게 세금을 부과하다

141

serious
[síriəs]

형 ① 심각한

② 진지한, 진심인

▶ experience a **serious** problem 심각한 문제를 겪다

▷ The company has **experienced a serious problem** until recently. 그 회사는 최근까지 심각한 문제를 겪었다.

▶ Are you **serious**? 너 진심이니?

명 seriousness 심각함, 진지함

142

nation
[néiʃən]

명 ① 국가(= country)

② 국민

▶ an independent **nation** 독립국

▶ remind **the nation** of its painful past
국민들에게 아픈 과거를 상기시키다

▷ The historic place **reminds the nation of its painful past**.
그 유적지는 국민들에게 아픈 과거를 상기시킨다.

형 national 국가의, 국민의   형 nationwide 전국적인

143

order
[ɔ́:rdər]

명 ① 순서, 질서

② 명령, 주문

동 명령하다, 주문하다

▶ alphabetical **order** 알파벳 순서 ▶ take an **order** 주문 받다

▶ **order** him **to** hide in the garage
그에게 차고 안에 숨어 있으라고 명령하다

▷ The police officer **ordered him to hide in the garage**.
그 경찰관은 그에게 차고 안에 숨어 있으라고 명령했다.

숙어 out of order 고장난

144

produce
[prədjú:s]

동 생산하다

▶ **produce** a large amount of electricity 많은 양의 전기를 생산하다

▷ The new power plant can **produce a large amount of electricity**. 그 새로운 발전소는 많은 양의 전기를 생산해 낼 수 있다.

명 product 상품   명 production 생산   명 producer 생산자

반 consumer 소비자

145

supply
[səplái]

명 공급, 비축(량)

동 공급하다(= provide)

▶ **supply** and demand 수요와 공급

▶ **supply** the furniture 가구를 공급하다

▷ The trading company **supplies the** foreign-made **furniture**.
그 무역회사는 외제 가구를 공급한다.

prepare
[pripέər]

동 준비하다

▶ **prepare for** an examination 시험을 준비하다

▷ The student is very busy in **preparing for the** mid-term **examination**. 그 학생은 중간고사를 준비하느라 매우 바쁘다.

명 preparation 준비, 대비

---

spirit
[spírit]

명 정신

▶ the **spirit** of the new government 그 새 정부의 정신

▷ Such behaviors run counter to **the spirit of the new government**. 그러한 행동들은 새 정부의 정신에 위배된다.

형 spiritual 정신의, 정신적인

비교 soul 영혼

---

firm
[fə:rm]

형 단단한, 확고한

명 회사(= company)

▶ a **firm** belief 확고한 믿음

▶ a branch of the **firm** 그 회사의 지사

▷ The new employee was sent to **a** local **branch of the firm**. 그 새 신입사원은 그 회사의 지방 지사로 보내졌다.

---

consider
[kənsídər]

동 고려하다

▶ **consider** selecting a new book 책을 선정할 것을 고려하다

▷ Our English teacher is **considering selecting a new book** for our class.
우리 영어 선생님은 우리 학급을 위한 새로운 책을 선정할 것을 고려하고 있다.

명 consideration 고려   형 considerate 사려 깊은

형 considerable 상당한

---

universe
[júːnəvəːrs]

명 우주

▶ the creation of the **universe** 우주의 창조

▷ The scientist believes the Big Bang theory can explain **the creation of the universe**.
그 과학자는 빅뱅이론이 우주 창조를 설명할 수 있다고 믿고 있다.

형 universal 전 세계적인, 보편적인

instrument
[ínstrəmənt]

명 ① 기구 ② 악기

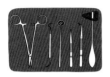

► the **instruments** necessary for surgery 수술에 필요한 기구들

▷ The nursing staff arranged **the instruments necessary for surgery**. 간호사들이 수술에 필요한 기구들을 준비했다.

► play a musical **instrument** 악기를 연주하다

hold
[hould]

동 ① 잡고 있다, 들고 있다

② (모임 · 선거 등을)

열다, 개최하다

► **hold** a baby in one's arms 아기를 안고 있다

► be supposed to **hold** a meeting 모임을 열 예정이다

▷ The board of directors **is supposed to hold a meeting** next Monday. 이사회는 다음 월요일에 회의를 열 예정이다.

row
[rou]

명 줄, 열

동 (배의) 노를 젓다

► cross a stream in a **row** 한 줄로 개울을 건너다

▷ The children were **crossing the stream in a row**.
아이들이 한 줄로 개울을 건너고 있었다.

► **row** a boat 배를 젓다

비교 **low** 낮은

surface
[sə́:rfis]

명 표면

► the **surface** of an ocean 바다의 수면

▷ A woman diver can dive deep below **the surface of the ocean**. 해녀는 바다의 수면 아래로 깊이 잠수할 수 있다.

primary
[práimeri]

형 ① 주된, 주요한

② 초등 교육의

(= elementary)

► the **primary** purpose of the revolution 그 혁명의 주된 목적

▷ Most of the people didn't know **the primary purpose of the revolution**.
대부분의 사람들은 그 혁명의 주된 목적을 알지 못했다.

► a **primary** school 초등학교

부 **primarily** 주로

schedule
[skédʒuːl]

명 일정, 스케줄

동 일정을 잡다, 예정하다

► a busy **schedule** 바쁜 일정

► be **scheduled** to occur 발생할 예정이다

▷ The lease renewal **is scheduled to occur** every two years. 임대차 갱신은 2년마다 있을 예정이다.

day **4**

---

fair
[fɛər]

형 ① 공정한

② 상당한(= considerable)

명 박람회

► a mild and **fair** judge 온화하고 공정한 판사

▷ Mr. Brown earned a reputation as **a mild and fair judge.** 브라운 씨는 온화하고 공정한 판사라는 명성을 얻었다.

► a **fair** number of people 상당수의 사람들

► a wedding **fair** 결혼 박람회(웨딩 페어)

부 **fairly** ① 공정하게 ② 상당히, 꽤   반 **unfair** 불공정한

비교 **fare** 운임, 요금

---

trousers
[tráuzərz]

명 바지(= pants)

► wear comfortable **trousers** 편안한 바지를 입다

▷ Sally usually **wears comfortable trousers** when she goes out. 샐리는 외출할 때 주로 편안한 바지를 입는다.

Tip 바지 : **trousers** 〈영국〉, **pants** 〈미국〉

---

trick
[trik]

명 ① 속임수

② (골탕 먹이는) 장난

► use sincerity instead of a **trick** 속임수 대신 진심을 이용하다

▷ Mike **used sincerity instead of a trick** in the negotiation. 마이크는 협상에서 속임수 대신 진심을 이용했다.

► play a **trick** on ~에게 장난치다

---

thief
[θiːf]

명 도둑

► mistake him for a **thief** 그를 도둑으로 착각하다

▷ I **mistook him for a thief** and reported him to the police. 나는 그를 도둑으로 오해해 경찰에 신고했다.

명 **theft** 절도

복수형 **thieves** 도둑들

A 다음 단어들을 올바르게 연결해보세요.

1 chief ·	· 세금	
2 guide ·	· 국가	
3 tax ·	· 주된	
4 order ·	· 바지	
5 row ·	· 도둑	
6 surface ·	· 안내서	
7 nation ·	· 질서	
8 trousers ·	· 줄, 열	
9 trick ·	· 표면	
10 thief ·	· 속임수	

1 우주 ·	· schedule	
2 모험 ·	· forest	
3 사냥꾼 ·	· election	
4 전투 ·	· instrument	
5 정신 ·	· hunter	
6 숲 ·	· universe	
7 선거 ·	· spirit	
8 일정 ·	· battle	
9 감소 ·	· adventure	
10 기구 ·	· decrease	

C 다음 문장에 맞는 단어를 써넣으세요.

> sentence / contrary / remain / order / prepare / hold / produce

1 Preserving the _____ing tradition has become an important issue.

2 The police officer _____ed him to hide in the garage.

3 The _____ of the judge surprised the audience in the courtroom.

4 The board of directors is supposed to _____ a meeting next Monday.

5 The new power plant can _____ a large amount of electricity.

6 His failure was an effect _____ to what we expected.

7 The student is very busy in _____ing for the mid-term examination.

B 다음 중 올바른 뜻을 고르세요.

1 **honor** □ 명예 □ 정직
2 **wrap** □ 포함하다 □ 포장하다
3 **international** □ 국내의 □ 세계적인
4 **passenger** □ 승객 □ 여권
5 **export** □ 수입하다 □ 수출하다
6 **increase** □ 증가하다 □ 감소하다
7 **remain** □ 계속하다 □ 계속 ～이다
8 **produce** □ 생산하다 □ 재배하다
9 **prepare** □ 예측하다 □ 준비하다
10 **hold** □ 잡다 □ 잡고 있다

1 **주된, 주요한** □ private □ primary
2 **많음, 다수** □ bit □ lot
3 **문장** □ phrase □ sentence
4 **반대되는** □ contrary □ objective
5 **해외에서** □ abroad □ aboard
6 **심각한** □ series □ serious
7 **공급** □ demand □ supply
8 **확고한** □ hard □ firm
9 **고려하다** □ compose □ consider
10 **공정한** □ fair □ pair

D 다음 문장에 맞는 단어를 써넣으세요.

1 He is serving a 10-year _____ for armed robbery.

ⓐ period   ⓑ punishment   ⓒ sentence   ⓓ judgment

2 All of our friends have asked us when we are going to _____ a housewarming party.

ⓐ hold   ⓑ open   ⓒ make   ⓓ take

3 May I take your _____ ?
The police officer _____ed the criminal to drop his weapon.

ⓐ firm   ⓑ command   ⓒ direct   ⓓ order

day
5

» **161**
200

오늘 학습할 필수 단어입니다. 눈으로 스캔하며 모르거나 헷갈리는 단어에 체크하세요.

- **magazine** 잡지
- **goal** 목표
- **business** 사업
- **find** ① 찾다 ② ~라고 생각하다
- **ban** 금(지)하다; 금지
- **surround** 둘러싸다
- **triumph** (큰) 승리
- **responsibility** 책임(감)
- **vote** 투표하다
- **treat** ① 취급하다 ② 치료하다

- **prison** 감옥
- **hesitate** 주저하다
- **charge** 요금; 고발하다
- **birth** 탄생, 출생
- **explain** 설명하다
- **imagine** 상상하다
- **doubt** 의심
- **degree** ① 정도 ② 학위
- **pray** 기도하다
- **figure** ① 수치 ② 인물

- **trouble** 문제
- **independent** 독립된
- **stupid** 어리석은
- **factory** 공장
- **plenty** 충분함
- **license** 면허, 자격증
- **century** 세기, 100년
- **principal** 주요한; 교장
- **enter** ① 들어가다 ② 입학하다
- **mystery** 미스터리, 수수께끼

- **fix** ① 고정시키다 ② 고치다
- **spade** 삽
- **flood** 홍수
- **float** 뜨다
- **section** 부분, 부문
- **except** ~을 제외하고
- **review** 비평; 재검토하다
- **rub** 문지르다
- **upset** 속상하게 하다
- **press** 누르다; 언론

magazine
[mǽɡəzíːn]
명 잡지

▶ wrap a fashion **magazine** 패션 잡지를 포장하다

▷ We'll **wrap the fashion magazine** and send it to you.
저희가 그 패션 잡지를 포장해서 당신께 보내드릴게요.

goal
[goul]
명 목표(= aim)

▶ the chief **goal** 주목적

▷ My **chief goal** is to let you memorize all the words in this book.
내 주된 목적은 여러분으로 하여금 이 책에 있는 모든 단어를 암기하게 하는 것이다.

Tip **goal setting** 목표 설정

business
[bíznis]
명 ① 사업, 일

② 사업체, 회사
(= company)

▶ an international **business** 국제 사업

▷ **The international business** stopped for a time due to lack of funds. 그 국제 사업은 자금 부족으로 한동안 중단되었다.

▶ run a **business** 사업체를 운영하다

명 businessman 사업가

find
[faind]
동 ① 찾다, 발견하다

② ~라고 생각하다, 느끼다
(= think, feel)

▶ **find** a hunter 사냥꾼을 발견하다

▷ While walking in the woods, I **found a hunter** chasing a deer. 숲을 걷는 도중 난 사슴을 쫓고 있는 사냥꾼을 발견했다.

▶ **find** him attractive 그를 매력적이라고 느끼다

명 finding (조사·연구) 결과

시제변화 find - found - found

ban
[bæn]
동 금(지)하다(= bar)

명 금지

▶ **ban** the export of weapons 무기의 수출을 금지하다

▷ The United Nations has **banned the export of weapons** to North Korea. 유엔은 북한으로의 무기 수출을 금지했다.

▶ a **ban on** smoking 흡연에 대한 금지

surround
[səráund]

图 둘러싸다, 포위하다

- ▶ be **surrounded** with forests 숲으로 둘러싸이다
- ▷ The small lake **is surrounded with forests**.
  그 작은 호수는 숲으로 둘러싸여 있다.

图surroundings (주변) 환경, 상황

triumph
[tráiəmf]

명 (큰) 승리(= victory)

- ▶ a **triumph** in the battle 그 전투에서의 승리
- ▷ His troop achieved **a** great **triumph in the battle**.
  그의 부대는 그 전투에서 큰 승리를 거두었다.

图triumphant 큰 승리를 거둔

responsibility
[rispà:nsəbíləti]

명 책임(감)

- ▶ a lot of **responsibility** 많은 책임
- ▷ The driver has **a lot of responsibility** for her serious injury. 그 운전자는 그녀의 큰 부상에 대해 많은 책임이 있다.

图responsible 책임이 있는   Tip be responsible for ~에 대한 책임이 있다

참고 response 응답, 대답

vote
[vout]

图 투표하다

명 표, 투표

- ▶ **vote** in an election 선거에서 투표하다
- ▷ Everyone over 16 in Argentina has a right to **vote in an election**.
  아르헨티나의 16세 이상의 모든 사람은 선거에서 투표권이 있다.
- ▶ cast a **vote** 투표하다

图voting 투표

treat
[triːt]

图 ① 대하다, 취급하다

② 치료하다(= cure)

③ 대접하다

- ▶ **treat** passengers politely 승객들에게 예의바르게 대하다
- ▷ The flight attendants should **treat passengers politely**.
  승무원들은 승객들에게 예의바르게 대해야 한다.
- ▶ **treat** a patient 환자를 치료하다
- ▶ **treat** him **to** dinner 그에게 저녁을 대접하다

图treatment ① 대우 ② 치료

171

prison
[prízn]

명 감옥, 교도소(= jail)

▶ a **prison** sentence 징역형

▷ **A prison sentence** should match the seriousness of the crime.
징역 형기는 범행의 심각성에 맞아야 한다.

명 **prisoner** 죄수, 재소자 　 동 **imprison** 투옥하다

172

hesitate
[hézətèit]

동 주저하다, 망설이다

▶ **hesitate** about adventure 모험에 대해 주저하다

▷ Now is not the time to **hesitate about adventure**.
지금은 모험에 대해 주저할 때가 아니다.

명 **hesitation** 주저, 망설임

173

charge
[tʃaːrdʒ]

명 ① 요금 ② 책임

동 ① (요금을) **청구하다**
　② 고발하다

▶ the increase in **charges** 요금의 인상

▷ **The** huge **increase in charges** cannot be justified.
그 엄청난 요금 인상은 정당화 될 수 없다.

▶ in **charge** of the department 그 부서를 책임지고 있는

▶ **charge** us $300 for repairs 우리에게 수리비로 300달러를 청구하다

▶ be **charged** with robbery 강도죄로 고발되다

174

birth
[bəːrθ]

명 탄생, 출생

▶ the decrease in **birth** rate 출산율의 감소

▷ **The decrease in birth rate** will result in a drop in the working population.
출산율의 감소는 노동인구의 하락을 초래할 것이다.

명 **birthday** 생일

숙어 **give birth to** (아기를) 낳다, 출산하다

반 **death** 죽음

175

explain
[ikspléin]

동 설명하다

▶ **explain** some contrary opinions 몇 가지 반대 의견들을 설명하다

▷ The professor **explained some contrary opinions** of the theory. 그 교수는 그 이론에 대한 몇 가지 반대 의견을 설명했다.

명 **explanation** 설명

imagine
[imǽdʒin]

⑧ 상상하다,

(마음속에) 그리다(= fancy)

▶ **imagine** a trip abroad 해외여행을 상상하다

▷ In the past, people could only **imagine a trip abroad**.
과거에 사람들은 해외여행을 상상만해야 했다.

圆 image 인상, 이미지   圆 imagination 상상(력)

휑 imaginative 상상력이 풍부한, 창의적인

휑 imaginary 상상 속의, 가상의

doubt
[daut]

圆 의심, 의문

⑧ 의심하다

▶ There remains no **doubt**. 의문의 여지가 없다.

▷ **There remains no doubt** about his innocence.
그의 무죄에 대해서는 의문의 여지가 남아있지 않다.

▶ **doubt** everything he said 그가 말한 모든 것을 의심하다

휑 doubtful 의심스러운

degree
[digríː]

圆 ① 정도 ② 학위

▶ in a[some] **degree** 어느 정도

▶ an honorary **degree** 명예 학위

▷ The politician received **an honorary degree** from the university. 그 정치인은 그 대학에서 명예학위를 받았다.

pray
[prei]

⑧ 빌다, 기도하다

▶ **pray** for guidance 잘 인도해 달라고 기도하다

▷ He **prayed** to God **for guidance** over his decision.
그는 그의 결정에 대해 잘 인도해 달라고 하나님께 기도했다.

圆 prayer 기도

figure
[fígjər]

圆 ① 수치, 숫자

② 인물

③ (여성의) 몸매

▶ impose a tax according to sales **figures**
매출액에 따라 세금을 부과하다

▷ The government **imposes a tax according to the sales figures** of a company. 정부는 회사의 매출액에 따라 세금을 부과한다.

▶ a political **figure** 정치인

▶ have a good **figure** 몸매가 좋다

휑 figurative 비유적인

181

trouble
[trʌ́bl]

명 문제, 어려움

동 괴롭히다(= bother)

▶ serious **trouble** 심각한 문제

▷ It is easy to see our English education is in **serious trouble**.
우리의 영어 교육이 심각한 문제에 처해있다는 것은 쉽게 알 수 있다.

▶ be **troubled** by nightmares 악몽에 시달리다

182

independent
[ìndipéndənt]

형 독립된

▶ an **independent** nation 독립국

▷ Korea became **an independent nation** again after the Japanese 36-year colonial rule.
한국은 일본의 36년간의 식민 통치후 독립국이 되었다.

명 independence 독립

반 dependent 의지하는

183

stupid
[stúːpid]

형 어리석은, 바보 같은

(= foolish, silly)

▶ a **stupid** order 바보 같은 명령

▷ Although he gave me **a stupid order**, I had no choice but to follow it.
그는 바보 같은 명령을 내렸지만 난 그것을 따를 수밖에 없었다.

명 stupidity 어리석음

184

factory
[fǽktəri]

명 공장(= plant)

▶ a **factory** to produce cars 차를 생산하는 공장

▷ The auto company will build **a factory to produce** new sports **cars**. 그 자동차 회사는 새 스포츠카를 생산할 공장을 지을 것이다.

185

plenty
[plénti]

명 풍부한 양, 충분함

(= richness)

▶ **plenty of** food supplies 충분한 식량

▷ The military expert said that the area had **plenty of food supplies**.
그 군사전문가가 그 지역에는 충분한 식량이 있다고 말했다.

형 plentiful 풍부한(= abundant)

license
[láisəns]

명 면허, 자격증

동 허가하다

▶ prepare for one's driving **license** 운전면허 시험을 준비하다

▷ I just started to **prepare for my driving license**.
나는 이제 막 운전면허 시험 준비를 시작했다.

▶ **license** the new drug 그 신약 판매를 허가하다

day 5

century
[séntʃəri]

명 세기, 100년

▶ the spirit of the 21st **century** 21세기의 정신

▷ We are ready to welcome and accept **the spirit of the 21st century**. 우리는 21세기의 정신을 기꺼이 환영하고 받아들인다.

비교 **decade** 10년

principal
[prínsəpəl]

형 주된, 주요한(= main)

명 교장, 총장

▶ a **principal** reason 주된 이유

▶ the firm attitude of the **principal** 교장의 확고한 태도

▷ Most of the teachers were embarrassed at **the firm attitude of the principal**.
대부분의 교사들은 교장의 확고한 태도에 당황했다.

비교 **principle** 원칙, 원리

enter
[éntər]

동 ① 들어가다
② 입학하다

▶ **enter** the classroom 교실에 들어오다

▶ consider **entering** a school 학교 입학을 고려하다

▷ His parents are **considering** his **entering a** private **school**. 그의 부모는 그의 사립학교 입학을 고려하고 있다.

명 **entrance** ① 입장 ② 입구

명 **entry** ① 입장 ② (대회의) 참가

mystery
[místri]

명 미스터리, 수수께끼

▶ the **mysteries** of the universe 우주의 미스터리들

▷ Scientists are still working hard to solve **the mysteries of the universe**.
과학자들은 아직도 우주의 미스터리들을 풀기 위해서 열심히 노력하고 있다.

형 **mysterious** 불가사의한   부 **mysteriously** 불가사의하게

191

fix
[fiks]

图 ① **고정시키다,** 정하다

② **고치다,** 수리하다

(= repair)

- ▶ **fix** a date 날짜를 정하다

- ▶ **fix** laboratory instruments 실험실 기구들을 고치다

- ▷ The scientist spent hours **fixing laboratory instruments.**
  그 과학자는 실험실 기구들을 고치는데 몇 시간을 보냈다.

192

spade
[speid]

图 **삽**(= shovel)

- ▶ hold a **spade** 삽을 잡고 있다

- ▷ The farmer in the picture **holds a spade** with both
  hands. 그 그림 속의 농부는 양손으로 삽을 잡고 있다.

193

flood
[flʌd]

图 **홍수**

图 **물에 잠기게 하다**

- ▶ suffer **flood** damage 홍수 피해를 입다

- ▶ row in the **flooded** river 홍수로 불어난 강에서 노를 젓다

- ▷ It is extremely dangerous to **row in the flooded river.**
  홍수로 불어난 강에서 노를 젓는 것은 극도로 위험하다.

  凹 drought 가뭄

194

float
[flout]

图 (물·공중에) **뜨다,**
표류하다

- ▶ **float** on the surface 표면 위에 뜨다

- ▷ Why does oil **float on the surface** of water?
  왜 기름은 물의 표면 위에 뜰까?

  阌 floating 떠있는, 유동적인

195

section
[sékʃən]

图 **부분, 부문**(= part)

- ▶ the primary **section** 주요한 부분

- ▷ **The primary section** of the newspaper covers the
  domestic economy.
  그 신문의 주요 부분은 국내 경제를 다루고 있다.

  비교 sector (경제 활동) 부문, 분야

196

except
[iksépt]

전 ~을 제외하고,
~을 빼고

▶ classes scheduled **except** Sunday
일요일만 제외하고 짜여 있는 수업

▷ He attended all the **classes scheduled except Sunday.**
그는 일요일만 빼고 짜여 있는 모든 수업에 참석했다.

명 exception 예외

숙어 **except for** ~을 제외하고는

197

review
[rivjúː]

명 **비평**, 논평(= comment)

동 ① **재검토하다**, 논평하다
② 복습하다

▶ a fairly long **review** 꽤 긴 비평

▷ Most of the readers would hate reading **a fairly long review.** 대부분의 독자들은 꽤 긴 비평을 읽는 것을 싫어할 것이다.

▶ **review** the result 결과를 재검토하다

▶ **review** chemistry 화학(과목)을 복습하다

198

rub
[rʌb]

동 문지르다, 비비다

▶ **rub** one's trousers 바지를 문지르다

▷ She **rubbed her trousers** hard to get rid of a stain.
그녀는 얼룩을 없애기 위하여 바지를 열심히 문질렀다.

199

upset
[ʌpsét]

동 ① **속상하게 하다**
② 망치다(= spoil, ruin)

▶ be **upset** by his trick 그의 속임수에 화가 나다

▷ I **was** so **upset by his trick** that I called him names.
나는 그의 속임수에 너무 화가 나서 그에게 욕을 했다.

▶ **upset** our plan 우리의 계획을 망치다

200

press
[pres]

동 누르다, 짓누르다

명 언론, 신문

▶ **press** the thief against the wall 도둑을 벽에 대고 짓누르다

▷ The police officer **pressed the thief against the wall.**
그 경찰관은 그 도둑을 벽에 대고 세게 짓눌렀다.

▶ the freedom of **the press** 언론의 자유

명 pressure 압박

73

A 다음 단어들을 올바르게 연결해보세요.

1 **magazine** ·	· 면허
2 **triumph** ·	· 부분
3 **responsibility** ·	· 정도
4 **degree** ·	· 잡지
5 **license** ·	· 승리
6 **business** ·	· 사업
7 **mystery** ·	· 책임
8 **flood** ·	· 미스터리
9 **section** ·	· 삽
10 **spade** ·	· 홍수

1 의심 ·	· prison
2 목표 ·	· birth
3 감옥 ·	· factory
4 요금 ·	· principal
5 탄생 ·	· goal
6 교장 ·	· doubt
7 수치 ·	· century
8 문제 ·	· charge
9 공장 ·	· trouble
10 세기 ·	· figure

C 다음 문장에 맞는 단어를 써넣으세요.

charge / vote / treat / hesitate / degree / figure / independent

1 The government imposes a tax according to sales _____s of a company.

2 The huge increase in _____s cannot be justified.

3 The flight attendants should _____ passengers politely.

4 Everyone over 16 in Argentina has a right to _____ in an election.

5 The politician received an honorary _____ from the university.

6 Korea became an _____ nation again after the Japanese 36-year colonial rule.

7 Now is not the time to _____ about adventure.

B 다음 중 올바른 뜻을 고르세요.

1	**find**	☐ 찾다	☐ 쫓다
2	**surround**	☐ 돌다	☐ 둘러싸다
3	**explain**	☐ 설명하다	☐ 설교하다
4	**independent**	☐ 의존하는	☐ 독립된
5	**stupid**	☐ 똑똑한	☐ 어리석은
6	**plenty**	☐ 충분함	☐ 충실함
7	**enter**	☐ 입학하다	☐ 입주하다
8	**float**	☐ (물에) 뜨다	☐ (물속에) 잠기다
9	**review**	☐ 검사	☐ 검토
10	**rub**	☐ 문지르다	☐ 지우다

1	금지하다	☐ ban	☐ van
2	투표하다	☐ cast	☐ vote
3	치료하다	☐ repair	☐ treat
4	주저하다	☐ hesitate	☐ prevent
5	상상하다	☐ consider	☐ imagine
6	기도하다	☐ pray	☐ prey
7	고치다	☐ fix	☐ measure
8	~을 제외하고	☐ expect	☐ except
9	속상하게 하다	☐ upset	☐ reset
10	언론	☐ press	☐ publication

D 다음 문장에 맞는 단어를 써넣으세요.

1 It took the engineer several hours to _____ the broken machine.

ⓐ break　　ⓑ ruin　　ⓒ fix　　ⓓ arrange

2 I _____ it hard to concentrate with that music playing.

ⓐ find　　ⓑ discover　　ⓒ notice　　ⓓ escape

3 They _____ed me like a member of their family.
It's your birthday, so I'll _____ you to dinner at your favourite restaurant.

ⓐ buy　　ⓑ treat　　ⓒ take　　ⓓ count

>> **201**
240

오늘 학습할 필수 단어입니다. 눈으로 스캔하며 모르거나 헷갈리는 단어에 체크하세요.

□ **advertisement** 광고	□ **report** 보도[보고]하다
□ **effort** 노력	□ **mention** 말하다, 언급하다
□ **affair** 일, 문제	□ **service** 봉사, 서비스
□ **tiny** 조그마한	□ **rate** 비율
□ **competition** 경쟁	□ **meaning** 의미
□ **castle** 성(城)	□ **poem** 시
□ **celebrate** 기념하다, 경축하다	□ **remove** 제거하다
□ **journey** (장거리) 여행	□ **obtain** 얻다, 입수하다
□ **hardly** 거의 ~아니다[않다]	□ **moment** 순간
□ **patient** 환자	□ **improve** 개선되다, 향상시키다

□ **tooth** 이, 치아	□ **engineer** 기술자, 엔지니어
□ **struggle** 투쟁하다; 투쟁	□ **rid** 없애다
□ **error** 실수, 오류	□ **save** ① 구하다 ② (돈을) 모으다
□ **control** 통제	□ **feather** 깃털
□ **grain** 곡물	□ **comedy** 희극, 코미디
□ **deal** 거래	□ **regular** 규칙적인
□ **charming** 매력적인	□ **scholar** 학자
□ **object** ① 물건 ② 목적	□ **thumb** 엄지손가락
□ **exit** 출구	□ **fault** 잘못
□ **force** 힘, 폭력; 강요하다	□ **exactly** 정확히

advertisement
[ædvərtáizmənt]
몡 광고

▶ a magazine **advertisement** 잡지 광고

▷ This **magazine advertisement** aims at teenagers.
이 잡지 광고는 10대를 겨냥하고 있다.

图 advertise 광고하다

몡 advertiser 광고주

Tip advertisement(광고)를 줄여서 → ad

---

effort
[éfərt]
몡 노력

▶ an **effort** to achieve the goal 목표를 달성하기 위한 노력

▷ We will continue our **efforts to achieve the goal**.
우리는 목표를 달성하기 위한 노력을 계속할 것이다.

Tip 노력하다 : do an effort (X) → make an effort (O)

---

affair
[əféər]
몡 (중요한) 일, 문제

▶ business **affairs** 비즈니스 업무

▷ She managed the international **business affairs** in the company. 그녀는 그 회사에서 국제 비즈니스 업무를 관리했다.

숙어 have an affair 바람을 피다

---

tiny
[táini]
혱 조그마한, 아주 작은

▶ find a **tiny** bird 작은 새를 발견하다

▷ The hunter **found a tiny bird** on a branch.
그 사냥꾼은 가지위에 있는 작은 새를 발견했다.

비교변화 tiny < tinier < tiniest

---

competition
[kàmpətíʃən]
몡 경쟁, 대회(= contest)

▶ ban unfair **competition** 불공정한 경쟁을 금지하다

▷ The bill will **ban unfair competition** between manufacturers and dealers.
그 법안은 제조사와 판매업자간의 불공정한 경쟁을 금지시킬 것이다.

图 compete 경쟁하다

혱 competitive 경쟁의

castle
[kǽsl]
몡 성(城)

▶ surround a **castle** 성을 둘러싸다

▷ The enemy soldiers entirely **surrounded the castle**.
적군들이 성 전체를 포위했다.

celebrate
[séləbrèit]
통 기념하다, 경축하다

▶ **celebrate** a triumph 승리를 경축하다

▷ Today, we **celebrate the triumph** of democracy.
오늘 우리는 민주주의의 승리를 경축한다.

몡 celebration 기념, 경축

비교 congratulate (사람에게) 축하하다
→ **congratulate** her **on** her marriage 그녀에게 결혼을 축하하다

day
6

journey
[dʒə́ːrni]
몡 (장거리) 여행

▶ be responsible for spoiling one's **journey**
여행을 망친데 대한 책임이 있다

▷ Lack of preparation **is responsible for spoiling my journey**. 준비 부족에 내 여행을 망치게 된 책임이 있었다.

비교 trip (짧은) 여행

hardly
[háːrdli]
뮈 거의 ~아니다[않다]

▶ **hardly** vote in elections 선거에서 거의 투표하지 않다

▷ Nowadays young people **hardly vote in elections**.
요즘 젊은이들은 선거에서 거의 투표하지 않는다.

Tip 거의 이해할 수 없다 : could not hardly understand (X)
→ could hardly understand (O)

patient
[péiʃənt]
몡 환자

혱 참을성 있는

▶ treat a **patient** 환자를 치료하다

▷ In order to effectively **treat the patient**, the physician needs to fully comprehend the patient's condition.
환자를 효과적으로 치료하기 위해 의사는 환자의 상태를 완전히 이해해야 한다.

▶ be **patient with** young children
어린 아이들에게 참을성 있게 대하다

몡 patience 인내

반 impatient 참을성 없는

report
[ripɔ́:rt]

图 보도[보고]하다

图 보고(서), 보도

▶ **report** abuse in the prison 그 교도소 내 학대를 보도하다

▷ The reporter first **reported** sexual **abuse in the prison**.
그 기자가 처음으로 그 교도소 내의 성적 학대를 보도했다.

▶ a weather **report** 일기 예보

图 reporter 기자

mention
[ménʃən]

图 (간단히) 말하다,
언급하다

图 언급

▶ hesitate to **mention** 언급하기를 주저하다

▷ Plastic surgeons **hesitate to mention** their incomes.
성형외과 의사들은 수입에 대해 언급하기를 주저한다.

▶ avoid any **mention** of ~에 대한 언급을 회피하다

숙어 not to mention ~은 말할 것도 없이

service
[sə́:rvis]

图 ① 봉사, 서비스
② (회사의) 근무,
(군대의) 병역

▶ a **service** charge 봉사료

▷ **Service charges** are added to the standard charges.
봉사료가 기본요금에 추가됩니다.

▶ do one's military **service** 군 복무를 하다

图 serve ① (음식을) 제공하다 ② 시중들다 ③ 근무[복역]하다

图 servant ① 하인 ② 공무원

rate
[reit]

图 ① 비율, -율
② 속도
③ 요금

▶ the fall in the birth **rate** 출산율의 하락

▷ Government officials are concerned about **the** recent **fall in the birth rate**.
정부 관리들은 최근의 출산율 하락에 대해 우려하고 있다.

▶ at an alarming **rate** 놀라운 속도로

▶ the hotel's **rate** 호텔 요금

숙어 at any rate 어쨌든, 아무튼

오두다
'rate'이네!
100% 100만원 100km/s

meaning
[mí:niŋ]
명 의미, 뜻

▶ explain the **meaning** 의미를 설명하다

▷ The professor **explained the meaning** of the term "marketing". 그 교수는 "마케팅"이라는 용어의 의미를 설명했다.

동 mean 의미하다　형 meaningful 의미 있는, 중요한

반 meaningless 무의미한

day 6

poem
[póuəm]
명 (한 편의) 시

▶ an imaginative **poem** 상상력이 풍부한 시

▷ The writer has written many **imaginative poems** about her rural life.
그 작가는 시골 생활에 대한 상상력이 풍부한 시를 많이 썼다.

명 poet 시인　명 poetry 〈집합적〉 시

remove
[rimú:v]
동 제거하다, 없애다
(= rid)

▶ **remove** doubt 의심을 없애다

▷ The news **removed** any **doubt** about the company's future. 그 소식은 그 회사의 미래에 대한 어떤 의심도 없애주었다.

명 removal 제거

obtain
[əbtéin]
동 얻다, 입수하다

▶ **obtain** a doctor's degree 박사학위를 취득하다

▷ I **obtained a doctor's degree** in philosophy in 2010.
나는 2010년에 철학 박사학위를 취득했다.

moment
[móumənt]
명 순간, 잠깐

▶ pray for a **moment** 잠시 기도하다

▷ Her parents **prayed for a moment** for her safety.
그녀의 부모님이 그녀의 안전을 위해 잠시 기도했다.

형 momentary 순간적인, 잠깐의

improve
[imprú:v]
동 개선되다, 향상시키다

▶ **improve** the sales figures 매출액을 향상시키다

▷ The manager tries so hard to **improve the sales figures**.
그 관리자는 매출액을 향상시키기 위해 열심히 노력한다.

명 improvement 개선, 향상

221

tooth
[tu:θ]

명 이, 치아

▶ have trouble in one's **tooth** 이에 문제가 있다

▷ The dentist told her that she **had** serious **trouble in her tooth**.
그 치과의사는 그녀의 치아에 심각한 문제가 있다고 말했다.

복수 teeth 이들

숙어 cut a tooth 이가 나다

222

struggle
[strʌgl]

동 투쟁하다, 몸부림치다

명 투쟁, 분투

▶ **struggle for** independence 독립을 위해 투쟁하다

▷ We should not forget the ancestors who **struggled for independence**.
우리는 독립을 위해 투쟁했던 조상들을 잊어서는 안 된다.

▶ a **struggle for** survival 생존을 위한 투쟁

223

error
[érər]

명 실수, 오류(= mistake)

▶ make a stupid **error** 어리석은 실수를 저지르다

▷ The student **made a stupid error** in the math exam.
그 학생은 수학 시험에서 어리석은 실수를 저질렀다.

숙어 by error 실수로

224

control
[kəntróul]

명 통제, 지배

동 통제하다, 지배하다

▶ keep a factory under **control** 공장을 통제하다

▷ The Chinese government is **keeping the factory under control**. 중국 정부는 그 공장을 통제 하에 두고 있다.

▶ **control** the company 회사를 장악하다

형 controllable 통제 가능한

225

grain
[grein]

명 ① 곡물, 낟알
   ② (소금 등의) 알갱이, 소량

▶ plenty of **grain** 풍부한 곡물

▷ You need to eat **plenty of grain** every day for your health.
건강을 위해 매일 충분한 곡물을 드셔야 합니다.

▶ a **grain** of truth 티끌만큼[조금]의 진실

226

deal
[di:l]

명 거래, 합의

동 ① 다루다, 처리하다
② 거래하다, 사고팔다
(= trade)

- ▶ license a **deal** 거래를 허가하다
- ▷ They put pressure on the government to **license an** arms **deal**. 그들은 무기 거래를 허가하도록 정부에 압력을 가했다.
- ▶ **deal with** the problem 문제를 처리하다
- ▶ **deal in** drugs 마약을 거래하다

227

charming
[tʃáːrmiŋ]

형 매력적인, 멋진
(= attractive)

- ▶ a **charming** building of the 18th century
  18세기의 매력적인 건물
- ▷ The city council decided to tear down **the charming building of the 18th century**.
  시의회는 18세기의 매력적인 건물을 허물기로 결정했다.

228

object
[ábdʒikt]

명 ① 물건, 물체
② 목적, 목표(= aim)

동 [əbdʒékt] 반대하다

- ▶ an unidentified flying **object** 미확인 비행물체(UFO)
- ▶ the principal **object** 주요한 목표
- ▷ **The principal object** of this experiment is to discover a cure for AIDS. 이 실험의 주목적은 AIDS의 치료법을 발견하는 것이다.
- ▶ **object to** the suggestion 그 제안에 반대하다

  명 objection 반대   형 명 objective 객관적인; 목적, 목표

229

exit
[éxsit]

명 ① 출구
② 퇴장, 나감

- ▶ **distinguish** the entrance **from** the **exit** 입구와 출구를 구별하다
- ▷ The first thing to do is to **distinguish the entrance from the exit**. 첫 번째로 해야 할 일은 입구와 출구를 구별하는 것이다.
- ▶ make a hasty **exit** 서둘러 나가다

230

force
[fɔːrs]

명 ① (물리적인) 힘, 폭력
② 군대(= army)

동 강요하다, (어쩔 수 없이)
~하게 하다

- ▶ a mysterious **force** 신비로운 힘
- ▷ Lusa was drawn by **a mysterious force** she could not control. 루사는 그녀가 통제할 수도 없는 신비스러운 힘에 이끌렸다.
- ▶ join the air **force** 공군에 입대하다
- ▶ be **forced** to resign 어쩔 수 없이 사임하다

83

231

engineer
[èndʒiníər]

몡 기술자, 엔지니어

▶ an **engineer** fixing a computer 컴퓨터를 고치고 있는 엔지니어

▷ I saw **an engineer fixing a computer** in the language laboratory. 나는 어학 실습실에서 컴퓨터를 고치고 있는 엔니지어를 보았다.

몡 engine 엔진　몡 engineering 공학 (기술)

비교 mechanic (자동차) 정비기사

232

rid
[rid]

통 없애다, 제거하다
(= remove)

▶ **rid** the garden **of** the spade 정원에서 삽을 치우다

▷ **Rid the garden of the spade** right now, because it may hurt children.
아이들이 다칠 수 있으니 정원에서 그 삽을 당장 치워라.

숙어 get rid of ~을 없애다, 제거하다

233

save
[seiv]

통 ① **구해내다**(= rescue)

② (돈을) **모으다**

▶ **save** a child **from** flood waters 홍수로부터 아이를 구해내다

▷ He received an award for **saving a child from flood waters**. 그는 홍수로부터 한 아이를 구해서 상을 받았다.

▶ **save** money **for** a new car 새 차를 사기 위해 돈을 모으다

혱 safe 안전한　몡 safety 안전　몡 saving 절약, 저축

234

feather
[féðər]

몡 깃털

▶ **feathers** floating in the air 공중에 떠다니는 깃털들

▷ As it is windy, there are many **feathers floating in the air**.
바람이 많이 부는 날이라 공중에 많은 깃털들이 떠다닌다.

숙어 birds of a feather 같은 성향을 가진 사람들, 유유상종

235

comedy
[kámədi]

몡 희극, 코미디

▶ the **comedy** section 코미디 부문

▷ The comedian was awarded the grand prize in **the comedy section**. 그 개그맨은 코미디 부문에서 대상을 받았다.

몡 comedian 코미디언, 개그맨　옌 tragedy 비극

regular
[régjulər]

형 규칙적인, 정기적인

▶ a **regular** schedule except weekends
주말을 제외한 규칙적인 스케줄

▷ The soccer players keep a **regular schedule except weekends**.
그 축구 선수들은 주말을 제외한 규칙적인 스케줄을 유지하고 있다.

부 regularly 규칙적으로, 정기적으로

반 irregular 불규칙적인

scholar
[skálər]

명 학자

▶ a book review of the **scholar** 그 학자의 서평

▷ **The book review of the scholar** always gives me wisdom. 그 학자의 서평은 늘 나에게 지혜를 준다.

명 scholarship ① 학문 ② 장학금

thumb
[θʌm]

명 엄지손가락

▶ rub one's **thumb** and forefinger together
엄지와 검지를 문지르다

▷ The writer sometimes **rubbed his thumb and forefinger together**.
그 작가는 가끔씩 엄지와 검지를 문질렀다.

숙어 be all thumbs 서툴다, 손재주가 없다

fault
[fɔːlt]

명 잘못, 결점

▶ get upset about his **fault** 그의 잘못에 속이 상하다

▷ His boss **got upset about his fault**, but he did not show it.
그의 상사는 그의 잘못에 속이 상했지만 그것을 드러내지는 않았다.

형 faulty 잘못된, 결함이 있는

exactly
[igzǽktli]

부 정확히, 꼭

▶ tell the press **exactly** 언론에 정확히 말하다

▷ The witness **told the press exactly** according to what he had seen before.
그 목격자는 자신이 전에 보았던 대로 언론에 정확히 말했다.

형 exact 정확한(= accurate)

A 다음 단어들을 올바르게 연결해보세요.

1	**effort** ·	· 비율	1	**통제** ·	· journey
2	**exit** ·	· 이, 치아	2	**곡물** ·	· affair
3	**patient** ·	· 기술자	3	**여행** ·	· error
4	**rate** ·	· 의미	4	**성** ·	· poem
5	**moment** ·	· 노력	5	**일, 문제** ·	· control
6	**tooth** ·	· 출구	6	**봉사** ·	· deal
7	**force** ·	· 환자	7	**시** ·	· grain
8	**engineer** ·	· 순간	8	**오류** ·	· castle
9	**meaning** ·	· 잘못, 결점	9	**거래** ·	· object
10	**fault** ·	· 힘, 폭력	10	**목적** ·	· service

C 다음 문장에 맞는 단어를 써넣으세요.

competition / hardly / remove / struggle / regular / control / obtain

1 We should not forget the ancestors who _____d for independence.

2 The bill will ban unfair _____ between manufacturers and dealers.

3 The soccer players keep a _____ schedule except weekends.

4 The Chinese government is keeping the factory under _____.

5 Nowadays young people _____ vote in elections.

6 I _____ed a doctor's degree in philosophy in 2010.

7 The news _____d any doubt about the company's future.

B 다음 중 올바른 뜻을 고르세요.

1 **advertisement** □ 통지 □ 광고
2 **tiny** □ 아주 작은 □ 아주 큰
3 **competition** □ 경쟁 □ 능력
4 **remove** □ 막다 □ 제거하다
5 **obtain** □ 얻다 □ 붙잡다
6 **rid** □ 제거하다 □ 떼다
7 **feather** □ 깃털 □ 가죽
8 **comedy** □ 비극 □ 희극
9 **regular** □ 규칙적인 □ 규제하는
10 **exactly** □ 힘들게 □ 정확히

1 축하하다 □ celebrate □ memorize
2 거의 ~아니다 □ hard □ hardly
3 보도하다 □ repose □ report
4 언급하다 □ mansion □ mention
5 향상시키다 □ improve □ invest
6 몸부림치다 □ twist □ struggle
7 매력적인 □ charming □ charging
8 구하다 □ save □ collect
9 엄지손가락 □ thumb □ forefinger
10 학자 □ professor □ scholar

D 다음 문장에 맞는 단어를 써넣으세요.

1 Sometimes there's a lot of _____ between children for their mother's attention.

ⓐ quarrel   ⓑ despair   ⓒ emotion   ⓓ competition

2 South Africa's successful _____ for freedom and democracy is one of the most dramatic stories of our time.

ⓐ function   ⓑ feature   ⓒ struggle   ⓓ performance

3 Breakfast is _____d in the restaurant between 7.00 and 9.00.
The criminal was sentenced to _____ five years in prison.

ⓐ serve   ⓑ punish   ⓒ neglect   ⓓ employ

» **241
280**

오늘 학습할 필수 단어입니다. 눈으로 스캔하며 모르거나 햇갈리는 단어에 체크하세요.

- **company** 회사
- **various** 여러 가지의
- **private** 사적인
- **grave** 무덤
- **purpose** 목적
- **locate** ~의 위치를 찾아내다
- **admiral** (해군) 제독
- **explore** 탐험하다
- **believe** 믿다. 생각하다
- **check** 살펴보다. 확인하다

- **pollution** 오염. 공해
- **reason** 이유
- **cost** ① 비용 ② 희생
- **interest** 관심
- **main** 주요한. 주된
- **heaven** 하늘(나라)
- **habit** 습관. 버릇
- **valuable** 값비싼. 귀중한
- **warn** 경고하다
- **skill** 기술

- **ache** (몸이) 아프다
- **protect** 보호하다
- **pardon** 용서; 용서하다
- **emotion** 감정
- **ground** ① 땅 ② 이유
- **cloth** 옷감. 천
- **symbol** 상징. 심볼
- **project** ① 계획 ② (연구) 과제
- **search** 수색. 검색
- **pronounce** 발음하다

- **modern** 현대의
- **mud** 진흙
- **sheet** 얇은 천. 시트
- **fur** 털. 모피
- **base** 기초
- **route** 길. 경로
- **dictionary** 사전
- **sore** 아픈
- **bother** 괴롭히다
- **resource** 자원

company
[kámpəni]

몡 ① 회사

② 교제, 동행

▶ an advertising **company** 광고 회사

▷ My husband is working for **an advertising company**.
우리 남편은 광고회사에 근무하고 있어요.

▶ keep **company** with ~와 교제하다

비교 accompany ~와 동행하다

various
[vériəs]

몡 **여러 가지의**, 다양한

(= diverse)

▶ make **various** efforts 여러 가지 노력을 하다

▷ I have **made various efforts** to realize my dream.
나는 내 꿈을 실현하기 위해 여러 가지 노력들을 해왔다.

몡 variety 다양성

private
[práivət]

몡 **사적인, 개인적인**

▶ **private** affairs 사적인 일들

▷ I'm not interested in his **private affairs**.
나는 그의 사적인 일들에 관심이 없다.

몡 privacy 사생활

숙어 in private 사적으로

grave
[greiv]

몡 **무덤**

몡 심각한(= serious)

▶ a tiny **grave** 작은 무덤

▷ The boy was buried in **a tiny grave** by his parents.
그 소년은 부모님에 의해 작은 무덤에 묻혔다.

▶ face a **grave** situation 심각한 상황에 직면하다

purpose
[pə́:rpəs]

몡 **목적**, 의도

▶ the **purpose** of a competition 대회의 목적

▷ What do you think is **the purpose of this competition**?
이 대회의 주된 목적이 무엇이라고 생각해요?

숙어 on purpose 고의로, 일부러

for the purpose of ~할 목적으로, ~를 위해

246

locate
[lóukeit]

동 ① ~의 위치를 찾아내다

② ~에 위치시키다

▶ **locate** the castle 그 성의 위치를 찾아내다

▷ It is difficult to **locate the castle** in the deep forest. 깊은 숲 속에 있는 그 성의 위치를 찾아내는 것은 어렵다.

▶ be **located** in New York 뉴욕에 위치하다

명 location 장소, 위치

247

admiral
[ǽdmərəl]

명 (해군) 제독

▶ celebrate the **admiral**'s victory 그 제독의 승리를 축하하다

▷ Everyone **celebrated the admiral's victory** at the sea battle. 모든 사람이 해전에서 거둔 그 제독의 승리를 축하했다.

동 admire 감탄[존경]하다

248

explore
[iksplɔ́:r]

동 탐험하다, 탐사하다

▶ a journey to **explore** Amazon 아마존을 탐험하는 여행

▷ They went on **a journey to explore Amazon**. 그들은 아마존을 탐험하는 여행을 떠났다.

명 exploration 탐험, 탐사

249

believe
[bilí:v]

동 믿다, 생각하다

▶ can hardly **believe** 좀처럼 믿을 수 없다

▷ I **can hardly believe** that his story is true. 나는 그의 이야기가 진실이라는 것을 좀처럼 믿을 수 없다.

명 belief 믿음, 신념   숙어 believe in ~의 존재[가치]를 믿다

250

check
[tʃek]

동 ① 살펴보다, 확인하다

② 억제하다(= control)

명 ① 확인, 점검 ② 수표

▶ **check** a patient's condition 환자의 상태를 살펴보다

▷ Doctors **check a patient's condition** when making their rounds. 의사는 회진을 돌때 환자의 상태를 점검한다.

▶ **check** the spread of a disease 병이 퍼지는 것을 막다

▶ give the tires a **check** 타이어들을 점검하다

▶ pay by **check** 수표로 지불하다

pollution
[pəlúːʃən]

명 오염, 공해

- ▶ a report on air **pollution** 대기 오염에 관한 보고서
- ▷ The environmental organization will publish **a report on air pollution**. 그 환경단체는 대기오염에 관한 보고서를 발표할 것이다.

파 동 pollute 오염시키다

reason
[ríːzn]

명 ① 이유, 근거(= cause)
　② 이성

- ▶ for the **reason** mentioned above 위에서 언급된 이유로
- ▷ **For the reason mentioned above**, I can't support his argument.
　위에서 언급된 이유로, 나는 그의 주장을 지지할 수가 없다.
- ▶ the power of **reason** 이성의 힘

형 reasonable ① 합리적인 ② (가격이) 적정한

cost
[kɔːst]

명 ① 값, 비용
　② 희생, 손실
동 (값·비용이) ~이다, ~가들다

- ▶ the **cost** for service 서비스에 대한 비용
- ▷ I had to pay **the cost for** repair **service**.
　난 수리 서비스에 대한 비용을 내야했다.
- ▶ at the **cost** of his life 그의 목숨을 희생하여
- ▶ **cost** one dollar 가격[비용]이 1달러다

interest
[íntrəst]

명 ① 관심, 흥미
　② (은행) 이자

- ▶ **interest in** music 음악에 대한 관심
- ▶ an **interest** rate 이자율
- ▷ The central bank decided to reduce **an interest rate**.
　중앙은행은 이자율을 낮추기로 결정했다.

형 interested 관심 있어 하는

형 interesting 재미있는, 흥미로운

main
[mein]

형 주요한, 주된
(= principal)

- ▶ the **main** meaning of a word 단어의 중심 의미
- ▷ We refer to a dictionary to find **the main meaning of a word**. 우리는 단어의 중심의미를 찾기 위해 사전을 찾아본다.

부 mainly 주로, 대부분(= mostly)

256

heaven
[hévən]

명 하늘(나라), 천국

(= paradise)

▶ write a poem about **heaven** 천국에 대한 시를 쓰다

▷ The Bible inspired me to **write a poem about heaven**.
성경은 내가 천국에 대한 시를 쓸 수 있도록 영감을 주었다.

반 hell 지옥

257

habit
[hǽbit]

명 습관, 버릇

▶ remove bad **habits** 나쁜 습관들을 없애다

▷ It is not easy for us to **remove bad habits**.
우리가 나쁜 습관들을 없애기는 쉽지 않다.

형 habitual 습관적인

참고 kick the habit 습관을 끊다
fall into the habit of ~하는 습관이 들다

258

valuable
[vǽljuəbl]

형 값비싼, 귀중한

(= precious)

▶ obtain a **valuable** painting 값비싼 그림을 입수하다

▷ The art gallery finally **obtained a valuable painting**.
그 미술관은 마침내 값비싼 그림을 입수했다.

명 value 가치

반 valueless 무가치한

비교 invaluable 매우 귀중한

259

warn
[wɔːrn]

동 경고하다, 주의를 주다

(= caution)

▶ **warn** me **of** a dangerous moment
나에게 위험한 순간에 대해 경고하다

▷ The pilot **warned me of a dangerous moment** during flight. 그 비행사는 나에게 비행 중 위험한 순간에 대해 경고했다.

명 warning 경고

260

skill
[skil]

명 기술, 기량

▶ improve one's **skill** 기술을 향상시키다

▷ This course includes new programs to **improve your skills**.
이 과정은 당신의 기술을 향상시키기 위한 새 프로그램들을 포함하고 있다.

형 skillful 능숙한

ache
[eik]

명 아픔, 통증

동 (몸이) 아프다

▶ have a tooth**ache** 치통이 있다

▷ She went to the dentist, because she **had a toothache**.
그녀는 치통이 있어서 치과에 갔다.

▶ **ache** all over 온몸이 아프다

Tip head**ache** 두통 / tooth**ache** 치통 / stomach**ache** 복통

protect
[prətékt]

동 보호하다, 지키다

▶ struggle to **protect** freedom 자유를 수호하기 위해 투쟁하다

▷ The young woman was killed while she was **struggling to protect freedom**.
그 젊은 여성은 자유를 수호하기 위해 투쟁을 하다 죽었다.

명 protection 보호

형 protective 보호하는, 보호용의

pardon
[páːrdn]

명 용서

동 용서하다(= forgive)

▶ I beg your **pardon**. 죄송합니다. / 다시 한 번 말씀해 주세요.

▶ **pardon** an error 실수를 용서하다

▷ It's easy to make an error, but it's hard to **pardon an error**.
실수하기는 쉽지만 용서하기란 어렵다.

emotion
[imóuʃən]

명 감정, 정서

▶ control one's **emotions** 감정을 억제하다

▷ Jason was so mad that he couldn't **control his emotions**.
제이슨은 너무 화가 나서 감정을 억제할 수 없었다.

형 emotional 감정적인

ground
[graund]

명 ① 땅, 지면

② 근거, 이유
(= cause)

▶ **ground** to grow grain 곡식을 재배하는 땅

▷ The farmers have got plenty of **ground to grow grain**.
그 농부들은 곡식을 재배할 많은 땅이 있다.

▶ on the **grounds** of ~의 이유로

cloth
[klɔːθ]

명 옷감, 천(= fabric)

▶ deal in **cloth** 옷감을 팔다

▷ The merchant **deals in cloth** and leather goods.
그 상인은 옷감과 가죽 제품을 판매한다.

동 clothe 옷을 입히다　비교 clothes 옷

symbol
[símbəl]

명 상징, 심볼

▶ a charming **symbol** 매력적인 상징

▷ The company's **charming symbol** is a blue umbrella.
그 회사의 매력적인 상징은 파란 우산이다.

동 symbolize 상징하다　형 symbolic 상징적인

project
[prάːdʒekt]

명 ① 계획

② (연구) 과제

▶ object to the **project** 그 계획에 반대하다

▷ Many people **objected to the project**, worrying about environmental pollution.
많은 사람들이 환경오염을 걱정하며 그 프로젝트에 반대했다.

▶ do a school **project** 학교 과제를 하다

search
[səːrtʃ]

명 수색, 검색

동 수색하다, 검색하다

▶ a **search** and rescue team 수색 구조팀

▶ **search for** an exit 출구를 찾아보다

▷ They were desperately **searching for an exit** from the building on fire.
그들은 불타는 건물로부터 빠져나갈 출구를 필사적으로 찾고 있었다.

숙어 in search of ~을 찾아서

pronounce
[prənáuns]

동 ① 발음하다

② 선언하다

▶ **pronounce** his name forcefully 그의 이름을 힘차게 발음하다

▷ The MC **pronounced his name forcefully** at the award ceremony. 사회자가 시상식에서 그의 이름을 힘차게 발음했다.(불렀다)

▶ **pronounce** a sentence on the criminal
그 범인에게 형량을 선고하다

명 pronunciation 발음

271

modern
[mádərn]

⊚ **현대의**, 근대의

▶ an engineer using **modern** technology
현대 과학 기술을 이용하는 기술자

▷ Even **an engineer using modern technology** sometimes believes in mysterious force.
현대 기술을 사용하는 엔지니어조차도 때로는 신비로운 힘의 존재를 믿는다.

⊚ modernization 현대화

272

mud
[mʌd]

⊚ **진흙**

▶ get rid of **mud** 진흙을 제거하다

▷ I hosed my car down to **get rid of the mud**.
나는 진흙을 제거하려고 내 차를 호스로 씻어 내렸다.

⊚ muddy 진창인, 진흙탕인

273

sheet
[ʃiːt]

⊚ ① 얇은 천, 시트
② (종이·유리 등의) **한 장**

▶ put **sheets** on the bed 침대에 시트를 깔다

▶ save a **sheet** of paper 종이 한 장을 아끼다

▷ My mother has a habit of **saving** even **a sheet of paper**.
우리 엄마는 종이 한 장까지 아끼려는 습관이 있다.

a sheet of paper
sheet
fur

274

fur
[fəːr]

⊚ (동물의) **털, 모피**

▶ a **fur** coat 모피 코트

▶ **fur** and feather 모피 동물과 깃털을 가진 새들

▷ A hound is used for hunting **fur and feather**.
사냥개는 모피 동물과 깃털을 가진 새들을 사냥하는데 사용된다.

275

base
[beis]

⊚ **기초**, 토대, 기반

⊚ **~에 근거[기반]를 두다**

▶ the **base** of life 삶의 기반

▶ a comedy **based** on animals 동물들을 바탕으로 한 코미디

▷ I really enjoy the situation **comedy based on animals**.
나는 동물들을 바탕으로 한 그 시트콤을 정말 즐겨본다.

⊚ basis ① 기초 ② 근거   ⊚ basic 기초[근본]적인

route
[ruːt]

명 (이동하는) 길, 경로

▶ a regular **route** (버스) 정규 노선

▷ The bus was on its **regular route**, carrying over 40 students.
그 버스는 40명 이상을 태우고 정규 노선을 가는 중이었다.

비교 routine (판에 박힌) 일, 틀

dictionary
[díkʃənèri]

명 사전

▶ a scholar compiling a **dictionary** 사전을 편찬하고 있는 학자

▷ This English book was written by **a scholar compiling a dictionary**.
이 영어책은 영어 사전을 편찬하고 있는 학자에 의하여 쓰여졌다.

day 7

sore
[sɔːr]

형 (몸의 어디가) 아픈

▶ a **sore** thumb 아픈 엄지손가락

▷ The nurse wrapped a bandage around his **sore thumb**.
간호사가 그의 아픈 엄지손가락에 붕대를 감아주었다.

(의미)비교 sick (몸이) 아픈

(철자)비교 soar 치솟다

bother
[báðər]

동 ① 괴롭히다
　② 애써 ~하다

▶ the problem **bothering** her 그녀를 괴롭히는 문제

▶ **bother to** point out his fault 애써 그의 잘못을 지적하다

▷ To my surprise, no one **bothered to point out his fault**.
놀랍게도 어느 누구도 애써 그의 잘못을 지적하려들지 않았다.

비교 border 국경, 경계

resource
[ríːsɔːrs]

명 자원

▶ an exact account of natural **resources**
천연자원에 대한 정확한 설명

▷ The minister gave **an exact account of natural resources** in the region.
그 장관은 그 지역의 천연 자원에 대한 정확한 설명을 해주었다.

비교 source 원천, 근원

A 다음 단어들을 올바르게 연결해보세요.

1	**purpose** ·	· 기술	1	**무덤** ·	· cost
2	**habit** ·	· 자원	2	**용서** ·	· cloth
3	**admiral** ·	· 관심	3	**이유** ·	· dictionary
4	**route** ·	· 습관	4	**옷감** ·	· pollution
5	**skill** ·	· 목적	5	**비용** ·	· grave
6	**resource** ·	· 얇은 천	6	**계획** ·	· reason
7	**interest** ·	· 경로	7	**오염** ·	· pardon
8	**symbol** ·	· 검색	8	**모피** ·	· base
9	**search** ·	· 제독	9	**기초** ·	· fur
10	**sheet** ·	· 상징	10	**사전** ·	· project

C 다음 문장에 맞는 단어를 써넣으세요.

locate / pollution / warn / protect / search / sheet / sore

1. The pilot _____ed me of a dangerous moment during flight.

2 My mother has a habit of saving even a _____ of paper.

3 The nurse wrapped a bandage around his _____ thumb.

4 They were desperately _____ing for an exit from the building on fire.

5 The environmental organization will publish a report on air _____.

6 It is difficult to _____ the castle in the deep forest.

7 The young woman was killed while she was struggling to _____ freedom

B 다음 중 올바른 뜻을 고르세요.

1	**valuable**	☐ 값싼	☐ 값비싼	1	~의 위치를 찾아내다	☐ find	☐ locate
2	**warn**	☐ 경고하다	☐ 충고하다	2	탐험하다	☐ explore	☐ detect
3	**ache**	☐ 아프다	☐ 다치다	3	믿다, 생각하다	☐ believe	☐ suppose
4	**protect**	☐ 투쟁하다	☐ 보호하다	4	살펴보다	☐ control	☐ check
5	**emotion**	☐ 감동	☐ 감정	5	주된	☐ main	☐ cheap
6	**heaven**	☐ 천국	☐ 외국	6	동행	☐ firm	☐ company
7	**modern**	☐ 과거의	☐ 현대의	7	(몸의 어디가) 아픈	☐ sore	☐ sick
8	**bush**	☐ 가지	☐ 수풀	8	발음하다	☐ announce	☐ pronounce
9	**private**	☐ 사적인	☐ 공적인	9	괴롭히다	☐ border	☐ bother
10	**various**	☐ 다양한	☐ 화려한	10	근거, 이유	☐ ground	☐ earth

D 다음 문장에 맞는 단어를 써넣으세요.

1 His frequent mistakes in the company _____ him his job.

ⓐ cheated   ⓑ hired   ⓒ lost   ⓓ cost

2 To arrest you the police need _____ grounds to suspect you're involved in a crime for which your arrest is necessary.

ⓐ moral   ⓑ violent   ⓒ reasonable   ⓓ remarkable

3 She joined the insurance _____ last year.
I'll keep you _____ while you wait for your mom.

ⓐ relationship   ⓑ company   ⓒ recreation   ⓓ atmosphere

>> 281
320

- **foreign** 외국의
- **opinion** 의견
- **contact** 접촉, 연락
- **abuse** ① 남용 ② 학대
- **evil** 사악한
- **capital** ① 수도 ② 자본
- **respect** 존경
- **space** ① 공간 ② 우주
- **promise** 약속; 약속하다
- **appointment** 약속

- **settle** 해결하다
- **complain** 불평하다
- **terrible** 끔찍한
- **language** 언어
- **subject** ① 주제 ② 과목
- **spot** 장소; (딱) 발견하다
- **replace** 대체하다
- **advice** 충고
- **sign** 신호; 서명하다
- **master** ① 주인 ② 달인

- **calm** 침착한
- **liberty** 자유
- **beg** ① 간청하다 ② 구걸하다
- **unity** 통합
- **lay** 놓다, 눕히다
- **sale** ① 판매 ② 할인 판매
- **series** 연속, 시리즈
- **complete** 완벽한
- **active** 활동적인
- **disappoint** 실망시키다

- **gallery** 미술관, 화랑
- **track** 길
- **raise** 올리다, 높이다
- **crazy** 미친, 열광적인
- **silly** 어리석은
- **normal** 보통의, 정상적인
- **include** 포함하다
- **throat** 목구멍
- **care** ① 관리 ② 조심
- **wealthy** 부유한

foreign
[fɔ́:rən]
형 외국의

▶ join a **foreign** company 외국 회사에 입사하다

▷ He **joined a foreign company** as a market researcher.
그는 시장 조사 담당자로 외국 회사에 입사했다.

명 foreigner 외국인

반 domestic 국내의

---

opinion
[əpínjən]
명 의견, 견해(= view)

▶ various **opinions** 여러 가지 의견들

▷ A leader should listen to **various opinions**.
리더는 다양한 의견들에 귀를 기울여야 한다.

숙어 in my opinion 내 의견으로는

---

contact
[kántækt]
명 접촉, 연락(= touch)

동 ~에게 연락하다

▶ wear **contact** lenses 콘텍트렌즈를 끼다

▶ be in **contact** with ~와 연락하다

▶ **contact** him privately 그에게 개인적으로 연락하다

▷ What is the best way to **contact him privately**?
그에게 개인적으로 연락하는 가장 좋은 방법이 무엇일까?

비교 contract 계약(하다)

---

abuse
[əbjú:s]
명 ① 남용, 오용
　② 학대

[əbjú:z]
동 ① 남용[오용]하다
　② 학대하다

▶ grave human rights **abuse** 심각한 인권의 남용

▷ There are **grave human rights abuses** in Africa.
아프리카에 심각한 인권 남용 행위들이 있다.

▶ child **abuse** 아동 학대

▶ **abuse** one's authority 자신의 권한을 남용하다

▶ **abuse** a child sexually 아이를 성적으로 학대하다

---

evil
[í:vəl]
형 사악한, 나쁜

▶ an **evil** purpose 사악한 목적

▷ The seemingly innocent man hides **an evil purpose**.
겉보기에 순진해 보이는 그 남자는 사악한 목적을 숨기고 있다.

286

capital
[kǽpitl]

명 ① 수도
② 자본
③ 대문자

▶ be located in the **capital** 수도에 위치해 있다

▷ The Eiffel Tower **is located in the capital** of France, Paris. 에펠탑은 프랑스의 수도 파리에 위치해 있다.

▶ attract foreign **capital** 외국 자본을 유치하다

▶ write a name in **capitals** 이름을 대문자로 쓰다

287

respect
[rispékt]

명 존경

통 존경하다

▶ earn **respect** 존경 받다

▶ **respect** the admiral 그 제독을 존경하다

▷ All navy soldiers **respect the admiral** as their leader. 모든 해군들은 그 제독을 지도자로서 존경한다.

형 respectful 존경심을 보이는   형 respectable 존경스러운

288

space
[speis]

명 ① 공간, 장소
② 우주

▶ take up much **space** 많은 공간을 차지하다

▶ explore **space** 우주를 탐험하다

▷ Men have always hoped to **explore space** since the old days. 사람들은 옛날부터 늘 우주를 탐험하고 싶어했다.

289

promise
[prámis]

명 약속

통 약속하다

▶ believe one's **promise** ~의 약속을 믿다

▷ How can you expect me to **believe your promises**? 어떻게 당신은 내가 당신의 약속을 믿을 거라고 기대할 수 있죠?

▶ **promise to** help 도와주겠다고 약속하다

형 promising (미래가) 촉망되는, 유망한

290

appointment
[əpɔ́intmənt]

명 ① (시간 · 장소) 약속
② 임명

▶ check one's **appointment** 약속을 점검하다

▷ The salesperson opened his planner to **check his appointments** with customers . 그 세일즈맨은 고객들과의 약속들을 점검하기 위해 수첩을 펼쳤다.

▶ his **appointment** as chairman 그의 회장 임명

통 appoint ① 임명하다 ② (약속을) 정하다

settle
[sétl]

통 ① **해결하다**(= solve)
　② 정착하다

▶ **settle** the problem of pollution 오염 문제를 해결하다

▷ We must do our best to **settle the problem of pollution.**
우리는 오염 문제를 해결하기 위해 최선을 다해야 한다.

▶ **settle** in the country 시골에 정착하다

명 settlement ① 해결 ② 정착(지)　　명 settler 정착민

complain
[kəmpléin]

통 **불평하다, 항의하다**

▶ **complain** without any reason 아무 이유 없이 불평하다

▷ The customer **complains** a lot **without any reason.**
그 손님은 아무 이유 없이 불평을 많이 한다.

명 complaint 불평, 항의

terrible
[térəbl]

형 **끔찍한**, 엄청난(= awful)

▶ at a **terrible** cost 엄청난 대가를 치르고

▷ The country lost the war **at a terrible cost** of 1 million
lives. 그 나라는 백만 명의 목숨을 잃는 엄청난 대가를 치르고 전쟁에서 졌다.

명 terror ① 공포 ② 테러　　동 terrify 무섭게 하다

반 terrific 아주 멋진, 훌륭한

language
[lǽŋgwidʒ]

명 **언어,** 말

▶ be interested in foreign **languages** 외국어에 관심이 있다

▷ I have **been interested in foreign languages** ever
since I was young. 나는 어렸을 때부터 계속 외국어에 관심이 있었다.

참고 a language barrier 언어 장벽

subject
[sʌ́bdʒikt]

명 ① **주제**(= theme)
　② 과목

▶ the main **subject** of a speech 연설의 주제

▷ **The main subject of the speech** is the spirit of fair
democracy. 그 연설의 주제는 공정한 민주주의 정신이다.

▶ a favorite **subject** 가장 좋아하는 과목

형 subjective 주관적인

숙어 be subject to + 명 ~를 받다, ~의 대상이다

spot
[spat]

몡 **장소**, 지점

통 (딱) **발견하다**

▶ a tourist **spot** 관광지

▶ **spot** a star in the heavens 하늘에서 별을 발견하다

▷ We **spotted** the brightest **star in the heavens**.
우리는 하늘에서 가장 밝게 빛나는 별을 발견했다.

숙어 **on the spot** ① 즉시, 즉각 ② 현장에서

replace
[ripléis]

통 **대신하다, 대체하다**

▶ **replace** an old habit **with** a new one
오래된 습관을 새로운 습관으로 바꾸다

▷ It's very difficult to **replace an old habit with a new one**. 오래된 습관을 새로운 습관으로 바꾸기란 아주 어렵다.

몡 replacement 교체, 대체(물)

advice
[ædváis]

몡 **충고**

▶ give valuable **advice** 귀중한 충고를 하다

▷ She is wise enough to **give valuable advice** to friends.
그녀는 친구들에게 귀중한 충고를 해줄 정도로 지혜롭다.

통 advise 충고하다

sign
[sain]

몡 **신호, 징후**(= signal)

통 서명하다

▶ a warning **sign** 경고 신호

▷ When it comes to cancer, most people don't know the disease's early **warning signs**.
암에 관한 한 대부분의 사람들이 그 병의 조기 경고 신호를 잘 알지 못한다.

▶ **sign** the contract 계약서에 서명하다

몡 signature 서명   몡 signpost 표지판

master
[mǽstər]

몡 ① **주인**

　② **달인, 대가**

통 통달[숙달]하다

▶ obey one's **master** 주인에게 복종하다

▶ a skillful **master** 솜씨 좋은 달인

▷ My mother is **a skillful master** at cooking delicious foods.
우리 엄마는 맛있는 음식을 만들어내는 데 솜씨 좋은 달인이다.

▶ **master** English 영어에 통달하다

calm
[kɑːm]

형 침착한, 차분한

동 달래다, 진정시키다

▶ keep **calm** 침착을 유지하다

▶ **calm** down a headache 두통을 가라앉히다

▷ The medicine will help **calm down your headache**.
그 약은 두통을 가라앉히는데 도움을 줄 것이다.

명 calmness ① 고요 ② 침착

liberty
[líbərti]

명 자유(= freedom)

▶ protect political **liberty** 정치적 자유를 수호하다

▷ Many people devoted themselves to **protecting political liberty**. 많은 사람들이 정치적 자유를 수호하는데 헌신했다.

형 liberal 자유로운

beg
[beg]

동 ① 간청하다, 애원하다

② 구걸하다

▶ **beg** the queen **for** forgiveness 여왕에게 용서해달라고 간청하다

▶ I **beg** your pardon. 죄송합니다.

▷ **I beg your pardon**. I thought that was my book.
죄송합니다. 그게 제 책인 줄 알았어요.

▶ **beg for** money 돈을 구걸하다

명 beggar 거지

unity
[júːnəti]

명 통일, 통합

▶ emotional **unity** 정서적 통일

▷ It is very important to make **emotional unity** in the Korean Peninsula. 한반도에서 정서적 통일을 이루는 것은 매우 중요하다.

동 unite 결속시키다, 연합하다

비교 union 노동조합 / unit ① (상품의) 한 개, 단위 ② 부대

lay
[lei]

동 놓다, 눕히다(= place)

▶ **lay** down a weapon on the ground 무기를 땅에 내려놓다

▷ The policeman warned the robber to **lay down his weapon on the ground**.
그 경찰관은 강도에게 무기를 땅에 내려놓으라고 경고했다.

시제변화 lay(타 놓다) - laid - laid

비교 lie(자 눕다) - lay -lain

306

sale
[seil]

명 ① 판매, 매출

② 할인 판매, 세일

▶ a house **for sale** (팔려고) 내놓은 집

▶ clothes **on sale** 세일중인 옷

▷ I bought my **clothes on sale** at the department store.
나는 백화점에서 세일중인 옷을 샀다.

307

series
[síəri:z]

명 연속, 시리즈

▶ a **series** of symbols 일련의 기호들

▷ The science book contains **a series of symbols** for a chemical element.
그 과학책에는 화학 원소에 대한 일련의 기호들이 들어있다.

308

complete
[kəmplí:t]

형 완벽한, 완전한

동 끝마치다, 완성하다
(= finish)

▶ a **complete** project 완벽한 프로젝트

▷ We have worked hard to make **a complete project** for months.
우리는 완벽한 프로젝트를 만들기 위해 몇 달 동안 열심히 노력했다.

▶ **complete** a painting 그림을 완성하다

명 completion 완료, 완성

309

active
[ǽktiv]

형 활동적인, 활발한

▶ make an **active** search 활발한 수색 작업을 벌이다

▷ The police are **making an active search** for the missing child. 경찰은 실종된 아이에 대한 활발한 수색 작업을 벌이고 있다.

명 activity ① 활동 ② 활기   명 action 행동

명 동 act ① 행동(하다) ② 연기하다

310

disappoint
[dìsəpɔ́int]

동 실망시키다
(= let down)

▶ get **disappointed** by his pronunciation
그의 발음에 실망을 하다

▷ I **got disappointed by his pronunciation**, but I didn't show it. 나는 그의 발음에 실망했지만 그러나 그것을 내색하지는 않았다.

명 disappointment 실망   형 disappointing 실망스러운

형 disappointed 실망한

311

gallery
[gǽləri]
명 미술관, 화랑

▶ a **gallery** of modern art 현대 미술 화랑

▷ My family visited **a gallery of modern art** last Saturday.
우리 가족은 지난 토요일에 현대 미술 화랑을 방문했다.

312

track
[træk]
명 (자연적으로 생긴) **길**,

(기차) 선로

동 추적하다

▶ a muddy **track** 진창길

▷ We had to walk along **the muddy track** for about an hour. 우리는 약 한 시간동안 진창길을 따라 걸어야만 했다.

▶ **track** a bear 곰의 발자국을 추적하다

참고 track and field 육상 경기

313

raise
[reiz]
동 (들어) 올리다, 높이다

▶ **raise** a bed sheet 침대 시트를 들어 올리다

▷ I **raised the bed sheet** to look for my lost coin.
나는 잃어버린 동전을 찾기 위해 침대 시트를 들어올렸다.

비교 rise 자 오르다 / raise 타 올리다

arise 자 (일이) 발생하다 / arouse 타 불러 일으키다

314

crazy
[kréizi]
형 미친, 열광적인

(= mad)

▶ be **crazy** about a fur coat 모피 코트를 아주 좋아하다

▷ The fat middle-aged woman **is crazy about a fur coat**.
그 뚱뚱한 중년 여인은 모피 코트라면 사족을 못 쓴다.

명 craze 대유행, 열풍

315

silly
[síli]
형 어리석은, 바보 같은

(= foolish, stupid)

▶ be based on a **silly** idea 어리석은 생각에 기초하다

▷ He told me that my decision **was based on a silly idea**.
그는 내 결정이 어리석은 생각에 기초한 것이라고 말했다.

명 silliness 어리석음

316

normal
[nɔ́:rməl]
형 보통의, 정상적인

▶ the **normal** route 정상적인 루트

▷ The civilian airplane got slightly off of **the normal route**. 그 민간 항공기는 정상 항로에서 약간 벗어났다.

동 **normalize** 정상화하다　　반 **abnormal** 비정상적인

317

include
[inklú:d]
동 포함하다

▶ be **included** in a dictionary 사전에 포함되어 있다

▷ A detailed explanation of the word **is included in** the MD English **dictionary**.
그 단어에 대한 상세한 설명이 MD 영어 사전에 포함되어 있다.

명 **inclusion** 포함　　형 **inclusive** 포괄적인

반 **exclude** 제외하다

318

throat
[θrout]
명 목구멍

▶ have a sore **throat** 목이 아프다

▷ I **have a sore throat** and it hurts to swallow.
목이 아파서 삼키기가 힘들다.

319

care
[kɛər]
명 ① 돌봄, 관리
② 조심, 걱정
동 관심을 갖다, 상관하다

▶ take **care** of the problems bothering her
그녀를 괴롭히는 문제들을 처리하다

▷ The kind teacher **took care of the problems bothering her**. 그 친절한 선생님께서 그녀를 괴롭히는 문제들을 처리해주셨다.

▶ handle with **care** 조심해서 다루다

▶ I don't **care**. 난 상관없어.

형 **careful** 조심하는, 주의 깊은　　형 **careless** 부주의한, 조심성 없는

숙어 **care for** ① ~를 돌보다 ② 좋아하다

320

wealthy
[wélθi]
형 부유한, 부자인(= rich)

▶ the resources of the **wealthy** nation 그 부유한 나라의 자원

▷ The people of the poor country envy the natural **resources of the wealthy nation**.
그 가난한 나라의 국민들은 부유한 나라의 천연 자원을 부러워한다.

명 **wealth** 부, (많은) 재산

? DAY 8 - TEST

A 다음 단어들을 올바르게 연결해보세요.

1	**language** ·	· 화랑	1	**의견** ·	· unity
2	**liberty** ·	· 연속	2	**약속** ·	· sign
3	**sale** ·	· 목구멍	3	**주인** ·	· opinion
4	**contact** ·	· 존경	4	**신호** ·	· space
5	**respect** ·	· 언어	5	**통합** ·	· promise
6	**series** ·	· 자유	6	**지점** ·	· subject
7	**gallery** ·	· 접촉, 연락	7	**남용** ·	· master
8	**track** ·	· 판매	8	**자본** ·	· abuse
9	**throat** ·	· 관리	9	**우주** ·	· capital
10	**care** ·	· 길	10	**주제** ·	· spot

C 다음 문장에 맞는 단어를 써넣으세요.

> **capital** / **settle** / **subject** / **replace** / **complain** / **sign** / **spot**

1. The main _____ of the speech is the spirit of fair democracy.

2 It's very difficult to _____ an old habit with a new one.

3 The customer _____s a lot without any reason.

4 We must do our best to _____ the problem of pollution.

5 The Eiffel Tower is located in the _____ of France, Paris.

6 We _____ted the brightest star in the heavens.

7 When it comes to cancer, most people don't know the disease's early warning _____s.

B 다음 중 올바른 뜻을 고르세요.

1 **foreign**	□ 국내의	□ 외국의	
2 **settle**	□ 거주하다	□ 해결하다	
3 **complain**	□ 불평하다	□ 슬퍼하다	
4 **calm**	□ 조용한	□ 침착한	
5 **beg**	□ 간청하다	□ 빌리다	
6 **lay**	□ 눕다	□ 놓다	
7 **raise**	□ 오르다	□ 올리다	
8 **crazy**	□ 미친	□ 화난	
9 **silly**	□ 어리석은	□ 따분한	
10 **wealthy**	□ 부유한	□ 부패한	

1 사악한	□ evil	□ devil
2 약속	□ arrangement	□ appointment
3 끔찍한	□ terrific	□ terrible
4 대체하다	□ replace	□ misplace
5 완벽한	□ complete	□ complex
6 활동적인	□ active	□ action
7 실망시키다	□ appoint	□ disappoint
8 보통의	□ normal	□ abnormal
9 포함하다	□ exclude	□ include
10 충고	□ advice	□ device

D 다음 문장에 맞는 단어를 써넣으세요.

1 Most chickens _____ eggs on an almost daily basis.

ⓐ lay   ⓑ put   ⓒ place   ⓓ settle

2 We're finding the best way to _____ money for the poor people.

ⓐ extend   ⓑ boost   ⓒ raise   ⓓ defend

3 The leader of the party was accused of the _____ of power.
    There were many children in the state who were victims of child _____.

ⓐ poison   ⓑ abuse   ⓒ request   ⓓ range

>> 321

360

오늘 학습할 필수 단어입니다. 눈으로 스캔하며 모르거나 헷갈리는 단어에 체크하세요.

☐ **culture** 문화
☐ **describe** 묘사하다, 서술하다
☐ **neighbor** 이웃 (사람)
☐ **public** 공공의; 일반 사람들
☐ **mind** 마음
☐ **republic** 공화국
☐ **deserve** ~을 받을만하다
☐ **view** ① 시야 ② 의견
☐ **exchange** 교환; 바꾸다
☐ **important** 중요한

☐ **finally** 마침내, 마지막으로
☐ **stress** 스트레스; 강조하다
☐ **damage** 손상, 피해
☐ **communicate** 전달하다
☐ **elementary** 초보적인
☐ **arrest** 체포하다
☐ **social** 사회의, 사회적인
☐ **wise** 현명한
☐ **limit** 제한
☐ **composition** 구성

☐ **whisper** 속삭이다
☐ **democracy** 민주주의
☐ **bend** 구부리다, 구부러지다
☐ **entire** 전체의
☐ **tool** 도구
☐ **steady** 꾸준한, 일정한
☐ **fact** 사실
☐ **silent** 조용한, 침묵하는
☐ **tough** ① 힘든 ② 강한
☐ **score** 점수

☐ **center** 중심
☐ **desert** 사막
☐ **temperature** 온도
☐ **frighten** 겁먹게 하다
☐ **joke** 농담, 조크
☐ **price** ① 가격 ② 대가
☐ **religious** 종교의
☐ **pretend** ~인 척하다
☐ **power** 권력, 능력
☐ **brain** 뇌

321

culture
[kʌ́ltʃər]

명 **문화**

▶ foreign **culture** 외국 문화

▷ Young people are easily influenced by **foreign culture**.
젊은 사람들은 외국문화에 쉽게 영향을 받는다.

형 cultural 문화의

322

describe
[diskráib]

동 **묘사하다, 서술하다**

▶ **describe** one's opinion 자신의 의견을 설명하다

▷ She offered several examples to **describe her opinion**.
그녀는 자신의 의견을 설명하기 위해 몇 가지 예를 들었다.

명 description 서술, 묘사

323

neighbor
[néibər]

명 **이웃 (사람)**

▶ come into contact with **neighbors** 이웃들과 접촉하다

▷ The newcomer has **come into contact with his neighbors**.
새로 이사 온 사람은 이웃들과 접촉하게 되었다.

명 neighborhood ① 근처, 이웃 ② 동네

Tip 영국에서는 neighbour

324

public
[pʌ́blik]

형 **공공의,** (일반) 대중의

명 **일반 사람들,** 대중

▶ abuse **public** power 공권력을 남용하다

▷ The President was blamed for **abusing public power**.
대통령은 공권력을 남용한 것에 대해 비난받았다.

▶ open to the **public** 일반인들에게 공개된

숙어 in public 공개적으로

반 private 사적인, 개인적인

325

mind
[maind]

명 **마음,** 정신(= spirit)

동 ① ~에 신경 쓰다
② ~를 꺼리다

▶ an evil **mind** 악한 마음

▷ His **evil mind** has led him to commit a crime.
사악한 마음이 그에게 범죄를 저지르도록 했다.

▶ **mind** one's own business 자기 일에 신경쓰다

▶ Would you **mind** if I use your phone? 전화 좀 써도 될까요?

형 mindful ~을 염두에 두는, 유념하는

326

republic
[ripʌ́blik]

명 **공화국** : 국가의 주권이
국민에게 있는 국가

▶ the capital of the **republic** 그 공화국의 수도

▷ Seoul is **the capital of the Republic** of Korea.
서울은 대한민국의 수도이다.

참고 public 공공의

327

deserve
[dizə́ːrv]

동 **~을 받을만하다,**
~할 만하다(= merit)

▶ **deserve** respect 존경받을 만하다

▷ The first black athlete **deserves respect** from all baseball players.
그 최초의 흑인 선수는 모든 야구 선수들로부터 존경을 받을 만하다.

형 deserving 모범적인, 칭찬받을 만한

day 9

328

view
[vjuː]

명 ① **시야, 경관**
② 의견, 생각(= thought)

▶ the earth **view** from space 우주에서 보는 지구의 경관

▷ The spaceman depicted **the earth view from space**.
그 우주 비행사는 우주에서 본 지구의 경관을 묘사했다.

▶ in my **view** 내 생각에는

명 viewpoint 관점, 시각

329

exchange
[ikstʃéindʒ]

명 **교환**

동 **바꾸다, 교환하다**

▶ an **exchange** of information 정보의 교환

▶ promise to **exchange** gifts 선물을 교환하기로 약속하다

▷ We **promised to exchange gifts** with each other this Christmas. 우리는 이번 크리스마스에 서로 선물을 주고받기로 약속했다.

330

important
[impɔ́ːrtənt]

형 **중요한**(= significant)

▶ have an **important** appointment 중요한 약속이 있다

▷ I **have an important** business **appointment** with Mr. Robin today. 나는 오늘 로빈 씨와 중요한 사업상 약속이 있다.

명 importance 중요성

반 unimportant 중요하지 않은

331

finally
[fáinəli]

📄 마침내, 마지막으로

(= at last)

▶ **finally** settle the matter 마침내 그 문제를 해결하다

▷ The two leaders were pleased to **finally settle the matter**.
그 두 지도자는 마침내 그 문제를 해결하게 되어 기뻤다.

형 명 final 마지막의; 결승전

332

stress
[stres]

명 **스트레스**, 압박

동 **강조하다**(= emphasize)

▶ complain of **stress** 스트레스를 호소하다

▷ The defendant has **complained of stress** and fatigue during the long trial period.
피고는 오랜 재판 기간 동안 스트레스와 피로를 호소해왔다.

▶ **stress** the importance of education 교육의 중요성을 강조하다

형 stressful 스트레스가 많은　　형 stressed-out 스트레스로 지친

333

damage
[dǽmidʒ]

명 **피해**, 손상

동 피해를 입히다, 손상을 주다

▶ cause terrible **damage** 끔찍한 피해를 초래하다

▷ The oil spill **caused terrible damage** to ecology.
기름 유출은 생태계에 끔찍한 피해를 초래했다.

▶ **damage** your health 당신의 건강에 해를 주다

334

communicate
[kəmjú:nəkèit]

동 (생각·소식을) **전달하다**,
의사소통하다

▶ **communicate** by using language 언어를 사용하여 의사소통하다

▷ Most children learn how to **communicate by using language**.
대부분의 아이들은 언어를 사용해서 의사소통하는 법을 배운다.

명 communication ① 의사소통 ② 통신

335

elementary
[èləméntəri]

형 **초보적인, 기본적인**

▶ subjects taught in **elementary** school
초등학교에서 배우는 과목들

▷ Nowadays there are many **subjects taught in elementary school**. 요즘에는 초등학교에서 배우는 과목들이 많다.

명 element (기초) 요소, 성분

336

arrest
[ərést]

통 체포하다

명 체포

▶ **arrest** the criminal on the spot 범인을 현장에서 체포하다

▷ The policeman **arrested the criminal on the spot**.
그 경찰관은 현장에서 범인을 체포했다.

▶ under **arrest** 체포된

337

social
[sóuʃəl]

형 사회의, 사회적인

▶ replace the **social** customs 사회적 관습들을 대체하다

▷ New foreign cultures replaced **the** old **social customs**.
새로운 외국 문화들이 오래된 사회 관습들을 대체했다.

명 society 사회   비교 sociable 사교적인

day
9

338

wise
[waiz]

형 현명한, 지혜로운

▶ follow **wise** advice 현명한 충고를 따르다

▷ You had better **follow** his **wise advice**.
너는 그의 현명한 충고를 따르는 게 좋을 것이다.

명 wisdom 지혜

참고 wisdom tooth 사랑니

339

limit
[límit]

명 제한, 한계

통 제한하다

▶ an over the speed **limit** sign 속도 제한 표지

▷ Flashing **an over the speed limit sign** is quite effective.
속도 제한 표지를 번쩍이는 것은 상당히 효과가 있다.

▶ **limit** carbon dioxide emissions 이산화탄소 배출량을 제한하다

형 limitless 무한한, 무제한의

340

composition
[kàmpəzíʃən]

명 ① 구성(요소)
　② 작곡, 작문(= essay)

▶ the chemical **composition** of the soil 토양의 화학적 구성

▶ a master of **composition** 작곡의 달인

▷ I have long learned from **the master of composition**.
나는 작곡의 달인에게 오랫동안 배워오고 있다.

통 compose ① 구성하다 ② 작곡[작성]하다

명 component (구성) 요소, 부품   명 composer 작곡가

whisper
[hwíspər]

동 속삭이다, 소곤거리다

명 속삭임

▶ **whisper** in a calm voice 차분한 목소리로 속삭이다

▷ He didn't get excited and **whispered in a calm voice**.
그는 흥분하지 않고 차분한 목소리로 속삭였다.

▶ in a **whisper** 속삭이는 소리로

---

democracy
[dimάkrəsi]

명 민주주의

▶ fight for liberty and **democracy** 자유와 민주주의를 위해 싸우다

▷ We have **fought for liberty and democracy** in this
country. 우리는 이 나라의 자유와 민주주의를 위해 싸워왔다.

명 democrat 민주주의자

형 democratic 민주적인

---

bend
[bend]

동 구부리다, 구부러지다

▶ **bend** one's back to beg 구걸하기 위해 허리를 굽히다

▷ The begger **bent his back to beg** passersby for money.
그 거지는 행인들에게 돈을 구걸하기 위해 허리를 굽혔다.

형 bent 휜, 구부러진

시제변화 bend - bent - bent

비교 lean 기대다, (몸을) 기울이다

---

entire
[intáiər]

형 전체의, 온-(= whole)

▶ the **entire** European Union 전 유럽 연합

▷ **The entire European Union** is concerned about
nuclear weapons. 전 유럽 연합이 핵무기에 대해서 걱정하고 있다.

부 entirely 완전히, 전적으로

---

tool
[tu:l]

명 도구, 연장

▶ lay **tools** in the garage 도구들을 차고에 놓다

▷ My father asked me to **lay the tools in the garage**.
아빠가 나에게 그 도구들을 차고에 넣어 놓으라고 하셨다.

비교 device 기구, 장치

346

steady
[stédi]

형 꾸준한, 일정한

(= constant)

▶ a **steady** sale 꾸준한 판매

▷ The new sports utility vehicle continues to show **steady sales.** 그 새로운 SUV 차량은 계속해서 꾸준한 판매를 보이고 있다.

부 steadily 꾸준히, 끊임없이

347

fact
[fækt]

명 사실

▶ a series of historical **facts** 일련의 역사적 사실들

▷ He wrote the book based on **a series of historical facts.** 그는 일련의 역사적 사실들에 근거하여 그 책을 썼다.

숙어 in fact (앞서 한 말에 덧붙여) 사실은, 실은

as a matter of fact 사실상

348

silent
[sáilənt]

형 조용한, 침묵하는

(= quiet)

▶ be completely **silent** 완전히 침묵하다

▷ He couldn't speak English and **was completely silent** during the visit to America.
그는 영어로 말을 못해서 미국 방문 기간 동안 완전히 침묵했다.

명 silence 침묵, 정적

349

tough
[tʌf]

형 ① 힘든, 어려운

② 강한, 튼튼한

(= strong)

▶ a **tough** decision 어려운 결정

▶ take **tough** action 강경한 조치를 취하다

▷ The new principal said that he will **take tough action** against violence in the school.
신임 교장은 교내 폭력에 대해 강경한 조치를 취할 것이라고 말했다.

비교 rough 거친

350

score
[skɔːr]

명 ① 점수, 스코어

② (숫자) 20

▶ get a disappointing **score** 실망스러운 점수를 받다

▷ Only one person **got a disappointing score** on the test.
단지 한 사람만 그 시험에서 실망스러운 점수를 받았다.

▶ a **score** of policemen 20명의 경찰관들

참고 dozen (연필의) 12개 한 묶음

center
[séntər]

명 중심, 가운데

▶ a gallery in the city **center** 도심에 있는 화랑

▷ The elderly couple opened **a gallery in the city center**.
그 노부부는 도심에 화랑을 열었다.

형 central 중심의, 가장 중요한

Tip 영국에서는 centre

desert
[dézərt]

명 사막

▶ a track through a **desert** 사막을 통과하는 길

▷ A group of Arabian merchants followed **a track through
a desert**. 한 무리의 아랍상인들은 사막을 통과하는 길을 따라갔다.

비교 dessert 디저트, 후식

temperature
[témpərətʃər]

명 ① 온도

② 체온, (몸의) 열

▶ raise the **temperature** 온도를 올리다

▷ The warm sunshine slowly **raised the temperature** of
the room. 따뜻한 햇살이 그 방의 온도를 서서히 올려주었다.

▶ take the patient's **temperature** 그 환자의 체온을 재다

frighten
[fráitn]

동 겁먹게 하다,

몹시 놀라게 하다

▶ be **frightened** by a crazy man 미친 사람에 의해 겁을 먹다

▷ The young girl **was frightened by a crazy man** on the
street. 그 어린 소녀는 거리에서 한 미친 사람을 보고 겁을 먹었다.

명 fright 놀람, 두려움   형 frightening 무서운

비교 flight ① 비행 ② 도주

joke
[dʒouk]

명 농담, 조크

동 농담하다

▶ a silly **joke** 바보 같은 농담

▷ I wish you wouldn't tell such **a silly joke**.
나는 네가 그런 바보 같은 농담 좀 안 했음 좋겠어.

▶ **joke** with friends 친구들과 농담하다

price
[prais]

명 ① 값, 가격

② (치러야 할) 대가

▶ the normal **price** 정상적인 가격

▷ The discount store sells the product at half **the normal price**. 그 할인점은 정상가의 반 가격에 그 제품을 판매한다.

▶ pay the **price** for ~에 대한 대가를 치르다

religious
[rilídʒəs]

형 종교의, 종교적인

▶ include **religious** ideas 종교적 사상을 포함하다

▷ His autobiography **includes his religious ideas** and political beliefs.
그의 자서전은 그의 종교적 사상과 정치적 신념을 담고 있다.

명 religion 종교

day
9

pretend
[priténd]

동 ~인 척하다(= affect)

▶ **pretend** to have a sore throat 목이 아픈 척하다

▷ The boy played sick and **pretended to have a sore throat**.
그 소년은 꾀병을 부리고 목이 아픈 척 했다.

명 pretense, pretence ~인 체함, 가식

power
[páuər]

명 권력, 능력

▶ don't care about **power** 권력에 대해 신경 쓰지 않다

▷ The young politician **doesn't care about power** or money at all. 그 젊은 정치인은 권력이나 돈에 전혀 신경 쓰지 않는다.

형 powerful 강력한

brain
[brein]

명 ① 뇌

② 지능, 두뇌(가 좋은 사람)

▶ excessive wealth destroying your **brain**
당신의 뇌를 파괴하는 지나친 부

▷ Keep in mind that **excessive wealth can destroy your brain**.
지나친 부가 당신의 뇌를 파괴할 수 있다는 것을 명심하라.

▶ the best **brain** in the company 그 회사 최고의 두뇌

? DAY 9 - TEST

A 다음 단어들을 올바르게 연결해보세요.

1	**wise** ·	· 마음		1	문화 ·	· damage
2	**social** ·	· 중요한		2	한계 ·	· culture
3	**mind** ·	· 농담		3	교환 ·	· view
4	**stress** ·	· 사막		4	의견 ·	· tool
5	**joke** ·	· 사회의		5	손상 ·	· limit
6	**power** ·	· 스트레스		6	이웃 ·	· neighbor
7	**important** ·	· 현명한		7	구성 ·	· center
8	**finally** ·	· 뇌		8	도구 ·	· fact
9	**brain** ·	· 마침내		9	사실 ·	· exchange
10	**desert** ·	· 능력		10	중심 ·	· composition

C 다음 문장에 맞는 단어를 써넣으세요.

> describe / deserve / communicate / elementary / arrest / democracy / pretend

1. Most children learn how to _____ by using language.

2. The boy played sick and _____ed to have a sore throat.

3. She offered several examples to _____ her opinion.

4. We have fought for liberty and _____ in this country.

5. The first black athlete _____s respect from all baseball players.

6. The policeman _____ed the criminal on the spot.

7. Nowadays there are many subjects taught in _____ school.

B 다음 중 올바른 뜻을 고르세요.

1 **describe** □ 기록하다 □ 묘사하다
2 **republic** □ 공화국 □ 민주주의
3 **deserve** □ 봉사하다 □ ~을 받을만하다
4 **communicate** □ 의견을 말하다 □ 의사소통하다
5 **democracy** □ 민주주의 □ 독재주의
6 **steady** □ 안전한 □ 꾸준한
7 **silent** □ 조용한 □ 신성한
8 **temperature** □ 각도 □ 온도
9 **religious** □ 종교의 □ 철학의
10 **frighten** □ 실망시키다 □ 겁먹게 하다

1 대중의 □ public □ published
2 전체의 □ entire □ retire
3 초보적인 □ chief □ elementary
4 체포하다 □ arrest □ violate
5 속삭이다 □ whisper □ whistle
6 구부리다 □ tend □ bend
7 어려운 □ rough □ tough
8 점수 □ score □ scope
9 가격 □ cost □ price
10 ~인 체하다 □ attend □ pretend

D 다음 문장에 맞는 단어를 써넣으세요.

1 He _____ punishment because he has broke the law.

ⓐ deserves   ⓑ reserves   ⓒ conserves   ⓓ preserves

2 The presidential candidate _____ to know what people want.

ⓐ attended   ⓑ contended   ⓒ intended   ⓓ pretended

3 The company has cut the _____ of its products by almost 30 per cent.
A loss of privacy is often the _____ you pay for being famous.

ⓐ expense   ⓑ price   ⓒ discount   ⓓ payment

» **361**
400

오늘 학습할 필수 단어입니다. 눈으로 스캔하며 모르거나 헷갈리는 단어에 체크하세요.

- **background** 배경
- **event** 사건
- **curious** 호기심 많은
- **declare** 선언하다
- **state** ① 상태 ② 주(州)
- **army** 군대
- **prize** 상, 상품
- **general** 일반적인
- **information** 정보
- **electricity** 전기

- **decide** 결정하다, 결심하다
- **attack** 공격하다
- **suffer** 고통받다, 당하다
- **adult** 성인
- **education** 교육
- **detective** 형사, 탐정
- **system** 제도, 체계
- **worth** 가치
- **debt** 빚, 부채
- **compare** 비교하다

- **allow** 허락하다
- **solution** 해결
- **material** 재료
- **satisfy** 만족시키다
- **edge** 가장자리
- **step** ① (발)걸음 ② 단계
- **prove** 증명하다
- **delight** 기쁨, 즐거움
- **envelope** 봉투
- **match** 경기

- **waste** 낭비하다
- **shade** 그늘
- **boil** 끓(이)다, 삶다
- **evidence** 증거
- **avoid** 피하다
- **provide** 제공하다
- **custom** 관습
- **ordinary** 평범한
- **explode** 폭발하다
- **ruin** 망치다

361

background
[bǽkgraund]
명 배경

▸ cultural **background** 문화적 배경

▷ This book will help us understand people from different **cultural backgrounds**.
이 책은 우리가 다른 문화적 배경을 가진 사람들을 이해하는데 도움을 줄 것이다.

362

event
[ivént]
명 ① (중요한) **사건**, 일, 행사
② (스포츠) 종목

▸ describe an **event** 사건을 설명하다

▷ Could you **describe the event** that took place yesterday?
어제 일어난 사건을 설명해주시겠습니까?

▸ track and field **events** 육상 경기

형 eventful 다사다난한

363

curious
[kjúriəs]
형 **호기심 많은**, 궁금한

▸ **curious** about neighbors 이웃들에 대해 호기심이 많은

▷ Why are you so **curious about** your **neighbors**?
왜 넌 그렇게 이웃 사람들에 대해 호기심이 많니?

명 curiosity 호기심

364

declare
[diklέər]
동 **선언하다, 선포하다**
(= pronounce)

▸ **declare** publicly 공개적으로 선언하다

▷ Government officials have not **declared publicly** on the matter. 정부 관리들은 그 문제에 대해 공개적인 입장을 밝히지 않고 있다.

명 declaration 선언, 선포

365

state
[steit]
명 ① **상태**(= condition)
② (미국의) **주(州)**; 국가
동 (공식적으로) **말하다**

▸ a **state** of mind 정신 상태

▷ Steven was in **a** confused **state of mind**.
스티븐은 혼란스러운 심리상태에 있었다.

▸ the 50 **states** of the U.S. 미국의 50개 주

▸ **state** the facts 그 사실들을 말하다

명 statement 발표, 진술

Tip 미국의 공식 명칭 : the United States of America = USA

366

army
[ɑ́ːrmi]
명 군대, 육군

▶ The Republic of Korea **Army** 대한민국 육군

▷ **The Republic of Korea Army** makes up the core of Korea's national defense.
대한민국 육군은 한국 국방의 핵심을 이룬다.

비교 navy 해군 / air force 공군

367

prize
[praiz]
명 상, 상품(= award)

▶ deserve a **prize** 상을 받을 만하다

▷ I doubt if he **deserves the** special **prize**.
나는 그가 그 특별한 상을 받을 자격이 있는지 의문이다.

비교 price 값, 가격

day 10

368

general
[dʒénərəl]
형 일반적인, 전반적인

명 (관직의) 장, (군대의) 장군

▶ take a **general** view of ~을 전체적으로 보다

▷ You should learn how to **take a general view** of an issue.
너는 어떤 문제를 전체적으로 보는 법을 배워야 한다.

▶ UN Secretary **General** 유엔 사무총장

부 generally 일반적으로

숙어 in general 보통, 대개

비교 generous 관대한

너 뿐만 아니야!

369

information
[ìnfərméiʃən]
명 정보

▶ an exchange of **information** 정보의 교환

▷ We need to promote **an** open **exchange of information**.
우리는 공개적인 정보 교환을 장려할 필요가 있다.

동 inform 알리다

370

electricity
[ilektrísəti]
명 전기

▶ the importance of **electricity** 전기의 중요성

▷ The science teacher taught us **the importance of electricity**. 과학 선생님이 우리에게 전기의 중요성을 가르쳐 주셨다.

형 electric(al) 전기의

비교 electronic 전자의

371

decide
[disáid]
图 결정하다, 결심하다
(= determine)

▶ finally **decide** to quit smoking 마침내 담배를 끊기로 결심하다

▷ As his New Year's resolution, my husband **finally decided to quit smoking.** 새해 결심으로 우리 남편은 마침내 담배를 끊기로 결심했다.

图 decisive 결정적인   图 decision 결정, 판단

372

attack
[ətǽk]
图 공격하다

图 ① 공격, 폭행
　　② (병의) 발병

▶ **attack** the enemy 적을 공격하다

▶ a bomb **attack** 폭탄 공격

▶ a heart **attack** caused by stress 스트레스에 의해 유발된 심장마비

▷ **A heart attack** can be **caused by** extreme **stress.**
심장마비는 극도의 스트레스에 의해 유발될 수 있다.

373

suffer
[sʌ́fər]
图 ① 고통 받다, 시달리다
　　② (나쁜 일을) 겪다, 당하다

▶ **suffer from** headaches 두통에 시달리다

▶ **suffer** damage 손상을 입다

▷ The crops **suffered damage** due to cold weather.
추운 날씨 때문에 농작물이 손상을 입었다.

图 suffering 고통

374

adult
[ədʌ́lt]
图 성인, 어른

▶ communicate with **adults** 어른들과 의사소통하다

▷ Nowadays many teenagers lack the ability to **communicate with adults.** 요즘 많은 십대들은 어른들과 의사소통하는 능력이 부족하다.

375

education
[èdʒukéiʃən]
图 교육

▶ elementary **education** 초등 교육

▷ **Elementary education** is the most important education process. 초등 교육은 가장 중요한 교육과정이다.

图 educate 교육하다   图 educator 교육자

376

detective
[ditéktiv]

명 형사, 탐정

▶ be arrested by a **detective** 형사에 의해 체포되다

▷ The suspect **was arrested by detectives** on suspicion of murder. 살인 혐의를 받고 있는 그 용의자는 형사들에 의해 체포되었다.

동 detect 발견하다, 알아내다

377

system
[sístəm]

명 제도, 체계

▶ a social welfare **system** 사회 복지 제도

▷ The Swedish **social welfare system** is known to every country. 스웨덴의 사회복지제도는 모든 나라에 알려져 있다.

형 systematic 체계[조직]적인

378

worth
[wə:rθ]

명 가치, 값어치(= value)

형 ~의 가치가 있는

▶ the **worth** of wisdom 지혜의 가치

▷ He didn't realize **the worth of** ancient **wisdom**. 그는 오래된 지혜의 가치를 깨닫지 못했다.

▶ be **worth** $10,000 만 달러의 가치가 있다

형 worthy 가치 있는

반 worthless 가치 없는

379

debt
[det]

명 빚, 부채

▶ exceed **debt** limit 부채 한도를 초과하다

▷ The U.S. Treasury might **exceed debt limit** at the end of this year. 미국 재무부는 올해 말 부채한도를 초과할 지도 모른다.

명 debtor 채무자 : 돈 빌린 사람

380

compare
[kəmpéər]

동 비교하다

▶ **compare** one composer **with** another 한 작곡가를 다른 작곡가와 비교하다

▷ The music teacher **compared one composer with another**. 음악 선생님이 한 작곡가를 다른 작곡가와 비교하셨다.

명 comparison 비교

형 comparable 비교할 만한, 비슷한

381

allow
[əláu]

图 허락하다, 허용하다

(= permit)

▶ **allow** the students **to** whisper 학생들에게 속삭이는 것을 허용하다

▷ The teacher didn't **allow the students to whisper** during the class.

그 선생님은 수업 중 학생들이 속삭이는 것을 허용하지 않았다.

명 allowance ① 허용 ② 용돈

382

solution
[səlúːʃən]

명 해결(책), 해법

▶ a democratic **solution** 민주적인 해결책

▷ I believe the only **democratic solution** available is voting.

나는 우리가 할 수 있는 유일한 민주적 해결책은 투표라고 생각한다.

동 solve 해결하다

비교 resolution 결심

383

material
[mətíəriəl]

명 ① 재료, 소재

② 자료

▶ bend a **material** 재료를 구부리다

▷ The young carpenter was not able to **bend the new material** easily. 그 젊은 목수는 새로운 재료를 쉽게 구부릴 수 없었다.

▶ reading **materials** 읽기 자료들

384

satisfy
[sǽtisfài]

동 만족시키다

▶ be entirely **satisfied with** ~에 완전히 만족하다

▷ The workers **are** not entirely **satisfied with** their working conditions.

근로자들이 그들의 근무 여건에 완전히 만족하고 있는 것은 아니다.

명 satisfaction 만족

형 satisfactory 만족스러운

385

edge
[edʒ]

명 가장자리, 모서리

▶ the sharp **edge** of a tool 연장의 날카로운 끝

▷ Be careful of **the sharp edge of the tool**.

그 연장의 날카로운 끝을 조심해라.

숙어 **on edge** 초조한, 안절부절 못 하는

step
[step]

몡 ① **(발)걸음**

② **단계**(= stage)

③ 조치(= action)

▶ steady **steps** 안정된 발걸음

▷ She got drunk and could not walk with **steady steps**.
그녀는 술에 취해 안정된 발걸음으로 걸을 수 없었다.

▶ complete the first **step** 1단계를 마치다

▶ take **steps** immediately 즉시 조치를 취하다

숙어 **step by step** 한 걸음 한 걸음, 차근차근

prove
[pru:v]

통 ① **증명하다, 입증하다**

② 판명되다(= turn out)

▶ a **proven** fact 입증된 사실

▷ It is **a proven fact** that seat belts save our lives.
안전벨트가 우리의 생명을 지켜준다는 것은 입증된 사실이다.

▶ The method **proved** effective. 그 방법은 효과가 있는 것으로 판명되었다.

몡 **proof** 증거, 증명

day 10

delight
[diláit]

몡 (큰) **기쁨, 즐거움**(= joy)

▶ express **delight** silently 기쁨을 조용히 표현하다

▷ The winner **expressed delight silently** with a broad
smile on his face.
그 승자는 얼굴에 미소를 띠고 조용히 기쁨을 표현했다.

혱 **delightful** 기쁜, 기분 좋은

envelope
[énvəlòup]

몡 (편지) **봉투**

▶ an **envelope** made of tough paper 질긴 종이로 만든 편지 봉투

▷ This **envelope made of tough paper** will not tear easily.
질긴 종이로 만들어진 이 편지 봉투는 잘 찢어지지 않는다.

통 **envelop** 감싸다, (몸을) 두르다

match
[mætʃ]

몡 **경기**, 시합

통 ~에 필적하다, 어울리다

▶ the score of the **match** 그 경기의 점수

▷ **The** final **score of the match** between Korea and Japan
was 3-0. 한국과 일본 경기의 최종 점수는 3대 0이었다.

▶ This color **matches** your face. 이 색깔이 네 얼굴에 어울린다.

참고 **match** 에는 '성냥'이란 뜻도 있음

waste
[weist]

동 낭비하다

명 ① 낭비

② 쓰레기, 폐기물
(= trash, garbage)

▶ **waste** money and time 돈과 시간을 낭비하다

▶ a **waste** of energy 에너지 낭비

▶ a **waste** collection center 폐기물 집하장

▷ Can I know the exact location of **a waste collection center**? 폐기물 집하장의 정확한 위치를 알 수 있을까요?

형 wasteful 낭비적인

---

shade
[ʃeid]

명 그늘, 응달

▶ find **shade** in a desert 사막에서 그늘을 찾다

▷ It is almost impossible to **find shade in a desert**. 사막에서 그늘을 찾는 것은 거의 불가능하다.

비교 shadow 그림자

---

boil
[bɔil]

동 끓(이)다, 삶다

▶ **boil** eggs 계란을 삶다

▶ the temperature of **boiling** water 끓는 물의 온도

▷ Have you ever taken **the temperature of boiling water**? 끓는 물의 온도를 재 본적이 있나요?

명 boiler 보일러

---

evidence
[évidəns]

명 증거

▶ frightening **evidence** 무서운 증거

▷ The detective found a piece of **frightening evidence** from the murder case. 그 형사는 그 살인 사건에 대한 무시무시한 증거 하나를 발견했다.

---

avoid
[əvɔ́id]

동 피하다

▶ **avoid** a bad joke 썰렁한 농담을 피하다

▷ The host **avoided bad jokes** and entertained his guests with fantastic jokes. 그 집주인은 썰렁한 농담은 피하고 끝내주는 농담으로 손님들을 즐겁게 했다.

명 avoidance 회피

396

provide
[prəváid]

통 제공하다, 공급하다

▶ **provide** price information 가격 정보를 제공하다

▷ This web site **provides** consumers with **price information** about various items.
이 웹 사이트는 다양한 품목들에 대한 가격 정보를 소비자들에게 제공한다.

명 provision ① 제공, 공급 ② 식량

Tip provide A with B = provide B for A A에게 B를 제공하다

397

custom
[kʌ́stəm]

명 ① 관습
② 《-s》 세관

▶ the religious **custom** 종교적 관습

▷ My father is a Catholic, but he acknowledges folk **religious custom**. 우리 아버지는 천주교 신자지만, 민간 신앙의 관습을 인정하신다.

▶ go through **customs** 세관을 통과하다

형 customary 관습적인   명 customer 고객, 손님

398

ordinary
[ɔ́ːrdnèri]

형 평범한, 보통의

▶ pretend to be an **ordinary** citizen 평범한 시민인 체하다

▷ The wealthy politician **pretended to be an ordinary citizen**. 그 부유한 정치인은 평범한 시민인 체했다.

참고 extraordinary ① 이상한 ② 대단한

399

explode
[iksplóud]

통 터지다, 폭발하다[시키다]
(= go off)

▶ **explode** a power plant 발전소를 폭파시키다

▷ The terrorist group threatened to **explode the power plant**. 그 테러단체는 그 발전소를 폭파시키겠다고 위협했다.

명 explosion 폭발, 폭파

형 explosive ① 폭발성의 ② 폭발적인

400

ruin
[rúːin]

통 망치다(= spoil)

명 ① 몰락, 파멸
② 폐허, 유적(지)

▶ **ruin** one's brain 뇌를 망치다

▷ If you take drugs, it may **ruin your brain** and life.
마약을 하면 너의 뇌와 인생을 망칠 수 있다.

▶ fall into **ruin** 파멸에 빠지다

▶ visit the **ruins** 유적지들을 방문하다

A 다음 단어들을 올바르게 연결해보세요.

1	**match** •	• 빚		1	배경 •	• electricity
2	**satisfy** •	• 해결		2	제도 •	• army
3	**worth** •	• 상태		3	군대 •	• step
4	**detective** •	• 그늘		4	성인 •	• delight
5	**state** •	• 재료		5	전기 •	• information
6	**prize** •	• 경기		6	정보 •	• event
7	**debt** •	• 형사		7	교육 •	• system
8	**solution** •	• 상		8	단계 •	• education
9	**material** •	• 만족시키다		9	사건 •	• background
10	**shade** •	• 가치		10	기쁨 •	• adult

C 다음 문장에 맞는 단어를 써넣으세요.

> **declare / state / suffer / allow / explode / ruin / attack**

1. The crops _____ed damage due to cold weather.

2 The teacher didn't _____ the students to whisper during the class.

3 Government officials have not _____d publicly on the matter.

4 The terrorist group threatened to _____ the power plant.

5 Steven was in a confused _____ of mind.

6 A heart _____ can be caused by extreme stress.

7 If you take drugs, it may _____ your brain and life.

B 다음 중 올바른 뜻을 고르세요.

1	**curious**	□ 욕심 많은	□ 호기심 많은	1	일반적인	□ general	□ generous
2	**declare**	□ 선고하다	□ 선언하다	2	결심하다	□ divide	□ decide
3	**attack**	□ 공격하다	□ 방어하다	3	고통 받다	□ suffer	□ differ
4	**compare**	□ 비교하다	□ 비슷하다	4	허락하다	□ allow	□ solve
5	**prove**	□ 설명하다	□ 증명하다	5	가장자리	□ edge	□ region
6	**envelope**	□ 봉투	□ 포장	6	낭비하다	□ wrap	□ waste
7	**avoid**	□ 피하다	□ 친하다	7	증거	□ avoidance	□ evidence
8	**custom**	□ 관습	□ 악습	8	끓다	□ boil	□ coil
9	**ordinary**	□ 평범한	□ 평평한	9	제공하다	□ probe	□ provide
10	**ruin**	□ 상하다	□ 망치다	10	터지다	□ explode	□ exclude

D 다음 문장에 맞는 단어를 써넣으세요.

1 The patient has been _____ from stomach cancer for 3 years.

   ⓐ resulting   ⓑ keeping   ⓒ distinguishing   ⓓ suffering

2 We must work together to find solutions _____ our environmental problems.

   ⓐ on   ⓑ to   ⓒ for   ⓓ from

3 The first _____ in any marketing research process is to define the problem.
   The government will take _____s to ban smoking in the bar.

   ⓐ depth   ⓑ consequence   ⓒ step   ⓓ policy

암기력을 극대화시키는
과학적 분류가 담긴

중학 필수 영단어
주제별

800

집

house

오늘 학습할 '집'에 관한 필수 단어입니다. 눈으로 스캔하며 모르거나 헷갈리는 단어에 체크하세요.

● 예쁜 우리 집을 소개합니다~

- ☐ **bell** 종
- ☐ **window** 창문
- ☐ **floor** 바닥
- ☐ **yard** 마당
- ☐ **fence** 울타리
- ☐ **wall** 벽
- ☐ **stair** 계단
- ☐ **basement** 지하실
- ☐ **roof** 지붕
- ☐ **paint** 그림물감

● 식사 시간

- ☐ **dinner** 저녁 식사
- ☐ **bottle** 병
- ☐ **glass** 유리
- ☐ **tray** 쟁반
- ☐ **bowl** 그릇
- ☐ **plate** 접시
- ☐ **jar** (담는) 병
- ☐ **pan** 냄비
- ☐ **refrigerator** 냉장고
- ☐ **soap** 비누

● 아늑한 침실

- ☐ **pillow** 베개
- ☐ **lie** 눕다
- ☐ **rest** 휴식
- ☐ **blanket** 담요
- ☐ **closet** 옷장
- ☐ **clothes** 옷
- ☐ **board** 판자
- ☐ **comb** 빗다
- ☐ **candle** 촛불
- ☐ **vase** 꽃병

● 우리 집과 우리 마을

- ☐ **address** 주소
- ☐ **homesick** 향수병을 앓는
- ☐ **hometown** 고향
- ☐ **telephone** 전화
- ☐ **hut** 오두막
- ☐ **leak** 새다
- ☐ **laundry** 세탁소
- ☐ **swing** 그네
- ☐ **umbrella** 우산
- ☐ **sidewalk** 인도

401

bell
[bel]
명 종, 벨

▶ press a **bell** 초인종[벨]을 누르다

▷ I stood at the front door and **pressed the bell** several times. 나는 정문에 서서 초인종을 몇 번 눌렀다.

비교 **doorbell** (현관의) 초인종

402

window
[wíndou]
명 창문

▶ look out the **window** 창밖을 보다

▷ The little girl **looked out the window** to see if it was snowing.
그 어린 소녀는 눈이 내리는지 보려고 창밖을 쳐다보았다.

참고 **window shopping** 아이 쇼핑 : 물건은 안 사고 구경만 하기

비교 **widow** 미망인, 과부

403

floor
[flɔːr]
명 ① (방의) **바닥**
　　② (건물의) **층**

▶ sweep the **floor** 바닥을 청소하다

▷ Why don't you help your mom **sweep the floor**?
엄마가 바닥 청소하는 것을 돕지 그래?

▶ be on the third **floor** 3층에 있다

404

yard
[jɑːrd]
명 ① **마당, 뜰**
　　② (길이) **야드** : 약 0.9m

▶ play in the **yard** 마당에서 놀다

▷ She watched her children **playing in the yard**.
그녀는 아이들이 마당에서 노는 것을 지켜봤다.

▶ run for 40 **yards** 40야드를 달리다

405

fence
[fens]
명 **울타리, 펜스**

▶ put up a **fence** 울타리를 치다

▷ We **put up a fence** around our yard.
우리는 집 뜰 주위에 울타리를 쳤다.

비교 **pence** 펜스 : penny (동전 한 푼)의 복수형

406

wall
[wɔːl]
몡 벽, 담

▶ paint the **wall** 벽에 페인트칠을 하다

▷ I'm going to **paint the wall** white and the ceiling pink.
난 벽은 하얀 색으로 칠하고 천장은 분홍색으로 칠하려고 해.

참고 wallpaper 벽지

407

stair
[stɛər]
몡 계단

▶ go up the **stairs** 계단을 오르다

▷ Lately, my grandfather has trouble even **going up the stairs**. 요즘은 할아버지께서 계단을 오르기도 힘겨워 하신다.

day 11

참고 upstairs 위층으로[에서] / downstairs 아래층으로[에서]

비교 stare 응시하다

408

basement
[béismənt]
몡 지하층, 지하실

▶ a storage room in the **basement** 지하에 있는 창고

▷ The house has **a storage room in the basement**.
그 집에는 지하에 창고가 있다.

몡 툉 base 바닥, 토대; ~에 근거를 두다

숙어 be based on ~에 기초[근거]하다

409

roof
[ruːf]
몡 지붕

▶ climb onto the **roof** 지붕 위로 올라가다

▷ My husband **climbed onto the roof** to fix it.
남편이 지붕을 고치러 올라갔다.

410

paint
[peint]
몡 페인트, 그림물감

툉 그리다, 페인트를 칠하다

▶ apply **paint** 페인트를 칠하다

▷ My father **applied** blue **paint** on the wall.
아빠가 벽에 파란색 페인트를 칠하셨다.

▶ **paint** a landscape 풍경을 그리다

비교 draw (선으로) 그리다

paint

411

dinner
[dínər]

명 저녁 식사, 만찬

▶ have **dinner** 저녁 먹다

▷ What time do you usually **have dinner**?
너 보통 몇 시에 저녁 먹니?

통 dine 식사를 하다

비교 supper 저녁 식사 : dinner보다 덜 격식적이고 규모도 작은 식사

412

bottle
[bátl]

명 병

▶ an empty **bottle** 빈 병

▷ The old woman picks up **empty bottles** in the parks.
그 할머니는 공원에서 빈 병들을 줍는다.

참고 bucket 양동이

413

glass
[glæs]

명 ① 유리
② 〈복수〉 안경

▶ a piece of broken **glass** 깨진 유리 조각

▷ I cut my finger on **a piece of broken glass**.
난 깨진 유리 조각에 손가락을 베었다.

▶ wear **glasses** 안경을 쓰다

Tip 선글라스 : sunglass (X) → sunglasses (O)

비교 grass 풀, 잔디

414

tray
[trei]

명 쟁반

▶ the **tray** of food 음식을 담은 쟁반

▷ The waiter carried **the tray of food** to our table.
그 웨이터가 음식을 담은 쟁반을 우리 테이블로 가져왔다.

415

bowl
[boul]

명 (움푹 패인) **사발, 그릇**

▶ a **bowl** of soup 한 그릇의 스프

▷ Zenia ate three **bowls of soup** for dinner.
제니아는 저녁 식사 때 스프를 세 그릇 먹었다.

비교 bowling (스포츠의) 볼링

416

plate
[pleit]

몡 접시, 그릇(= dish)

▶ a **plate** of spaghetti 한 접시의 스파게티

▷ I had a salad and **a plate of spaghetti** for dinner.
난 저녁 식사로 샐러드와 스파게티 한 접시를 먹었다.

417

jar
[dʒɑːr]

몡 (꿀·잼을 담는) **병, 단지**

▶ a **jar** of honey 꿀 한 병

▷ The child secretly ate **an** entire **jar of honey**.
그 아이가 몰래 꿀 한 병을 통째로 다 먹었다.

418

pan
[pæn]

몡 (손잡이가 있는) **냄비, 팬**

▶ put the **pan** on the stove 팬을 가스레인지 위에 놓다

▷ She **put the pan on the stove** over medium heat.
그녀는 중불이 켜있는 가스레인지 위에 팬을 올려놓았다.

비교 fan ① 부채 ② 팬, 지지자
pen (글을 쓰는) 펜

419

refrigerator
[rifrídʒərèitər]

몡 냉장고

▶ put milk into the **refrigerator** 우유를 냉장고에 넣다

▷ Don't forget to **put the milk in the refrigerator**.
우유 냉장고에 넣는 거 잊지 마.

Tip refrigerator를 줄여서 → fridge

420

soap
[soup]

몡 비누

▶ wash one's hands with **soap** 비누로 손을 씻다

▷ You should **wash your hands with soap** before eating
a meal. 밥 먹기 전에는 손을 비누로 씻어야 한다.

Tip **a bar of soap** 비누 한 개
soap bubble 비눗 방울

비교 **soup** 수프, 국

421

pillow
[pílou]
명 베개

▶ lay one's head on the **pillow** 베개를 베다

▷ He **laid his head on the pillow** and closed his eyes.
그는 베개를 베고 눈을 감았다.

비교 **pillar** 기둥

422

lie
[lai]
동 눕다

▶ **lie** on the bed 침대에 눕다

▷ You'd better **lie on the bed** in the corner until you feel better.
몸이 좀 나아질 때까지 구석에 있는 침대에 누워있는 게 낫겠다.

현재분사 **lying** 누워 있는

시제변화 lie - lay - lain

비교 lie(거짓말하다) - lied - lied

423

rest
[rest]
명 ① 휴식
　② 《the -》 나머지

▶ take a **rest** 휴식을 취하다

▷ My boss cancelled the meeting and **took a rest**.
사장님은 미팅을 취소하고 휴식을 취했다.

▶ for **the rest** of my life 내 남은 인생 동안

424

blanket
[blǽŋkit]
명 담요

▶ cover with a **blanket** 담요로 덮다

▷ The mother **covered** her child **with a blanket**.
엄마가 아이에게 담요를 덮어주었다.

숙어 **a wet blanket** 흥을 깨는 사람

425

closet
[klázit]
명 벽장, 옷장

▶ a **closet** full of ~로 가득 찬 벽장

▷ The actress has **a closet full of** new clothes.
그 여배우의 옷장은 새 옷들로 가득하다.

비교 **built-in wardrobe** 붙박이 장

426

clothes
[klouz]

명 옷

▶ wear new **clothes** 새 옷을 입다

▷ I **wore new** fashionable **clothes** for the party.
난 그 파티에 가기 위해 유행하는 새 옷을 입었다.

Tip wear[put on] clothes 옷을 입다 ↔ take off clothes 옷을 벗다

비교 cloth 천, 옷감 / clothing 〈집합적〉 의류

427

board
[bɔːrd]

명 ① **판자,** 칠판, 게시판

② **위원회,** 이사회

동 탑승하다

▶ on the **board** 게시판에

▷ I've put up a list of candidates **on the board**.
내가 게시판에 후보자들의 명단을 붙여놓았다.

▶ a **board** member 임원(이사회의 일원)

▶ **board** a plane 비행기에 탑승하다

참고 aboard 부 전 (배 · 비행기 등에) 탄, 탑승한

428

comb
[koum]

동 **빗다,** 빗질하다

▶ **comb** one's hair 머리 빗다

▷ Sandra **combed her hair** and put on some lipstick.
산드라는 머리를 빗고 나서 립스틱을 발랐다.

429

candle
[kǽndl]

명 **촛불,** 양초

▶ light a **candle** 촛불을 켜다

▷ Her boyfriend **lit the candles** on the cake.
그녀의 남자 친구가 케이크에 있는 촛불에 불을 붙였다.

숙어 candle in the wind 매우 위태로운 상황(풍전등화)

430

vase
[veis]

명 꽃병

▶ a **vase** of flowers 꽃이 들어있는 꽃병

▷ The room is decorated with **a vase of flowers**.
그 방은 꽃이 들어있는 꽃병으로 장식되었다.

431

address
[ədrés]
명 ① 주소
　② 연설(= speech)

▶ write one's name and **address** 이름과 주소를 쓰다

▶ deliver an **address** 연설하다

▷ The President **delivered an address** at the opening ceremony. 대통령이 개막식에서 연설했다.

432

homesick
[hóumsìk]
형 향수병을 앓는,
　고향을 그리워하는

▶ feel **homesick** 고향이 그리워지다

▷ As I read my mother's letter, I began to **feel** more and more **homesick**.
엄마의 편지를 읽자 난 점점 더 고향이 그리워지기 시작했다.

명 homesickness 향수병

433

hometown
[hóumtaun]
명 고향

▶ return to one's **hometown** 고향으로 돌아오다

▷ The former president **returned to her hometown** to spend her later years.
그 전직 대통령은 노후를 보내기 위해 고향으로 돌아왔다.

434

telephone
[téləfòun]
명 전화(= phone)

동 전화를 걸다

▶ order over the **telephone** 전화로 주문하다

▷ You can **order** the chicken **over the telephone**.
치킨을 전화로 주문하실 수 있습니다.

▶ **telephone** the police 경찰에 전화를 걸다

숙어 be on the telephone (사람이) 통화 중이다

435

hut
[hʌt]
명 오두막(집), 움막

▶ a wooden **hut** 나무로 만든 오두막집

▷ The family lives **in a wooden hut** in the forest.
그 가족은 숲속 오두막집에 산다.

비교 cottage (시골에 있는) 작은 집

436

leak
[liːk]

图 (액체 · 기체가) **새다**

图 누수, 누출

▶ **leak** from the pipe 파이프에서 새다

▷ As water is **leaking from the pipe**, I need to call a plumber.
파이프에서 물이 새고 있기 때문에 배관공을 불러야 되겠어.

▶ a gas **leak** 가스 누출

图 leakage 누수, 누출

437

laundry
[lɔ́ːndri]

图 세탁(물), 세탁소

▶ do the **laundry** 세탁하다, 빨래하다

▷ Jenny **did the laundry** and hung it out to dry.
제니는 빨래를 하고 나서 말리기 위해 밖에 내다 걸었다.

图 launderer 세탁하는 사람

참고 washing machine 세탁기

438

swing
[swiŋ]

图 그네

图 흔들(리)다

▶ play on the **swings** 그네를 타다

▶ **swing** a bag 가방을 흔들다

▷ The little girl was **swinging her bag** back and forth.
그 여자 아이는 가방을 앞뒤로 흔들고 있었다.

시제변화 swing - swung - swung

439

umbrella
[ʌmbrélə]

图 우산

▶ put up an **umbrella** 우산을 쓰다

▷ It started to rain, so I **put up an umbrella**.
비가 오기 시작해서 난 우산을 썼다.

440

sidewalk
[sáidwɔ̀ːk]

图 (포장된) 인도, 보도

▶ on the **sidewalk** 인도에

▷ Motorcycles are not allowed **on the sidewalk**.
오토바이들은 인도로 다닐 수 없다.

Tip 인도 : sidewalk 〈미국〉, pavement 〈영국〉

비교 crosswalk 횡단보도

DAY 11 - CHECK UP TEST

A 다음 단어들을 올바르게 연결해보세요.

1 **bell** ·	· 계단	
2 **wall** ·	· 그림물감	
3 **yard** ·	· 베개	
4 **stair** ·	· 종	
5 **swing** ·	· 주소	
6 **paint** ·	· 벽	
7 **pillow** ·	· 우산	
8 **roof** ·	· 흔들다	
9 **address** ·	· 마당, 뜰	
10 **umbrella** ·	· 지붕	

1 옷 ·	· hometown
2 병 ·	· dinner
3 유리 ·	· window
4 고향 ·	· bottle
5 창문 ·	· clothes
6 저녁식사 ·	· floor
7 눕다 ·	· glass
8 촛불 ·	· telephone
9 전화 ·	· lie
10 층 ·	· candle

C 다음 문장에 맞는 단어를 써넣으세요.

plate / **jar** / **refrigerator** / **lie** / **rest** / **board** / **laundry**

1 My boss cancelled the meeting and took a _____.

2 I had a salad and a _____ of spaghetti for dinner.

3 The child secretly ate an entire _____ of honey.

4 I've put up a list of candidates on the _____.

5 You'd better _____ on the bed in the corner until you feel better.

6 Don't forget to put the milk in the _____.

7 Jenny did the _____ and hung it out to dry.

B 다음 중 올바른 뜻을 고르세요.

1	**comb**	□ 빗다	□ 쓸다	1	담요	□ blank	□ blanket
2	**tray**	□ 쟁반	□ 재떨이	2	벽장	□ closed	□ closet
3	**hut**	□ 오두막집	□ 여관	3	위원회	□ boarding	□ board
4	**laundry**	□ 세탁	□ 청소	4	(꿀) 단지	□ jar	□ bowl
5	**basement**	□ 기초	□ 지하층	5	향수병을 앓는	□ homestead	□ homesick
6	**plate**	□ 쟁반	□ 접시	6	누수, 누출	□ leak	□ lick
7	**rest**	□ 휴식	□ 휴가	7	꽃병	□ bottle	□ vase
8	**sidewalk**	□ 차도	□ 인도	8	냉장고	□ refresher	□ refrigerator
9	**soap**	□ 부드러움	□ 비누	9	냄비, 팬	□ fan	□ pan
10	**fence**	□ 울타리	□ (동물)우리	10	사발, 그릇	□ bowl	□ basin

D 다음 문장에 맞는 단어를 써넣으세요.

1 He was _____ because he was a long way from his parents and friends in his hometown.

ⓐ sore   ⓑ missing   ⓒ serious   ⓓ homesick

2 We have to tighten security so that important information doesn't _____ out.

ⓐ leak   ⓑ forget   ⓒ send   ⓓ give

3 I took the math exam yesterday. The first question was difficult, but the _____ were pretty easy.

ⓐ end   ⓑ answer   ⓒ rest   ⓓ problem

가족과 음식

오늘 학습할 '가족과 음식'에 관한 필수 단어입니다. 눈으로 스캔하며 모르거나 헷갈리는 단어에 체크하세요.

● 가족 관계

- ☐ **ancestor** 조상
- ☐ **marry** ~와 결혼하다
- ☐ **husband** 남편
- ☐ **daughter** 딸
- ☐ **uncle** 삼촌
- ☐ **aunt** 고모
- ☐ **cousin** 사촌
- ☐ **nephew** 조카
- ☐ **adopt** ① 채택하다 ② 입양하다
- ☐ **familiar** 친숙한

● 맛의 종류

- ☐ **fresh** 신선한
- ☐ **appetite** 식욕
- ☐ **delicious** 맛있는
- ☐ **swallow** 삼키다
- ☐ **salt** 소금
- ☐ **sugar** 설탕
- ☐ **sweet** 달콤한
- ☐ **sour** 신
- ☐ **bitter** 쓴
- ☐ **rotten** 썩은

● 식사 시간

- ☐ **breakfast** 아침 식사
- ☐ **supper** 저녁 식사
- ☐ **chopstick** 젓가락
- ☐ **fork** 포크
- ☐ **knife** 칼
- ☐ **meat** 고기
- ☐ **pork** 돼지고기
- ☐ **chew** 씹다
- ☐ **loaf** (빵의) 한 덩어리
- ☐ **bite** 물다

● 음식과 문화

- ☐ **eat** 먹다
- ☐ **feed** 먹이를 주다
- ☐ **dish** 접시
- ☐ **recipe** 조리법
- ☐ **beer** 맥주
- ☐ **mankind** 인류
- ☐ **folk** 사람들
- ☐ **village** 마을
- ☐ **community** 공동체
- ☐ **court** 법원

441

ancestor
[ǽnsestər]

몡 조상

▶ worship **ancestors** 조상들을 숭배하다

▷ Korean people have a tradition of **worshipping** their **ancestors**. 한국인들은 조상들을 숭배하는 전통을 갖고 있다.

반 descendant 자손, 후손

442

marry
[mǽri]

통 ~와 결혼하다

▶ **marry** a doctor 의사와 결혼하다

▷ My daughter **married a** wealthy **doctor** last year. 우리 딸이 작년에 돈 많은 의사와 결혼했다.

몡 marriage 결혼

Tip **marry**는 타동사 : '그와 결혼하다' marry with him (X) → marry him (O)

443

husband
[hʌ́zbənd]

몡 남편

▶ **husband** and wife 남편과 아내

▷ They have lived together as **husband and wife** for almost **50 years**. 그들은 거의 50년 동안 부부로 살아왔다.

반 wife 아내

참고 spouse 배우자

444

daughter
[dɔ́ːtər]

몡 딸

▶ have a **daughter** 딸이 있다

▷ I have two sons but I want to have a cute **daughter**. 아들 둘이 있지만 귀여운 딸 하나 갖고 싶어.

반 son 아들   참고 granddaughter 손녀

비교 daughter-in-law 며느리 / son-in-law 사위

445

uncle
[ʌ́ŋkl]

몡 삼촌, 외삼촌, 고모[이모]부

▶ stay with my **uncle** 삼촌 집에서 지내다

▷ I went to **stay with my uncle** for a few days during summer vacation. 나는 여름 방학 동안 삼촌 집에 며칠 지내러 갔다.

aunt
[ænt]

명 고모, 이모, (외)숙모

- ▶ visit one's **aunt** 이모를 찾아가다
- ▷ We'll **visit our aunt** in Australia this winter.
  우린 이번 겨울에 호주에 살고 계신 이모를 찾아 뵐거야.

cousin
[kʌ́zn]

명 사촌

- ▶ a distant **cousin** (가깝게 지내지 않는) 먼 사촌
- ▷ A near neighbor is better than **a distant cousin**.
  가까운 이웃이 먼 사촌보다 낫다.

nephew
[néfjuː]

명 조카

- ▶ look after one's **nephew** 조카를 돌보다
- ▷ I have to **look after my nephew** this afternoon.
  나 오늘 오후에 조카 돌봐야 돼.

day
12

adopt
[ədápt]

동 ① 채택하다
　 ② 입양하다

- ▶ **adopt** an informal method 비공식적인 방법을 채택하다
- ▷ The committee ignored the national tradition and decided to **adopt an informal method**.
  그 위원회는 국가적 전통을 무시하고 비공식적인 방법을 채택하기로 결정했다.
- ▶ **adopt** an orphan 고아를 입양하다

비교 **adapt** ① 적응하다[시키다] ② 개작하다

familiar
[fəmíljər]

형 ① 친숙한
　 ② 정통한, 잘 알고 있는

- ▶ A is **familiar to** B A는 B에게 친숙하다
- ▷ General Lee Sun-shin **is familiar to** Korean people.
  이순신 장군은 한국 사람들에게 친숙하다.
- ▶ A is **familiar with** B A는 B를 잘 알고 있다

husband — wife　son — daughter　uncle — aunt — cousin — nephew — niece

451

fresh
[freʃ]

형 신선한, 새로운

▶ **fresh** fruit 신선한 과일

▷ I'm fond of eating **fresh fruits** in season to maintain my health. 나는 건강 유지를 위해 신선한 제철 과일을 먹는 것을 좋아한다.

명 freshness 신선함, 새로움

참고 freshman 신입생

비교 flesh 살, 고기

452

appetite
[ǽpətàit]

명 식욕, 욕구

▶ stimulate **appetite** 식욕을 자극하다

▷ The delicious smell from the kitchen **stimulated** my **appetite**. 부엌에서 나는 맛있는 냄새가 내 식욕을 자극했다.

명 appetizer 식욕을 돋우는 음식, 애피타이저

453

delicious
[dilíʃəs]

형 맛있는

▶ a **delicious** cake 맛있는 케이크

▷ This is **the** most **delicious cake** I have ever eaten. 이 케이크는 내가 이제껏 먹어본 것 중 가장 맛있다.

454

swallow
[swálou]

동 삼키다

▶ **swallow** food 음식을 삼키다

▷ Always chew well before **swallowing food**. 항상 음식을 삼키기 전에는 잘 씹어라.

비교 swallow 제비

455

salt
[sɔːlt]

명 소금

▶ add **salt** 소금을 넣다

▷ **Add salt** to flour, stir well and then make dough. 밀가루에 소금을 넣고 잘 저은 후 반죽을 만드세요.

형 salty (맛이) 짠

sugar
[ʃúgər]

[명] 설탕

▸ take **sugar** in coffee 커피에 설탕을 넣다

▷ Do you **take sugar in your coffee**?
커피에 설탕 넣으세요?

참고 sugar-free 무설탕의

---

sweet
[swiːt]

[형] 달콤한, 단

▸ **sweet** candy 달콤한 사탕

▷ If you eat too many **sweet candies**, your teeth will decay.
단 사탕을 너무 많이 먹으면 네 이빨 썩는다.

숙어 have a sweet tooth 단 것을 좋아하다

비교 sweat 땀

day **12**

---

sour
[sauər]

[형] (맛이) 신

▸ a **sour** taste 신 맛

▷ The lemon has **a sour taste** of its own.
레몬은 특유의 신 맛을 갖고 있다.

비교 soul 영혼
soar 치솟다

---

bitter
[bítər]

[형] ① 쓴
② (감정이) 쓰라린, 억울한

▸ have a **bitter** taste 맛이 쓰다

▸ a **bitter** experience 쓰라린 경험

▷ Losing the final game was **a bitter experience** for the team.
결승전에서 패한 것은 그 팀에게 쓰라린 경험이었다.

[명] bitterness 쓴맛

---

rotten
[rátn]

[형] 썩은, 부패한

▸ **rotten** meat 썩은 고기

▷ She held her nose because of the smell of **rotten meat**.
그녀는 고기 썩은 냄새 때문에 코를 막았다.

[동] rot 썩다

시제변화 rot - rotted - rotted

461

breakfast
[brékfəst]

명 아침 식사

▶ have **breakfast** 아침 먹다

▷ Did you **have breakfast** before you left?
너 아침 먹고 나왔니?

Tip lunch 점심 식사 / dinner, supper 저녁 식사

462

supper
[sʌ́pər]

명 저녁 식사

▶ come to **supper** 저녁 식사에 오다

▷ My friend invited me to **come to supper** and stay the night.
내 친구가 와서 저녁 먹고 하룻밤 묵어가라고 나를 초대했다.

463

chopstick
[tʃɑ́:pstik]

명 젓가락

▶ eat with **chopsticks** 젓가락으로 먹다

▷ Korean people **eat** many kinds of food **with chopsticks**.
한국 사람들은 많은 종류의 음식을 젓가락으로 먹는다.

Tip 항상 복수형 chopsticks으로 씀

참고 chop (토막으로) 썰다
stick 막대기, 나무토막

464

fork
[fɔːrk]

명 포크

▶ use a **fork** 포크를 사용하다

▷ Don't eat with your fingers and **use your fork** when you eat food. 음식을 먹을 때는 손으로 먹지 말고 포크를 사용해라.

비교 folk 사람들

465

knife
[naif]

명 칼, 나이프

▶ cut with a **knife** 칼로 썰다

▷ The chef **cut** meat and vegetables **with a knife**.
그 요리사는 고기와 야채를 칼로 썰었다.

복수 knives 칼들

비교 sword (무기용) 칼, 검

466

meat
[miːt]

명 고기

▶ grill **meat** 고기를 굽다

▷ Our family is planning to **grill meat** at this picnic.
우리 가족은 이번 소풍에서 고기를 구워먹을 계획이야.

467

pork
[pɔːrk]

명 돼지고기

▶ roast **pork** 구운 돼지고기

▷ We had **roast pork** and fresh vegetables for supper.
우리는 저녁 식사 때 구운 돼지고기와 신선한 야채를 먹었다.

비교 beef 소고기

468

chew
[tʃuː]

동 씹다

▶ **chew** meat 고기를 씹다

▷ This meat's so tough that I can hardly **chew it**!
이 고기는 너무 질겨서 잘 씹히지 않아!

Tip **gum** '검'의 정식 명칭이 **chewing gum** '씹는 검'

469

loaf
[louf]

명 (빵의) **한 덩어리**

▶ a **loaf** of bread 빵 한 덩어리

▷ The baker sliced **a loaf of bread**.
제빵사가 빵 한 덩어리를 얇게 썰었다.

복수 **loaves** 덩어리들 : two loaves of bread 빵 두 덩어리

470

bite
[bait]

동 물다, 베어 물다

명 (입으로) 물기, 한 입

▶ be **bitten** by mosquitoes 모기에 물리다

▷ Our children **were** badly **bitten by mosquitoes** while camping. 우리 아이들이 캠핑에서 모기에 심하게 물렸다.

▶ take several **bites** 몇 입 먹다

시제변화 bite - bit - bitten

471

eat
[iːt]

동 먹다

- have something to **eat** 먹을 것이 있다
- ▷ The beggar asked me if I have **something to eat**.
  그 거지는 나에게 먹을 것이 있는지 물어보았다.

숙어 eat out 외식하다 / eat up 다 먹다

시제변화 eat - ate - eaten

472

feed
[fiːd]

동 먹이를 주다

- **feed** a cow 소에게 먹이를 주다
- ▷ We need farmland to raise and **feed cows**.
  우리는 소를 키우고 먹이를 줄 농지가 필요하다.

숙어 feed on ~를 먹고 살다

시제변화 feed - fed - fed

473

dish
[diʃ]

명 ① 접시(= plate)
　② 요리

- do the **dishes** 설거지하다
- the main **dish** 주요리
- ▷ **The main dish** was roasted beef, and it was served with a side dish.
  주요리는 구운 쇠고기고 곁들인 요리와 함께 제공되었다.

474

recipe
[résəpi]

명 조리법, 요리법

- a **recipe for** chicken soup 닭고기 스프 조리법
- ▷ I learned **a recipe for chicken soup** from my mother.
  난 엄마한테 닭고기 스프 만드는 법을 배웠다.

475

beer
[biər]

명 맥주

- a glass of **beer** 맥주 한 잔
- ▷ The writer drank **a glass of beer** to alter her mood.
  그 작가는 기분 전환을 위해 맥주를 한 잔 마셨다.

참고 beer belly 똥배

476

mankind
[mænkáind]

명 **인류**(= humankind)

▶ the history of **mankind** 인류 역사

▷ The moon landing was one of the most important events in **the history of mankind**.
달 착륙은 인류 역사상 가장 중요한 사건들 중 하나였다.

477

folk
[fouk]

명 **사람들**(= people)

▶ young **folks** 젊은 사람들

▷ **Young folks** these days don't know the meaning of economy.
요즘 젊은 사람들은 절약의 의미를 모른다.

Tip 사람들 : folk〈영국〉, folks〈미국〉

478

village
[vílidʒ]

명 **마을**

▶ a little fishing **village** 작은 어촌 마을

▷ I had a peaceful childhood in **a little fishing village**.
난 작은 어촌 마을에서 평화로운 어린 시절을 보냈다.

479

community
[kəmjúːnəti]

명 (같은 지역) 사람들, **공동체**

▶ the local **community** 지역 공동체[사회]

▷ A festival is a great way for **the local community** to get together.
축제는 지역 공동체를 한 데 모이게 만드는 훌륭한 방법이다.

480

court
[kɔːrt]

명 ① **법원**, 법정
② 궁정, 궁중
③ 경기장, 코트

▶ the Supreme **Court** 대법원

▷ **The Supreme Court** has not yet decided on the murder case. 대법원은 아직 그 살인 사건에 대해 결정(판결)을 내리지 않았다.

▶ go to **court** 입궐하다

▶ a tennis **court** 테니스 코트

참고 food court 푸드 코트 : 여러 식당들이 모여 있는 구역

DAY 12 - CHECK UP TEST

A 다음 단어들을 올바르게 연결해보세요.

1	**meat** ·	· 남편	1 설탕 ·	· delicious
2	**appetite** ·	· 삼촌	2 먹다 ·	· salt
3	**knife** ·	· 신선한	3 결혼하다 ·	· sugar
4	**breakfast** ·	· 식욕	4 맥주 ·	· eat
5	**court** ·	· 썩은	5 소금 ·	· sweet
6	**bite** ·	· 고기	6 맛있는 ·	· marry
7	**fresh** ·	· 칼	7 달콤한 ·	· familiar
8	**husband** ·	· (베어) 물다	8 (맛이) 쓴 ·	· daughter
9	**rotten** ·	· 법원	9 딸 ·	· beer
10	**uncle** ·	· 아침식사	10 친숙한 ·	· bitter

C 다음 문장에 맞는 단어를 써넣으세요.

---

bitten / **court** / **bitter** / **rotten** / **swallow** / **recipe** / **appetite**

---

1 I learned a _____ for chicken soup from my mother.

2 She held her nose because of the smell of _____ meat.

3 Our children were badly _____ by mosquitoes while camping.

4 Always chew well before _____ing food.

5 Losing the final game was a _____ experience for the team.

6 The Supreme _____ has not yet decided on the murder case.

7 The delicious smell from the kitchen stimulated my _____.

B 다음 중 올바른 뜻을 고르세요.

1	**swallow**	☐ 마시다	☐ 삼키다	1	**조카**	☐ nephew	☐ niece
2	**supper**	☐ 시달리다	☐ 저녁식사	2	**사촌**	☐ uncle	☐ cousin
3	**ancestor**	☐ 조상	☐ 자손	3	**이모**	☐ ant	☐ aunt
4	**adopt**	☐ 채택하다	☐ 적용하다	4	**(맛이) 신**	☐ bitter	☐ sour
5	**recipe**	☐ 영수증	☐ 조리법	5	**포크**	☐ folk	☐ fork
6	**feed**	☐ 먹이를 먹다	☐ 먹이를 주다	6	**사람들**	☐ folk	☐ pork
7	**loaf**	☐ 한 덩어리	☐ 한 묶음	7	**요리**	☐ food	☐ dish
8	**chew**	☐ 씹다	☐ (베어) 물다	8	**공동체**	☐ village	☐ community
9	**mankind**	☐ 인간	☐ 인류	9	**마을**	☐ city	☐ village
10	**chopstick**	☐ 젓가락	☐ 막대기	10	**돼지고기**	☐ beef	☐ pork

D 다음 문장에 맞는 단어를 써넣으세요.

1 You need to _____ your food thoroughly before swallowing.

ⓐ bite   ⓑ chew   ⓒ eat   ⓓ suck

2 Don't spoil your _____ by eating between meals.

ⓐ delight   ⓑ recipe   ⓒ desire   ⓓ appetite

3 Young people who feel a sense of _____ in the area have positive contact with their neighbours.

ⓐ adventure   ⓑ duty   ⓒ community   ⓓ security

인체

body

오늘 학습할 '인체'에 관한 필수 단어입니다. 눈으로 스캔하며 모르거나 헷갈리는 단어에 체크하세요.

● 얼굴과 관련된 것들

- □ **blind** 눈 먼
- □ **chin** 턱
- □ **whisker** 수염
- □ **cheek** 볼
- □ **neck** 목
- □ **thirsty** 목마른
- □ **tongue** 혀
- □ **voice** 목소리
- □ **deaf** 귀가 먹은
- □ **dumb** 벙어리의

● 몸과 관련된 동사들

- □ **laugh** 웃다
- □ **hear** 듣다
- □ **cough** 기침하다
- □ **sneeze** 재채기하다
- □ **smell** 냄새
- □ **snore** 코를 골다
- □ **breathe** 숨 쉬다
- □ **shrug** 으쓱하다
- □ **nod** 끄덕이다
- □ **recover** 회복하다

● 인체의 각 부위

- □ **face** 얼굴
- □ **hand** 손
- □ **wrist** 손목
- □ **nail** 손톱
- □ **arm** 팔
- □ **shoulder** 어깨
- □ **chest** 가슴
- □ **breast** (여자의) 가슴
- □ **stomach** 위
- □ **knee** 무릎

● 몸을 이루는 것들

- □ **bone** 뼈
- □ **heart** 심장
- □ **blood** 피
- □ **pulse** 맥박
- □ **skin** 피부
- □ **muscle** 근육
- □ **weight** 무게
- □ **fat** 뚱뚱한
- □ **hungry** 배고픈
- □ **sick** 아픈

481

blind
[blaind]

형 눈 먼, 못 보는

▶ go **blind** 눈이 멀다

▷ The genius artist started to **go blind** in his forties.
그 천재 예술가는 40대에 눈이 멀기 시작했다.

Tip **color-blind** 색맹의

참고 **deaf** 귀가 먹은

482

chin
[tʃin]

명 (얼굴의) 턱

▶ keep one's **chin** up 용기를 잃지 않다

▷ He's still **keeping his chin up** despite all his health problems. 그는 모든 건강 문제들에도 불구하고 용기를 잃지 않았다.

비교 **jaw** (귀 밑의 양쪽 옆) 턱

483

whisker
[wískər]

명 수염(= beard)

▶ shave off one's **whiskers** 수염을 깎다

▷ Jacob has decided to **shave off his whiskers**.
제이콥은 (길렀던) 수염을 깎기로 결정했다.

Tip **grow whiskers** 수염을 기르다

484

cheek
[tʃiːk]

명 볼, 뺨

▶ a kiss on the **cheek** 볼에 하는 키스

▷ **A kiss on the cheek** means that there is curiosity and romantic interest.
볼에 키스하는 것은 호기심과 연애에 대한 관심이 있다는 것을 의미한다.

485

neck
[nek]

명 목

▶ a scarf around her **neck** 그녀의 목에 두른 스카프

▷ Emma likes to wear **a scarf around her neck**.
엠마는 목에 스카프 두르는 것을 좋아한다.

참고 **necklace** 목걸이

486

thirsty
[θə́ːrsti]

형 목마른, 갈증 나는

▶ hot and **thirsty** 덥고 목이 마른

▷ He'd been working in the garden and was **hot and thirsty**.
정원에서 일을 하고 나니 그는 덥고 목이 말랐다.

명 thirst 목마름, 갈증

487

tongue
[tʌŋ]

명 ① 혀
　② 언어(= language)

▶ stick out one's **tongue** 혀를 내밀다

▶ a mother **tongue** 모국어

▷ I tried speaking to her in **her mother tongue**.
난 그녀의 모국어로 그녀에게 말을 걸어보았다.

Tip **click one's tongue** 혀를 차다(쯧쯧..)

day
13

488

voice
[vɔis]

명 목소리

▶ recognize her **voice** 그녀의 목소리를 알아차리다

▷ I **recognized her voice** instantly in the distance.
나는 멀리서 그녀의 목소리를 즉시 알아차렸다.

형 vocal 목소리의

489

deaf
[def]

형 귀가 먹은,
　청각 장애가 있는

▶ go **deaf** 귀가 먹다(잘 안 들리다)

▷ I think my grandmother's **going** a bit **deaf**.
할머니께서 귀가 잘 안 들리시는 것 같아.

통 deafen 귀를 먹먹하게 하다

Tip **tone-deaf** 음치의

490

dumb
[dʌm]

형 ① 벙어리의, 말을 못 하는
　② 멍청한, 바보 같은

▶ deaf and **dumb** 귀머거리이고 벙어리의

▷ The pianist has been **deaf and dumb** since birth.
그 피아니스트는 태어날 때부터 귀머거리에 벙어리였다.

▶ a **dumb** idea 바보 같은 생각

491

laugh
[læf]

동 (소리 내어) **웃다**

명 **웃음**

▶ **laugh** loud 크게 웃다

▷ First of all, **laughing loud** is good for your health.
우선 크게 웃는 것은 건강에 좋아요.

▶ give me a **laugh** 나를 웃기다

명 laughter 웃음

비교 smile (소리 내지 않고) 웃다, 미소 짓다

492

hear
[hiər]

동 **듣다, 들리다**

▶ **hear** them quarrelling 그들이 다투는 소리를 듣다

▷ I could **hear them quarrelling** noisily outside.
그들이 밖에서 시끄럽게 다투고 있는 소리가 들렸다.

명 hearing 청력, 청각

시제변화 hear - heard - heard

493

cough
[kɔːf]

동 **기침하다**

명 **기침**

▶ **cough** violently 심하게 기침하다

▶ have a **cough** 기침하다

▷ I **have a cough** and a sore throat with a cold.
감기에 걸려 기침이 나고 목이 아프다.

494

sneeze
[sniːz]

동 **재채기하다**

명 재채기

▶ make him **sneeze** 그를 재채기 나게 하다

▷ Cats **make him sneeze** - I think he's allergic to the fur.
고양이가 있으면 그는 재채기를 해. 내 생각엔 그가 털 알레르기가 있는 것 같아.

▶ give a **sneeze** 재채기 하다

495

smell
[smel]

명 **냄새**

동 **냄새를 맡다**

▶ a delicious **smell** 맛있는 냄새

▷ The kitchen was filled with a delicious smell.
부엌이 맛있는 냄새로 가득 찼다.

▶ **smell** the flowers 꽃 냄새를 맡다

496

snore
[snɔːr]

图 .코를 골다

▶ **snore** loudly 코를 크게 골다

▷ My husband sometimes **snores** so **loudly** that it keeps me awake all night.
우리 남편이 가끔 너무 크게 코를 골아서 난 밤새 잠을 못 잔다.

497

breathe
[briːð]

图 숨 쉬다, 호흡하다

▶ **breathe** hard 숨을 헐떡거리다

▷ He was **breathing hard** after running.
그는 달리기를 한 후 숨을 헐떡거리고 있었다.

图 breath 숨, 입김

숙어 take one's breath away (너무 예뻐·대단해) 숨이 멎을 정도다

비교 sigh 한숨 (쉬다)

498

shrug
[ʃrʌg]

图 (어깨를) 으쓱하다

▶ **shrug** one's shoulders 어깨를 으쓱하다

▷ 'I don't know.' Tommy replied, **shrugging his shoulders**.
'난 모르겠어.' 타미는 어깨를 으쓱이며 대답했다.

499

nod
[nad]

图 (고개를) 끄덕이다

▶ **nod** one's head 고개를 끄덕이다

▷ She **nodded her head** when I asked her if she was ready.
내가 준비되었냐고 물어보자 그녀는 나에게 고개를 끄덕였다.

500

recover
[rikʌ́vər]

图 ① 회복하다
　② 되찾다

▶ **recover** from an injury 부상에서 회복하다

▷ It was a miracle that the soccer player **recovered from an** ankle **injury**.
그 축구선수가 발목 부상에서 회복된 것은 기적이었다.

▶ **recover** one's health 건강을 되찾다

图 recovery 회복

501

face
[feis]

® ① 얼굴

② (방향의) 면, 표면

® 직면하다

▶ a smiling **face** 웃는 얼굴

▶ climb the north **face** of the mountain 그 산의 북쪽 면을 오르다

▶ be **faced with** a crisis 위기에 직면하다

▷ The large company **is faced with a** financial **crisis**.
그 대기업은 재정적 위기에 직면해있다.

® facial 얼굴의

502

hand
[hænd]

® 손

® 건네주다(= pass)

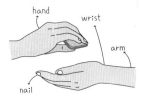

▶ hold one's **hand** 손을 잡고 있다

▷ You have to **hold my hand** when we cross the road.
길 건널 때는 내 손을 잡고 있어야 한다.

▶ **hand** me the bill 나에게 계산서를 건네주다

숙어 give me a hand 나를 도와주다

Tip clock시계 에서 hand는 (시계) 바늘

→ hour hand 시침 / minute hand 분침 / second hand 초침

503

wrist
[rist]

® 손목, 팔목

▶ sprain one's **wrist** 손목을 삐다

▷ My husband **sprained his wrist** playing tennis yesterday.
우리 남편 어제 테니스 치다가 손목을 삐었어.

비교 ankle 발목

504

nail
[neil]

® ① 손톱, 발톱

② 못

▶ get my **nails** done 네일아트 받다

▷ I **get my nails done** at the beauty salon every other week.
난 2주에 한 번씩 미용실에 가서 네일아트를 받는다.

▶ hammer a **nail** into the wall 벽에 못을 박다

숙어 hit the nail on the head 정확히 맞는 말을 하다

505

arm
[a:rm]

명 ① 팔

② 《-s》 무기(= weapon)

▶ grab him by the **arm** 그의 팔을 붙잡다

▶ the **arms** trade 무기 거래

▷ The government has banned **the arms trade**.
정부는 무기 거래를 금지했다.

506

shoulder
[ʃóuldər]

명 어깨

▶ carry ~ on one's **shoulders** ~를 어깨 위에 태우다

▷ He lifted the child and **carried him on his shoulders**.
그는 아이를 들어 올려 어깨 위에 무등 태웠다.

507

chest
[tʃest]

명 ① 가슴, 흉부

② (나무) 상자(= box)

▶ **chest** pains 가슴 통증

▷ The patient has been complaining of **chest pains**.
그 환자는 가슴 통증을 호소해왔다.

▶ be packed into **chests** 상자들 속에 꽉 들어차다

508

breast
[brest]

명 (여자의) 가슴, 유방

▶ **breast** milk 모유

▷ A mother's **breast milk** is best for a baby.
엄마의 모유가 아기에게는 가장 좋다.

509

stomach
[stʌ́mək]

명 위, 배(= tummy)

▶ an empty **stomach** 빈속, 공복

▷ It's not a good idea to drink on **an empty stomach**.
빈속에 술을 마시는 것은 좋은 생각이 아니다.

Tip **stomachache** 위통, 복통

510

knee
[ni:]

명 무릎

▶ skin one's **knee** 무릎이 까지다

▷ He fell and **skinned his knees** climbing down the mountain.
그는 산을 내려오다 넘어져 무릎이 까졌다.

시제변화 **kneel**(무릎을 꿇다) - knelt - knelt

비교 **lap** (앉았을 때 양 다리위 넓적한 부분의) 무릎

511

bone
[boun]

명 뼈

▶ break a **bone** 뼈가 부러지다

▷ My son **broke a bone** in his left arm going down the slide.
우리 아들이 미끄럼틀을 타다 왼팔 뼈가 부러졌어.

Tip a fish bone 생선 가시

참고 backbone 등뼈, 척추

512

heart
[haːrt]

명 ① 심장

② 마음, 감정

▶ a **heart** attack 심장마비

▷ The president of the company died of **a** sudden **heart attack.** 그 회사의 회장은 갑작스런 심장마비로 죽었다.

▶ his **heart** full of confidence 자신감이 가득찬 그의 마음

참고 lung 폐

513

blood
[blʌd]

명 피

▶ lose **blood** 피를 흘리다

▷ The victim **lost** a lot of **blood** in the accident.
그 피해자는 그 사고에서 많은 피를 흘렸다.

동 bleed 피를 흘리다, 피가 나다

속담 Blood is thicker than water. 피는 물보다 진하다.

514

pulse
[pʌls]

명 맥박

▶ take one's **pulse** ~의 맥박을 재다

▷ The nurse **took the patient's pulse** and blood pressure.
간호사가 그 환자의 맥박과 혈압을 쟀다.

515

skin
[skin]

명 ① 피부

② (동물의) 껍질, 가죽

▶ sensitive **skin** 민감한 피부

▷ I recommend this mild cream for your **sensitive skin.**
피부가 민감하시니 이 순한 크림을 권해드릴게요.

▶ a tiger **skin** 호랑이 가죽

516

muscle
[mʌ́sl]

명 근육

▶ build **muscle** 근육을 키우다

▷ My boyfriend started lifting weights to **build muscle** in the gym.
내 남자친구는 근육을 키우기 위해 헬스클럽에서 역기를 들기 시작했다.

형 muscular 근육의, 근육질의

517

weight
[weit]

명 무게, 체중

▶ put on **weight** 살이 찌다

▷ My father's **put on weight** since he gave up smoking.
우리 아빠 담배 끊으신 후로 살찌셨어.

동 weigh 무게를 재다, 무게가 ~ 나가다

Tip gain weight 살이 찌다 ↔ lose weight 살 빠지다

day
13

518

fat
[fæt]

형 뚱뚱한, 살찐

명 지방

▶ get **fat** 살찌다

▷ You'll **get fat** if you eat all that chocolate.
너 그 쵸콜릿 다 먹으면 살찔 거야.

▶ food low in **fat** 지방 함량이 적은 음식

형 fat-free 무지방의

반 thin (몸이) 마른

519

hungry
[hʌ́ŋgri]

형 배고픈

▶ feel **hungry** 배가 고프다

▷ I always **feel hungry** when I get home from school.
학교에서 집에 돌아오면 난 항상 배가 고프다.

명 hunger 배고픔, 굶주림   반 full 배부른

520

sick
[sik]

형 ① 아픈(= ill)
② 토할 것 같은,
멀미가 나는

▶ be too **sick** to V 너무 아파서 ~하지 못하다

▷ I **was too sick to** go to school yesterday.
나 어제 너무 아파서 학교에 못 갔어.

▶ be **sick** and tired of ~에 진절머리가 나다

명 sickness ① 아픔, 병(= illness) ② 구토

A 다음 단어들을 올바르게 연결해보세요.

1	**hear** ·	· 기침하다	1	**뼈** ·	· fat
2	**hand** ·	· 무게, 체중	2	**수염** ·	· neck
3	**heart** ·	· 무릎	3	**턱** ·	· voice
4	**cough** ·	· 듣다	4	**뚱뚱한** ·	· shoulder
5	**blood** ·	· 숨 쉬다	5	**목** ·	· muscle
6	**hungry** ·	· 손	6	**혀** ·	· bone
7	**smell** ·	· 심장	7	**목소리** ·	· face
8	**breathe** ·	· 피	8	**어깨** ·	· tongue
9	**weight** ·	· 냄새	9	**근육** ·	· chin
10	**knee** ·	· 배고픈	10	**얼굴** ·	· whisker

C 다음 문장에 맞는 단어를 써넣으세요.

---

whisker / thirsty / recover / snore / shrug / nod / pulse

---

1 It was a miracle that the soccer player _____ed from an ankle injury.

2 She _____ded her head when I asked her if she was ready.

3 Jacob has decided to shave off his _____s.

4 'I don't know,' Tommy replied, _____ging his shoulders.

5 The nurse took the patient's _____.

6 He'd been working in the garden and was hot and _____.

7 My husband sometimes _____s so loudly that it keeps me awake all night.

B 다음 중 올바른 뜻을 고르세요.

1	**blind**	□ 눈 먼	□ (바람에) 날라 간
2	**dumb**	□ 귀가 먹은	□ 벙어리의
3	**recover**	□ 덮어두다	□ 회복하다
4	**wrist**	□ 손목	□ 발목
5	**stomach**	□ 배, 위	□ 등, 허리
6	**pulse**	□ 맥박	□ 흥분
7	**nod**	□ (고개를) 끄덕이다	□ (고개를) 가로젓다
8	**snore**	□ 코를 골다	□ 코를 흘리다
9	**thirsty**	□ 건조한	□ 목마른
10	**breast**	□ 가슴	□ 허벅지

1	귀가 먹은	□ dead	□ deaf
2	뺨, 볼	□ chin	□ cheek
3	재채기하다	□ sniff	□ sneeze
4	가슴, 흉부	□ chest	□ chess
5	어깨를 으쓱하다	□ shrug	□ shrink
6	못	□ nail	□ toe
7	토할 것 같은	□ ill	□ sick
8	(소리 내어) 웃다	□ smile	□ laugh
9	무기	□ arms	□ hands
10	피부	□ skin	□ skip

D 다음 문장에 맞는 단어를 써넣으세요.

1 I'm _____ of pizza - I had it three times this week already.

ⓐ weak   ⓑ ill   ⓒ sick   ⓓ bad

2 The government was selling _____ to other countries.

ⓐ arms   ⓑ legs   ⓒ bones   ⓓ knees

3 They warn that children who cannot yet speak their mother _____
properly may become confused if forced to learn a second language.

ⓐ word   ⓑ mouth   ⓒ speech   ⓓ tongue

자연

na
ture

오늘 학습할 '자연'에 관한 필수 단어입니다. 눈으로 스캔하며 모르거나 헷갈리는 단어에 체크하세요.

● 강과 바다

- **flow** 흐르다
- **lake** 호수
- **deep** 깊은
- **cool** 시원한
- **iceberg** 빙산
- **bay** 만(灣)
- **coast** 해안
- **beach** 해변
- **sand** 모래
- **island** 섬

● 날씨를 알려 드립니다!!

- **weather** 날씨
- **freeze** 얼다
- **shine** 빛나다
- **storm** 폭풍
- **blow** 불다
- **windy** 바람이 많이 부는
- **cloudy** 흐린
- **rainy** 비가 많이 오는
- **humid** (날씨가) 습한
- **fog** 안개

● 산과 들

- **mountain** 산
- **peak** 꼭대기
- **stone** 돌
- **marble** 대리석
- **coal** 석탄
- **hill** 언덕
- **continent** 대륙
- **prairie** 대초원
- **wild** 야생의
- **environment** 환경

● 지구와 자연

- **earth** ① 지구 ② 흙
- **hydrogen** 수소
- **Mars** 화성
- **planet** 행성
- **life** 생명
- **dawn** 새벽
- **sunrise** 해돋이
- **sunset** 해질녘
- **solar** 태양(열)의
- **light** 빛: 가벼운

521

flow
[flou]
동 흐르다

명 (계속되는) 흐름

▶ **flow** into the sea 바다로 흘러들어가다

▷ Rivers should be allowed to **flow into the sea**.
강은 흘러서 바다로 갈 수 있게 내버려 둬야 한다.

▶ improve traffic **flow** 교통 흐름을 개선하다

522

lake
[leik]
명 호수

▶ by the **lake** 호숫가에

▷ The wealthy man owns a beautiful villa **by the lake**.
그 돈 많은 남자는 호숫가의 아름다운 별장을 갖고 있다.

523

deep
[diːp]
형 깊은

▶ in **deep** water 깊은 물에서

▷ Annie is afraid of swimming **in deep water**.
애니는 깊은 물에서 수영하는 걸 무서워한다.

명 depth 깊이

524

cool
[kuːl]
형 ① 시원한
② 침착한, 냉정한
③ 멋진, 훌륭한

▶ drink **cool** water 시원한 물을 마시다

▶ keep **cool** 냉정함을 유지하다

▷ It is important to **keep cool** in a crisis.
위기에서 냉정함을 유지하는 것은 중요하다.

▶ I want to look **cool**. 나 멋져보이고 싶어.

숙어 as cool as a cucumber 아주 침착한

525

iceberg
[áisbəːrg]
명 빙산

▶ the tip of the **iceberg** 빙산의 일각

▷ The news is shocking but that is just **the tip of the iceberg**. 그 소식은 충격적이지만 그건 그저 빙산의 일각일 뿐이다.

참고 glacier 빙하

526

bay
[bei]

명 만(灣)

▶ a view of the **bay** 만의 경관

▷ The hotel commands **a fine view of the** beautiful **bay**.
그 호텔에서는 아름다운 만의 경관이 훤히 내려다보인다.

Tip 만(灣) : 바다가 육지 속으로 파고들어 와 있는 곳

527

coast
[koust]

명 해안 (지방)(= shore)

▶ drive along the **coast** 해안을 따라 운전하다

▷ I love to drive **along the coast**.
난 그 해안을 따라 운전하는 것을 아주 좋아한다.

528

beach
[bi:tʃ]

명 해변, 바닷가

▶ on the **beach** 해변에서

▷ We spent all day sunbathing **on the beach**.
우리는 하루 종일 해변에서 일광욕을 하며 보냈다.

529

sand
[sænd]

명 모래 (사장)

▶ play on the **sand** beach 모래 해변 위에서 놀다

▷ The children **played** all day **on the sand beach**.
그 아이들은 하루 종일 모래 해변 위에서 놀았다.

비교 **send** 보내다

530

island
[áilənd]

명 섬

▶ hundreds of thousands of **islands** 수십만 개의 섬들

▷ There are **hundreds of thousands of islands** in the
world. 세계에는 수십만 개의 섬들이 있다.

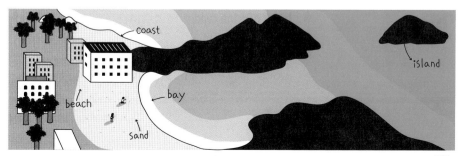

● 날씨를 알려 드립니다!!

531

weather
[wéðər]

명 날씨

▶ a **weather** forecast 일기 예보

▷ **The weather forecast** said it would be rainy all day.
일기예보에서 하루 종일 비가 올 것이라고 했다.

숙어 under the weather 몸이 안 좋은

비교 climate 기후

532

freeze
[friːz]

동 얼다, 얼리다

▶ **freeze** completely 완전히 얼다

▷ As it was 10 below zero, the water in the pond **froze completely**. 영하 10도여서 연못의 물이 완전히 얼었다.

시제변화 freeze - froze - frozen 반 melt 녹다, 녹이다

032

shine
[ʃain]

동 빛나다, 광택을 내다

▶ **shine** through the clouds 구름 사이로 빛나다

▷ The sun is **shining through the clouds**.
태양이 구름 사이로 빛나고 있다.

시제변화 shine(자 빛나다) - shone - shone

shine(타 광택을 내다) - shined - shined

534

storm
[stɔːrm]

명 폭풍, 폭풍우

▶ suffer damage from the **storm** 폭풍으로 인해 피해를 입다

▷ The coastal town **suffered** severe **damage from the storm**. 그 해안 마을은 폭풍으로 인해 큰 피해를 입었다.

형 stormy 폭풍우가 몰아치는

032

blow
[blou]

동 (입으로) 불다,
(바람이) 불다

명 강타, 타격

▶ **blow out** the candle 초를 불어서 끄다

▶ a heavy **blow** 심한 타격

▷ Jackson died from **a heavy blow** to the head.
잭슨은 머리에 심한 타격을 입어 사망했다.

시제변화 blow - blew - blown

Tip blow one's nose 코를 풀다

536

windy
[wíndi]
형 바람이 많이 부는

▶ be too **windy** 바람이 너무 많이 불다

▷ It**'s too windy** to sail the boat.
바람이 너무 많이 불어 항해할 수가 없다.

명 동 wind 바람(이 불다)

537

cloudy
[kláudi]
형 흐린, 구름이 많이 낀

▶ **cloudy** and cold 흐리고 추운

▷ During the weekend, it will be **cloudy and cold**.
주말에는 흐리고 춥겠습니다.

명 cloud 구름

반 sunny 화창한

538

rainy
[réini]
형 비가 많이 오는

▶ **rainy** days 비가 많이 오는 날들

▷ We had three **rainy days** on holiday, but otherwise it was sunny. 우리가 휴가 갔을 때 3일은 비가 많이 왔지만 그 외에는 화창했다.

명 동 rain 비(가 오다)

참고 snowy 눈이 내리는

숙어 for a rainy day 만일의 경우에 대비하여

take a rain check (제안·초대를) 다음 기회로 미루다

539

humid
[hjú:mid]
형 (날씨가) **습한**

▶ hot and **humid** 덥고 습한

▷ **Hot and humid** weather can make you feel annoyed easily. 덥고 습한 날씨는 사람을 쉽게 짜증나게 한다.

명 humidity 습도   반 dry (날씨가) 건조한

540

fog
[fɔ:g]
명 안개

▶ heavy **fog** 짙은 안개

▷ **Heavy fog** made it difficult to see the road.
짙은 안개 때문에 길이 잘 보이지 않았다.

형 foggy 안개가 낀   참고 mist 옅은 안개

541

mountain
[máuntn]
명 산

▶ go up a **mountain** 산에 오르다

▷ Have a good meal before **going up a mountain**.
산에 오르기 전에 든든히 먹어 두어라.

동명 mount 오르다; 산

비교 hill 언덕, (작은) 산

542

peak
[pi:k]
명 꼭대기, 절정

▶ at the **peak** of ~의 절정에 있는

▷ The famous singer is **at the peak of** her popularity.
그 유명 가수는 인기 절정에 있다.

비교 pick 고르다, 선택하다

543

stone
[stoun]
명 돌

▶ throw a **stone** at ~에 돌을 던지다

▷ A protestor was arrested for **throwing a stone at** the police. 한 시위자가 경찰에 돌을 던져 체포되었다.

숙어 kill two birds with one stone 일석이조
within a stone's throw 엎어지면 코 닿을 데에

544

marble
[má:rbl]
명 대리석

▶ be made of **marble** 대리석으로 만들어지다

▷ The table and the floor **are made of marble**.
그 탁자와 바닥은 대리석으로 만들어졌다.

비교 marvel (감탄하며) 놀라다

545

coal
[koul]
명 석탄

▶ a **coal** mine 탄광

▷ Working in **a coal mine** is very hard.
탄광에서 일하는 것은 아주 힘들다.

참고 charcoal 숯, 목탄

비교 cool ① 시원한 ② 침착한 ③ 멋진

546

hill
[hil]
명 언덕, 작은 산

▶ on the side of a **hill** 언덕 비탈에

▷ The house is built **on the side of a hill** overlooking the river. 그 집은 강을 내려다보는 언덕 비탈에 지어져 있다.

547

continent
[kά:ntənənt]
명 대륙

▶ the Asian **continent** 아시아 대륙

▷ China is the largest country on **the Asian continent**.
중국은 아시아 대륙에서 가장 큰 나라이다.

형 continental 대륙의

548

prairie
[préri]
명 대초원

▶ wander a **prairie** 대초원을 돌아다니다

▷ Millions of buffalo once **wandered the prairies**.
수백만 마리의 버팔로(들소)가 한때 대초원을 돌아다녔다.

비교 meadow 목초지
plain 평원

day 14

549

wild
[waild]
형 ① (동 · 식물이) **야생의**
② 몹시 흥분한, 거친

▶ **wild** animals 야생 동물들

▷ We'll campaign for protecting **wild animals** in the forest.
우리는 숲 속의 야생 동물들을 보호하기 위한 캠페인을 벌일 것이다.

▶ go **wild** 몹시 흥분하다, 거칠어지다

부 wildly 난폭하게

반 domestic (동물을) 집에서 기르는

550

environment
[invάiərənmənt]
명 《the-》 (자연) **환경**

▶ protect **the environment** 환경을 보호하다

▷ The government has to take measures to **protect the environment**. 정부는 환경을 보호하기 위한 조치를 취해야 한다.

동 environ 둘러싸다, 에워싸다

형 environmental 환경의

551

earth
[ə:rθ]

명 ① 《the-》 **지구**
　② 흙, 땅

▶ disappear from **the earth** 지구에서 사라지다

▷ Many species are in danger of **disappearing from the earth**. 많은 종들이 지구에서 사라질 위험에 처해있다.

▶ fall to **earth** 땅에 떨어지다

552

hydrogen
[háidrədʒən]

명 **수소**

▶ a **hydrogen** bomb 수소 폭탄

▷ **A hydrogen bomb** produces an extremely powerful and destructive explosion.
수소 폭탄은 대단히 강력하고 파괴적인 폭발력을 만들어낸다.

비교 oxygen 산소

553

Mars
[ma:rz]

명 **화성**

▶ land on **Mars** 화성에 착륙하다

▷ The spaceship successfully **landed on Mars** in 2004.
그 우주선은 2004년 성공적으로 화성에 착륙했다.

554

planet
[plǽnit]

명 **행성**

▶ a **planet** in the solar system 태양계의 행성

▷ Mercury is one of the **planets in the solar system**.
수성은 태양계의 행성들 중의 하나이다.

비교 star 별

555

life
[laif]

명 ① **생활, 삶**
　② 생명

▶ start a new **life** 새로운 생활[삶]을 시작하다

▷ The family moved to Australia to **start a new life**.
그 가족은 새로운 삶을 시작하기 위해 호주로 이사 갔다.

▶ extend the patient's **life** 그 환자의 생명을 연장시키다

동 live 살다

복수형 lives 생명[목숨]들

Tip **live a life** 생활하다, 삶을 살아가다

556

dawn
[dɔːn]

명 새벽

(= sunrise, daybreak)

▶ from **dawn** to dusk 새벽부터 해질 때까지

▷ The slaves worked **from dawn to dusk** on farm land.
그 노예들은 농지에서 새벽부터 해질 때까지 일했다.

비교 **lawn** 잔디

557

sunrise
[sʌ́nraiz]

명 해돋이, 일출

▶ watch the **sunrise** 일출을 보다

▷ She and I **watched the sunrise** from the beach.
그녀와 난 해변에서 일출을 보았다.

558

sunset
[sʌ́nset]

명 해질녘, 일몰

(= sundown)

▶ before **sunset** 해지기 전에

▷ We have to arrive at the house **before sunset**.
우리는 해지기 전에 그 집에 도착해야 해.

day
14

559

solar
[sóulər]

형 태양(열)의

▶ **solar** energy 태양 에너지

▷ We can get electricity through the device that utilizes **solar energy**.
우리는 태양 에너지를 활용하는 장치를 통해 전기를 얻을 수 있다.

비교 **lunar** 달의

참고 **the solar system** 태양계

560

light
[lait]

명 빛, (전)등

형 ① 밝은
② 가벼운

▶ turn off the **light** 불을 끄다

▷ When you left, did you **turn off the lights** in the house?
나올 때 집에 불 껐지?

▶ a **light** spacious room 밝고 넓은 방

▶ as **light** as a feather 깃털처럼 가벼운, 아주 가벼운

동 **lighten** ① 밝게 하다 ② 가볍게 하다

A 다음 단어들을 올바르게 연결해보세요.

1 **sand** ·	· 날씨	1 섬 ·	· mountain
2 **flow** ·	· 해변	2 깊은 ·	· stone
3 **fog** ·	· 빛나다	3 시원한 ·	· island
4 **weather** ·	· 습한	4 호수 ·	· deep
5 **beach** ·	· 모래	5 산 ·	· freeze
6 **hill** ·	· 흐르다	6 돌 ·	· wild
7 **shine** ·	· 비오는	7 얼다 ·	· cool
8 **windy** ·	· 언덕	8 야생의 ·	· lake
9 **humid** ·	· 바람 부는	9 생활 ·	· light
10 **rainy** ·	· 안개	10 가벼운 ·	· life

C 다음 문장에 맞는 단어를 써넣으세요.

iceberg / blow / storm / peak / marble / coal / prairie

1 The coastal town suffered severe damage from the _____.

2 The news is shocking but that is just the tip of the _____.

3 The famous singer is at the _____ of her popularity.

4 Working in a _____ mine is very hard.

5 Millions of buffalo once wandered the _____s.

6 The table and the floor are made of _____.

7 Jackson died from a heavy _____ to the head.

B 다음 중 올바른 뜻을 고르세요.

1 **coal**　　　□ 석탄　　□ 연료
2 **hydrogen**　□ 산소　　□ 수소
3 **Mars**　　　□ 수성　　□ 화성
4 **dawn**　　　□ 새벽　　□ 해질녘
5 **solar**　　　□ 태양의　□ 달의
6 **environment** □ 주위　　□ 환경
7 **storm**　　　□ 폭풍　　□ 폭발
8 **bay**　　　　□ 계곡　　□ 만
9 **coast**　　　□ 해변　　□ 해안
10 **sunrise**　　□ 일출　　□ 노을

1 대륙　　　□ ocean　　□ continent
2 대초원　　□ praise　　□ prairie
3 대리석　　□ marble　　□ marvel
4 행성　　　□ planet　　□ galaxy
5 일몰　　　□ sunrise　□ sunset
6 꼭대기　　□ pick　　　□ peak
7 빙산　　　□ iceberg　□ glacier
8 흐린　　　□ cloudy　　□ foggy
9 지구　　　□ earth　　□ globe
10 강타, 타격　□ flow　　　□ blow

D 다음 문장에 맞는 단어를 써넣으세요.

1 Winter brings late _____ and early sunsets.
   ⓐ cold　　　ⓑ warmth　　　ⓒ dawns　　　ⓓ dusks

2 _____ calendar's dates indicate the position of the earth on its revolution around the sun.
   ⓐ Lunar　　ⓑ Solar　　　ⓒ Stellar　　　ⓓ Earthly

3 I'm feeling a little under the _____ - I think I may have caught a cold.
   ⓐ fog　　　ⓑ rain　　　ⓒ storm　　　ⓓ weather

동물

animal

오늘 학습할 '동물'에 관한 필수 단어입니다. 눈으로 스캔하며 모르거나 헷갈리는 단어에 체크하세요.

● 동물의 왕국

- □ **animal** 동물
- □ **rabbit** 토끼
- □ **turtle** 거북
- □ **mouse** 쥐
- □ **squirrel** 다람쥐
- □ **snake** 뱀
- □ **frog** 개구리
- □ **whale** 고래
- □ **shark** 상어
- □ **shell** (조개) 껍데기

● 동물원에서 볼수 있는 동물들

- □ **zoo** 동물원
- □ **beast** 짐승
- □ **wolf** 늑대
- □ **deer** 사슴
- □ **horn** 뿔
- □ **camel** 낙타
- □ **donkey** 당나귀
- □ **giraffe** 기린
- □ **dolphin** 돌고래
- □ **hawk** 매

● 집에서 기르는 가축들

- □ **hen** 암탉
- □ **turkey** 칠면조
- □ **cage** 새장
- □ **sheep** 양
- □ **goat** 염소
- □ **goose** 거위
- □ **cow** 젖소
- □ **bull** 황소
- □ **pet** 애완동물
- □ **mammal** 포유동물

● 곤충과 새

- □ **insect** 곤충
- □ **ant** 개미
- □ **bee** 벌
- □ **mosquito** 모기
- □ **butterfly** 나비
- □ **grasshopper** 메뚜기
- □ **bird** 새
- □ **wing** 날개
- □ **owl** 올빼미
- □ **pigeon** 비둘기

561

animal
[ǽnəməl]

명 동물

► cruelty to **animals** 동물 학대

▷ The zoologist strongly opposes **cruelty to animals** of any sort. 그 동물학자는 어떤 종류의 동물 학대에도 강하게 반대한다.

562

rabbit
[rǽbit]

명 토끼

► keep **rabbits** 토끼를 키우다

▷ My grandparents **keep rabbits** as pets in the garden. 우리 할머니 할아버지는 정원에서 애완동물로 토끼를 키우셔.

비교 **hare** 산토끼

563

turtle
[tə́:rtl]

명 (바다) **거북**

► the life span of **turtles** 거북이의 수명

▷ **The** average **life span of turtles** is about 200 years. 거북이의 평균 수명은 약 200년이다.

비교 **tortoise** (육지 · 민물) 거북

564

mouse
[maus]

명 쥐, 생쥐

► be overrun with **mice** 쥐들이 들끓다

▷ The old house **was** completely **overrun with mice**. 그 오래된 집은 완전히 쥐들로 들끓었다.

복수 **mice** 쥐들

비교 **rat** 쥐 : **mouse** 보다 크고 꼬리가 긴 것

565

squirrel
[skwə́:rəl]

명 다람쥐

► a **squirrel** burying some nuts 견과들을 땅에 묻는 다람쥐

▷ We found a **squirrel burying some nuts** in the woods. 우리는 숲속에서 견과들을 땅에 묻고 있는 다람쥐를 발견했다.

566

snake
[sneik]

명 뱀

▶ be bitten by a **snake** 뱀에 물리다

▷ She's terrified of **being bitten by a snake.**
그녀는 뱀에 물릴까봐 무서워한다.

비교 lizard 도마뱀

567

frog
[frɔːg]

명 개구리

▶ a **frog** diving into ~안으로 뛰어드는 개구리

▷ **A frog dove into** the pond with a splash.
개구리 한 마리가 연못 속으로 첨벙하고 뛰어들었다.

숙어 have a frog in one's throat 목이 잠기다[쉬다]

568

whale
[hweil]

명 고래

▶ hunt **whales** 고래들을 사냥하다

▷ Many people around the world still **hunt whales.**
세계의 많은 사람들은 여전히 고래를 사냥한다.

day
15

참고 dolphin 돌고래

569

shark
[ʃaːrk]

명 상어

▶ scary **sharks** 무서운 상어들

▷ **Scary sharks** suddenly appeared in the sea.
무서운 상어들이 갑자기 바다에 나타났다.

570

shell
[ʃel]

명 (조개) 껍데기, 껍질

▶ collect **shells** 조개껍데기를 모으다

▷ Last summer we **collected** beautiful **shells** at the beach.
지난 여름 우리는 그 해변에서 예쁜 조개껍데기를 모았다.

참고 shellfish 조개

clam 대합조개

571

zoo
[zu:]

명 동물원

▶ animals in the **zoo** 동물원에 있는 동물들

▷ **Animals in the zoo** have lost the capability to catch prey for themselves.
동물원에 있는 동물들은 스스로 먹이를 사냥하는 능력을 잃었다.

명 **zoology** 동물학

572

beast
[bi:st]

명 짐승, 야수

▶ a savage **beast** 사나운 짐승

▷ One of the climbers was attacked by **a savage beast**.
등산객 중 한 명이 사나운 짐승에게 공격을 당했다.

참고 **Beauty and the Beast** 미녀와 야수

573

wolf
[wulf]

명 늑대

▶ a pack of **wolves** 한 떼의 늑대들

▷ **A pack of wolves** attacked the village and killed several people. 한 떼의 늑대들이 그 마을을 공격해서 몇 명을 죽였다.

복수 **wolves** 늑대들

참고 **fox** 여우

574

deer
[diər]

명 사슴

▶ a herd of **deer** 사슴 떼

▷ **A herd of deer** are feeding on grass.
한 떼의 사슴이 풀을 뜯고 있다.

Tip **deer**는 단·복수형이 같음

비교 **dear** 친애하는, 소중한

575

horn
[hɔ:rn]

명 ① (동물의) 뿔

② 경적

▶ males having **horns** 뿔이 있는 수컷들

▷ In many species only **males have horns**.
많은 종에서 수컷들만 뿔이 있다.

▶ honk a **horn** (차의) 경적을 울리다, 빵빵거리다

576

camel
[kǽməl]

명 낙타

▶ ride a **camel** 낙타를 타다

▷ The merchant **rode a camel** to cross the desert.
그 상인은 사막을 건너기 위해 낙타를 탔다.

Tip **hump** (낙타 등의) 혹

577

donkey
[dáŋki]

명 당나귀

▶ lead a **donkey** 당나귀를 끌고 가다

▷ The farmer **led the donkey** back into the stable.
그 농부는 그 당나귀를 다시 마구간으로 끌고 갔다.

578

giraffe
[dʒərǽf]

명 기린

▶ a very tall **giraffe** 키가 아주 큰 기린

▷ **A very tall giraffe** has an extremely long neck and legs.
키가 아주 큰 기린은 무지하게 긴 목과 다리를 갖고 있다.

day
15

579

dolphin
[dálfin]

명 돌고래

▶ a **dolphin** show 돌고래쇼

▷ We watched **a dolphin show** in the amusement park.
우리는 그 놀이공원에서 돌고래쇼를 봤다.

580

hawk
[hɔːk]

명 매

▶ a **hawk** killing other birds 다른 새들을 죽이는 매

▷ **The hawk kills other birds** and animals for prey.
매는 먹잇감으로 다른 새들과 동물들을 잡아먹는다.

581

hen
[hen]
몡 암탉

▶ a **hen** laying an egg 알을 낳는 암탉

▷ **A hen laid a** huge **egg** on a chicken farm.
한 암탉이 농장에서 커다란 알을 낳았다.

Tip cock = rooster 수탉 / chick 병아리

582

turkey
[tə́:rki]
몡 **칠면조** (고기)

▶ a tame **turkey** 길들여진 칠면조

▷ **The tame turkey** is raised for its meat, eaten especially on Thanksgiving.
길들여진 칠면조는 특히 추수 감사절에 그 고기를 먹기 위해 키워진다.

비교 Turkey 터키 (국가)

583

cage
[keidʒ]
몡 새장, 우리

▶ birds in a **cage** 새장 안에 있는 새들

▷ My daughter likes seeing **birds in a cage.**
우리 딸은 새장 안에 있는 새들을 보는 걸 좋아한다.

584

sheep
[ʃiːp]
몡 양

▶ a flock of **sheep** 양떼

▷ **A flock of sheep** are grazing in the pasture.
양떼가 초원에서 풀을 뜯고 있다.

Tip sheep은 단 · 복수형이 같음

참고 lamb 새끼 양

wool (양) 털

585

goat
[gout]
몡 염소

▶ raise **goats** 염소를 기르다

▷ Men **raise goats** to get milk, meat and hair.
인간들은 우유, 고기, 털을 얻기 위해 염소를 기른다.

참고 goatee 염소 수염

586

goose
[guːs]

명 거위

▶ a flock of **geese** 거위 떼

▷ **A flock of geese** made loud noises and we held our ears.
거위 떼가 시끄러운 소리를 내서 우리는 귀를 막았다.

복수 **geese** 거위들

숙어 **get goose bumps** 닭살이 돋다, 소름이 끼치다

587

cow
[kau]

명 **젖소**, 암소

▶ a dairy **cow** 젖소

▷ **The dairy cows** need to be milked twice a day.
젖소들은 하루에 두 번 젖을 짜주어야 한다.

참고 **calf** 송아지
cattle 〈집합적〉 소

588

day
15

bull
[bul]

명 **수소, 황소**

▶ an aggressive **bull** 공격적인 수소

▷ Most **bulls** are capable of **aggressive** behavior and require careful handling.
대부분의 수소들은 공격적인 행동을 보일 수 있어서 조심해서 다루어야 한다.

비교 **ox** 〈거세한〉 황소

589

pet
[pet]

명 **애완동물**

▶ a **pet** dog 애완견

▷ I took my sick **pet dog** to a vet in the neighborhood.
난 내 아픈 애완견을 근처 수의사에게 데리고 갔다.

590

mammal
[mǽməl]

명 **포유동물**

▶ female **mammals** 암컷 포유류들

▷ All **female mammals** nurse their young with milk.
모든 암컷 포유류는 젖을 먹여 새끼를 키운다.

참고 **reptile** 파충류

591

insect
[ínsekt]
명 곤충

▶ an **insect** bite 벌레 물린 곳

▷ Don't scratch your **insect bites!**
벌레 물린 데 긁지 마!

비교 bug 벌레, 작은 곤충 : ladybug 무당벌레

worm (땅 속에 사는) 벌레 : earthworm 지렁이

592

ant
[ænt]
명 개미

▶ a colony of **ants** 개미 떼

▷ **A colony of ants** is attacking the snail.
개미 떼가 달팽이를 공격하고 있다.

숙어 have ants in one's pants 안절부절 못하다, 안달하다

비교 aunt 고모, 이모, (외)숙모

593

bee
[bi:]
명 벌

▶ a swarm of **bees** 벌 떼

▷ **A swarm of bees** suddenly flew into the garden.
벌 떼가 갑자기 정원 안으로 날아들었다.

숙어 as busy as a bee 몹시 바쁜

594

mosquito
[məskí:tou]
명 모기

▶ be bitten by a **mosquito** 모기에 물리다

▷ I **was bitten by a mosquito** so now I'm itchy.
나 모기에 물려서 가려워.

참고 fly 파리

pest 해충

595

butterfly
[bʌ́tərflài]
명 나비

▶ the **butterfly**'s life cycle 나비의 삶의 주기

▷ **The butterfly's life cycle** consists of four stages.
나비의 삶의 주기는 네 단계로 구성된다.

참고 caterpillar (나비의) 애벌레

larva (곤충 · 벌레의) 유충

596

grasshopper
[grǽʃɑpər]

명 메뚜기

▶ a **grasshopper** with long back legs 긴 뒷다리를 가진 메뚜기

▷ **A grasshopper with long back legs** can jump very high and makes a sound with its legs.

긴 뒷다리를 가진 메뚜기는 높이 점프할 수도 있고 그 뒷다리로 소리도 낼 수 있다.

참고 hop 깡충깡충 뛰다

597

bird
[bəːrd]

명 새

▶ the sound of **birds** singing 새들이 지저귀는 소리

▷ We awakened to **the sound of birds singing**.

우리는 새들이 지저귀는 소리에 잠에서 깼다.

Tip feather 깃털 / beak 부리

참고 nest (새의) 둥지

day 15

598

wing
[wiŋ]

명 날개

▶ flap its **wings** 날개를 퍼덕거리다

▷ The eagle **flapped its wings** vigorously.

그 독수리는 날개를 힘차게 퍼덕거렸다

참고 left wing 좌익 / right wing 우익

비교 swing 흔들다, 휘두르다

599

owl
[aul]

명 올빼미, 부엉이

▶ feed an **owl** 올빼미에게 먹이를 주다

▷ I had to hunt down small animals in order to **feed my owl**.

나는 내 올빼미의 먹이를 주기 위해 작은 동물들을 잡으러 다녀야 했다.

참고 cuckoo 뻐꾸기

600

pigeon
[pídʒən]

명 비둘기(= dove)

▶ raise **pigeons** 비둘기를 키우다

▷ My uncle has been **raising pigeons** on the rooftop for three years. 나의 삼촌은 3년째 옥상에서 비둘기를 키우고 있다.

A 다음 단어들을 올바르게 연결해보세요.

1	**rabbit** ·	· 기린	1	**동물** ·	· cow
2	**giraffe** ·	· (조개) 껍데기	2	**쥐** ·	· deer
3	**frog** ·	· 돌고래	3	**뱀** ·	· wing
4	**turtle** ·	· 토끼	4	**사슴** ·	· animal
5	**whale** ·	· 개구리	5	**양** ·	· snake
6	**shell** ·	· 동물원	6	**젖소** ·	· shark
7	**dolphin** ·	· 개미	7	**곤충** ·	· mouse
8	**bee** ·	· 거북	8	**새** ·	· sheep
9	**ant** ·	· 고래	9	**날개** ·	· bird
10	**zoo** ·	· 벌	10	**상어** ·	· insect

C 다음 문장에 맞는 단어를 써넣으세요.

> **beast** / **cage** / **insect** / **bull** / **mammal** / **squirrel** / **horn**

1 All female _____s nurse their young with milk.

2 We found a _____ burying some nuts in the woods.

3 One of the climbers was attacked by a savage _____.

4 Don't scratch your _____ bites!

5 In many species only males have _____s.

6 Most _____s are capable of aggressive behavior and require careful handling.

7 My daughter likes seeing birds in a _____.

B 다음 중 올바른 뜻을 고르세요.

1	**hawk**	□ 매	□ 독수리		1	뿔	□ horn	□ thorn
2	**mammal**	□ 파충류	□ 포유동물		2	황소, 수소	□ cow	□ bull
3	**cage**	□ 새장	□ 동굴		3	거위	□ duck	□ goose
4	**goat**	□ 양	□ 염소		4	애완동물	□ pop	□ pet
5	**grasshopper**	□ 메뚜기	□ 사마귀		5	비둘기	□ pigeon	□ swallow
6	**mosquito**	□ 모기	□ 벌		6	암탉	□ hen	□ cock
7	**butterfly**	□ 나비	□ 잠자리		7	칠면조	□ turkey	□ owl
8	**owl**	□ 늑대	□ 부엉이		8	늑대	□ fox	□ wolf
9	**beast**	□ 짐승	□ (동물)우리		9	낙타	□ canal	□ camel
10	**donkey**	□ 당나귀	□ 사슴		10	다람쥐	□ mouse	□ squirrel

D 다음 문장에 맞는 단어를 써넣으세요.

1 He captured a bird and locked it up in a _____.

ⓐ booth   ⓑ wallet   ⓒ cage   ⓓ basement

2 Whales are an endangered marine _____.

ⓐ mammal   ⓑ insect   ⓒ species   ⓓ biology

3 They insist that the rights of _____ be acknowledged and respected.

ⓐ beasts   ⓑ animals   ⓒ horns   ⓓ cages

식물

plant

오늘 학습할 '식물'에 관한 필수 단어입니다. 눈으로 스캔하며 모르거나 헷갈리는 단어에 체크하세요.

● 맛있는 과일들

- ☐ **fruit** 과일
- ☐ **apple** 사과
- ☐ **grape** 포도
- ☐ **strawberry** 딸기
- ☐ **peach** 복숭아
- ☐ **pear** 배
- ☐ **divide** 나누다
- ☐ **farm** 농장
- ☐ **harvest** 수확
- ☐ **nut** 견과

● 싱싱한 채소들

- ☐ **vegetable** 채소
- ☐ **crop** 농작물
- ☐ **spinach** 시금치
- ☐ **cabbage** 양배추
- ☐ **carrot** 당근
- ☐ **cucumber** 오이
- ☐ **potato** 감자
- ☐ **pumpkin** 호박
- ☐ **onion** 양파
- ☐ **grass** 풀

● 식물의 성장

- ☐ **plant** 식물
- ☐ **seed** 씨
- ☐ **sow** (씨를) 뿌리다
- ☐ **grow** 자라다
- ☐ **root** 뿌리
- ☐ **stem** 줄기
- ☐ **petal** 꽃잎
- ☐ **spread** 펼치다
- ☐ **wood** 나무, 목재
- ☐ **log** 통나무

● 기타 식물들

- ☐ **corn** 옥수수
- ☐ **wheat** 밀
- ☐ **bean** 콩
- ☐ **pea** 완두(콩)
- ☐ **pepper** 후추
- ☐ **hay** 건초
- ☐ **leaf** 잎
- ☐ **ivy** 담쟁이덩굴
- ☐ **pine** 소나무
- ☐ **bamboo** 대나무

601

fruit
[fru:t]
몡 과일, 열매

▸ fresh **fruits** 신선한 과일들

▷ My mother buys **fresh fruits** and vegetables at the grocery store every week.
우리 엄마는 매주 그 식료품 가게에서 신선한 과일과 야채를 사신다.

참고 ripe 익은
green 덜 익은

602

apple
[ǽpl]
몡 사과

▸ peel an **apple** 사과를 깎다

▷ **Peel an apple**, core it, and grate it.
사과를 깎아서 가운데 심을 파내고 강판에 가세요.

참고 pineapple 파인애플

603

grape
[greip]
몡 포도

▸ a bunch of **grapes** 포도 한 송이

▷ **A bunch of grapes** will provide sufficient nutrition for you.
한 송이의 포도가 당신에게 충분한 영양을 공급해줄 것입니다.

숙어 sour grape 신포도 : 가질 수 없는 것을 깎아내리는 일

참고 grapevine 포도나무

604

strawberry
[stró:bèri]
몡 딸기

▸ pick **strawberries** 딸기를 따다

▷ When we lived in the country, we used to **pick strawberries**.
우리가 시골에 살았을 때 딸기를 따곤 했다.

참고 cherry 체리

605

peach
[pi:tʃ]
몡 복숭아

▸ a juicy **peach** 즙이 많은 복숭아

▷ I took a bite of **a** perfectly ripe, **juicy peach**.
난 아주 잘 익어 즙이 많은 복숭아를 한 입 베어 먹었다.

참고 plum 자두

606

pear
[pɛər]
명 (먹는) 배

- ▶ **pear** juice 배즙
- ▷ The seasoning includes **pear juice**, soy sauce, and sesame oil. 양념에는 배즙, 간장, 그리고 참기름이 들어 있습니다.

비교 **fear** 공포

607

divide
[diváid]
동 **나누다, 쪼개다**

- ▶ **divide** A **into** B A를 B로 나누다
- ▷ Let's **divide** this pear **into** four pieces and each take one piece. 이 배를 네 조각으로 나누고 각자 하나씩 먹자.

명 **division** ① 분할 ② 나눗셈

608

farm
[fɑːrm]
명 **농장**

- ▶ a dairy **farm** 낙농장
- ▷ We buy milk, butter and cheese from **a dairy farm**. 우리는 낙농장으로부터 우유, 버터, 치즈를 산다.

명 **farming** 농사   명 **farmer** 농부

day **16**

609

harvest
[háːrvist]
명 **수확**(량)

동 수확하다

- ▶ during the **harvest** 수확기 동안
- ▷ Farmers are extremely busy **during the harvest**. 농부들은 수확기 동안에 몹시 바쁘다.

- ▶ **harvest** the wheat 밀을 수확하다

610

nut
[nʌt]
명 **견과**

- ▶ crack a **nut** 견과를 깨다
- ▷ The squirrel **cracked the nut** and ate the meat inside. 다람쥐가 견과를 깨서 그 안에 알맹이를 먹었다.

참고 **peanut** 땅콩, **walnut** 호두

611

vegetable
[védʒtəbl]

명 채소, 야채

▶ raw **vegetables** (익히지 않은) 생야채

▷ My family eats a salad of **raw vegetables** and fresh bread every morning.
우리 가족은 매일 아침 야채 샐러드와 신선한 빵을 먹는다.

612

crop
[krap]

명 ① 농작물
   ② 수확량(= harvest)

▶ the main **crop** 주요 작물

▷ **The main crops** grown for export are coffee and rice.
수출용으로 재배되는 주요 작물은 커피와 쌀이다.

▶ a decline in corn **crop** 옥수수 수확량의 감소

613

spinach
[spínitʃ]

명 시금치

▶ **spinach** rich in iron 철분이 풍부한 시금치

▷ Children need to eat a lot of **spinach rich in iron**.
아이들은 철분이 풍부한 시금치를 많이 먹어야 한다.

614

cabbage
[kǽbidʒ]

명 양배추

▶ steam **cabbage** 양배추를 찌다

▷ **Steam cabbage** in boiling water just until tender.
끓는 물에 부드러워질 때까지 양배추를 찌세요.

참고 lettuce [létis] 양상추

615

carrot
[kǽrət]

명 당근

▶ chop some **carrots** 당근 몇 개를 잘게 썰다

▷ She **chopped some carrots** for the soup.
그녀는 스프에 넣을 당근 몇 개를 잘게 썰었다.

616

cucumber
[kjú:kʌmbər]
명 오이

▸ slice a **cucumber** 오이를 얇게 썰다

▷ She **sliced a cucumber** and put it in a bowl.
그녀는 오이를 얇게 썰어 그릇 안에 넣었다.

숙어 **as cool as a cucumber** 아주 침착한

617

potato
[pətéitou]
명 감자

▸ boiled **potatoes** 삶은 감자

▷ We ate **boiled potatoes** between meals.
우리는 간식으로 삶은 감자를 먹었다.

숙어 **couch potato** TV광

hot potato 난감한 문제

618

pumpkin
[pʌ́mpkin]
명 호박

▸ **pumpkin** pie 호박 파이

▷ **Pumpkin pie** is a traditional American dish served on Thanksgiving. 호박 파이는 추수감사절에 먹는 미국의 전통 음식이다.

day
16

619

onion
[ʌ́njən]
명 양파

▸ minced **onions** 다진 양파

▷ Mix the **minced onions** with soft butter and spread over the grilled meat.
다진 양파를 부드러운 버터와 섞어 구운 고기 위에 뿌리세요.

참고 **garlic** 마늘

620

grass
[græs]
명 풀, 잔디

▸ a field of **grass** 풀밭

▷ We saw the sky, lying on **a field of grass**.
우리는 풀밭에 누워 하늘을 봤다.

비교 **glass** 유리, **glasses** 안경

621

plant
[plænt]

명 ① 식물
　② 공장(= factory)
동 (식물을) 심다

▶ water the **plants** 화초에 물을 주다

▷ Don't forget to **water the plants** every morning.
매일 아침 화초에 물주는 거 잊지 마.

▶ a power **plant** 발전소

▶ **plant** tomatoes and carrots 토마토와 당근을 심다

622

seed
[siːd]

명 씨, 씨앗

▶ scatter the **seed** 씨를 뿌리다

▷ The gardener **scattered the** grass **seed** over the lawn.
그 정원사는 잔디밭에 잔디 씨를 뿌렸다.

623

sow
[sou]

동 (씨를) **뿌리다, 심다**

▶ **sow** the fields 밭에 씨를 뿌리다

▷ Farmers **sowed the fields** with peas.
농부들이 밭에 완두콩 씨를 뿌렸다.

비교 saw 톱질하다 / sew 바느질하다

624

grow
[grou]

동 ① **자라다,** 커지다
　② (점점) **~되다**
　③ 기르다, 재배하다

▶ **grow** three centimeters 3cm 자라다

▶ **grow** dark 점점 어두워지다

▷ The skies **grew dark** and it began to rain.
하늘이 점점 어두워졌고 비가 내리기 시작했다.

▶ **grow** wheat 밀을 재배하다

명 growth 성장, 증가　형 grown-up 다 자란, 어른이 된

시제변화 grow - grew - grown

625

root
[ruːt]

명 뿌리

▶ take **root** 뿌리를 내리다

▷ There isn't enough time for the grass to **take root** before winter. 겨울이 오기 전에 잔디가 뿌리를 내릴 시간이 충분하지 않다.

숙어 root out 뿌리 뽑다, 근절하다

626

stem
[stem]

명 줄기

▶ a **stem** with thorns 가시들이 있는 줄기

▷ Some plants have **a stem with thorns**.
몇몇 식물들은 줄기에 가시가 있다.

참고 trunk (나무의) 몸통

627

petal
[pétəl]

명 꽃잎

▶ brightly colored **petals** 화려한 빛깔의 꽃잎들

▷ Most flowers use **brightly colored petals** to attract butterflies and bees.
대부분의 꽃들은 화려한 빛깔의 꽃잎들을 이용해 나비와 벌을 끌어들인다.

628

spread
[spred]

동 ① 펼치다, 펴다
　② 퍼지다, 퍼뜨리다
명 퍼짐, 확산

▶ **spread** a newspaper 신문을 펼치다

▶ **spread** throughout the room 방 전체에 퍼지다

▷ The smell from the kitchen **spread throughout the room**.
부엌에서 나는 냄새가 방 전체에 퍼졌다.

▶ the **spread** of the disease 그 질병의 확산

시제변화 spread - spread - spread

day 16

629

wood
[wud]

명 ① 나무, 목재
　② 숲(= forest)

▶ be made of **woods** 나무로 만들어지다

▷ All the furniture in children's room **was made of wood**.
아이들 방에 있는 모든 가구는 나무로 만들어졌다.

▶ take a walk in the **woods** 숲 속을 산책하다

형 wooden 나무로 된

630

log
[lɔ(ː)g]

명 통나무

▶ **logs** for the fire 장작으로 쓸 통나무들

▷ We have collected **logs for the fire** in the winter.
우리는 겨울에 장작으로 쓸 통나무들을 모았다.

631

corn
[kɔːrn]
몡 옥수수

▶ plant **corns** 옥수수를 심다

▷ The farmers **planted corns** on the vast field.
그 농부들은 넓은 밭에 옥수수를 심었다.

632

wheat
[hwiːt]
몡 밀

▶ **wheat** flour 밀가루

▷ Cake is made from **wheat flour**, milk, and eggs.
케익은 밀가루, 우유, 계란으로 만들어진다.

숙어 separate the wheat from the chaff 좋은 것과 나쁜 것을 구별하다

참고 **barley** 보리

633

bean
[biːn]
몡 콩

▶ grow **beans** 콩을 재배하다

▷ We're **growing beans** in our garden this year.
우리는 올해 정원에서 콩을 재배하고 있다.

숙어 be full of beans 원기 왕성하다

634

pea
[piː]
몡 완두(콩)

▶ fresh **peas** 생 완두콩

▷ **Fresh peas** are often eaten boiled and flavored with butter.
생 완두콩은 종종 삶은 다음 버터로 맛을 내서 먹는다.

숙어 two peas in a pod 아주 비슷한, 꼭 닮은

비교 **pee** 소변; 오줌 누다

635

pepper
[pépər]
몡 후추

▶ season with **pepper** 후추로 간을 하다

▷ My mother **seasoned** the meat **with** salt and **pepper**.
엄마는 고기에 소금과 후추로 간을 하셨다.

참고 **red pepper** 고추

636

hay
[hei]

명 건초

▶ a pile of **hay** 건초 더미

▷ The field workers took a nap on **a pile of hay**.
밭에서 일하는 일꾼들은 건초 더미 위에서 낮잠을 잤다.

속담 Make hay while the sun shines. 해가 비칠 동안 풀을 말려라.
(좋은 기회를 놓치지 마라.)

637

leaf
[li:f]

명 잎

▶ the four-leaf **clover** 네 잎 클로버

▷ **The four-leaf clover** symbolizes good luck in many
countries. 네 잎 클로버는 많은 나라에서 행운을 상징한다.

복수 leaves 잎들

638

ivy
[áivi]

명 담쟁이덩굴

▶ be covered with **ivy** 담쟁이덩굴로 덮이다

▷ The walls of the university **are covered with ivy**.
그 대학교의 벽은 담쟁이덩굴로 덮여있다.

참고 ivy league 아이비리그 : 미 북동부 8개 명문대학

day
16

639

pine
[pain]

명 소나무

▶ a **pine** forest 소나무 숲

▷ After breakfast, we enjoyed walking in **the pine forest**.
아침 식사 후 우리는 소나무 숲 속의 산책을 즐겼다.

참고 oak 참나무, 떡갈나무

640

bamboo
[bæmbú:]

명 대나무

▶ the fastest-growing **bamboo** 가장 빨리 자라는 대나무

▷ **Bamboo** is one of **the fastest-growing** plants on Earth.
대나무는 지구상에서 가장 빨리 자라는 식물 중 하나다.

A 다음 단어들을 올바르게 연결해보세요.

1	**cabbage** ·	· 양파
2	**carrot** ·	· 줄기
3	**onion** ·	· 공장
4	**grass** ·	· 나무, 목재
5	**potato** ·	· 양배추
6	**corn** ·	· 당근
7	**wood** ·	· 옥수수
8	**stem** ·	· 풀
9	**root** ·	· 감자
10	**plant** ·	· 뿌리

1	딸기 ·	· fruit
2	오이 ·	· bean
3	견과 ·	· seed
4	과일 ·	· cucumber
5	콩 ·	· strawberry
6	사과 ·	· grow
7	잎 ·	· nut
8	포도 ·	· leaf
9	씨 ·	· apple
10	자라다 ·	· grape

C 다음 문장에 맞는 단어를 써넣으세요.

harvest / divide / crop / spinach / pumpkin / seed / spread

1 _____ pie is a traditional American dish served on Thanksgiving.

2 Farmers are extremely busy during the _____.

3 Children need to eat a lot of _____ rich in iron.

4 The gardener scattered the grass _____ over the lawn.

5 The smell from the kitchen _____ throughout the room.

6 Let's _____ this pear into four pieces and each take one piece.

7 The main _____s grown for export are coffee and rice.

B 다음 중 올바른 뜻을 고르세요.

1	**peach**	□ 복숭아	□ 배		1	수확(량)	□ hardest	□ harvest
2	**spinach**	□ 양배추	□ 시금치		2	나누다	□ decide	□ divide
3	**crop**	□ 농작물	□ 농업		3	꽃잎	□ leaf	□ petal
4	**pumpkin**	□ 호박	□ 오이		4	밀	□ barley	□ wheat
5	**log**	□ 소나무	□ 통나무		5	완두콩	□ pea	□ bean
6	**spread**	□ 퍼지다	□ 넓히다		6	담쟁이덩굴	□ ivory	□ ivy
7	**hay**	□ 풀	□ 건초		7	소나무	□ fine	□ pine
8	**bamboo**	□ 소나무	□ 대나무		8	농장	□ farm	□ farming
9	**pepper**	□ 후추	□ 양념		9	배	□ fear	□ pear
10	**sow**	□ (씨를) 뿌리다	□ 톱질하다		10	채소	□ beverage	□ vegetable

D 다음 문장에 맞는 단어를 써넣으세요.

1 If you don't exercise more regularly, you will _____ old both mentally and physically.

ⓐ grow   ⓑ keep   ⓒ bend   ⓓ ruin

2 Health authorities have already taken the step to prevent the _____ of the virus.

ⓐ rule   ⓑ invention   ⓒ warning   ⓓ spread

3 Unfortunately, the topic of university tuition and student loans has become a political hot _____.

ⓐ carrot   ⓑ potato   ⓒ onion   ⓓ cucumber

감정

surprise

오늘 학습할 '감정'에 관한 필수 단어입니다. 눈으로 스캔하며 모르거나 헷갈리는 단어에 체크하세요.

● 감 정

- **shock** 충격
- **surprise** 놀라게 하다
- **passion** 열정
- **angry** 화난
- **shout** 외치다
- **annoy** 짜증나게 하다
- **afraid** 무서워하는
- **fear** 두려움
- **nervous** 불안해하는
- **worry** 걱정하다

● 와~ 신난다!

- **boring** 지루한
- **tired** 피곤한
- **pleasant** 즐거운
- **wonderful** 놀랄만한
- **brilliant** 눈부신
- **amuse** 즐겁게 하다
- **enjoy** 즐기다
- **merry** 즐거운
- **exciting** 신나는
- **express** 표현하다

● 이런 것들은 좋아요!

- **proud** 자랑스러운
- **dear** 소중한
- **sincere** 진실한
- **honest** 정직한
- **eager** 열망하는
- **polite** 공손한
- **moral** 도덕의, 도덕적인
- **praise** 칭찬하다
- **encourage** 용기를 북돋아 주다
- **peaceful** 평화로운

● 이런 것들 싫어요!

- **strange** 이상한
- **rude** 무례한
- **greedy** 탐욕스러운
- **shame** 창피, 수치심
- **insult** 모욕하다
- **hate** 미워하다
- **lonely** 외로운
- **miserable** 비참한
- **pity** 동정(심)
- **excuse** 용서하다

641

shock
[ʃak]

몡 충격, 쇼크

통 충격을 주다,
깜짝 놀라게 하다

▶ in a state of **shock** 충격 상태에 있는

▶ be **shocked at** ~에 충격을 받다

▷ We **were** all **shocked at** the news of his death.
우리는 그가 죽었다는 소식에 모두 충격을 받았다.

톙 shocking 충격적인   톙 shocked 충격을 받은

642

surprise
[sərpráiz]

통 놀라게 하다

몡 놀라움, 뜻밖의 일

▶ be **surprised** at ~에 놀라다

▷ The middle-aged woman **was** greatly **surprised at** the news. 그 중년 여성은 그 소식에 크게 놀랐다.

▶ to one's **surprise** 놀랍게도

톙 surprising 놀라운   톙 surprised 놀란

643

passion
[pǽʃən]

몡 ① 열정
  ② 격정, 격한 감정

▶ be full of **passion** 열정이 가득하다

▷ The young teacher **is** always **full of passion**.
그 젊은 선생님은 늘 열정으로 가득 차 있다.

▶ a crime of **passion** 욱하는 마음에 저지른 범죄

톙 passionate 열정적인, 열렬한

644

angry
[ǽŋgri]

톙 화난, 성난(= mad)

▶ be **angry with** ~에게 화나다

▷ I **was angry with** him for forgetting my birthday.
내 생일을 잊은 것 때문에 난 그에게 화가 났다.

몡 anger 화

645

shout
[ʃaut]

통 외치다, 소리치다(= yell)

몡 외침, 고함 (소리)

▶ **shout at** me 나에게 소리치다

▷ The manager was in a foul mood and **shouted at me**.
그 매니저는 기분이 더러운 상태였고 나에게 소리를 질렀다.

▶ angry **shouts** from the crowd 군중들의 성난 외침

646

annoy
[ənɔ́i]
동 짜증나게하다

▶ **annoy** someone ~를 짜증나게 하다

▷ Her constant complaining is starting to **annoy all of us.**
그녀의 끊임없는 불평이 우리 모두를 막 짜증나게 만들고 있다.

명annoyance 짜증

형annoying 짜증나게 하는

647

afraid
[əfréid]
형 무서워하는, 겁내는

▶ feel **afraid of** ~을 무서워하다

▷ She started to **feel afraid of** going out alone at night.
그녀는 밤에 혼자 나가는 것이 무서워지기 시작했다.

648

fear
[fiər]
명 두려움, 공포(= horror)

동 두려워하다, 염려하다

▶ shake with **fear** 두려움에 떨다

▷ I found a child **shaking with fear** near my house.
나는 우리 집 근처에서 두려움에 떨고 있는 한 아이를 발견했다.

▶ **fear** unemployment 실업을 두려워하다

형fearful 걱정[우려]하는

day
17

649

nervous
[nə́:rvəs]
형 불안해하는,
　초조해하는(= uneasy)

▶ be **nervous about** ~에 대해서 불안해하다

▷ She **was** so **nervous about** her exams that she couldn't sleep. 그녀는 시험에 대해 너무 불안해서 잠을 이룰 수 없었다.

명nerve ① 신경 ② 배짱

숙어 get on one's nerves ~의 신경을 건드리다

650

worry
[wə́:ri]
동 걱정하다, 걱정하게 만들다

▶ **worry** about the assignment 과제에 대해 걱정하다

▷ I began to **worry about the assignment** which is due next week. 난 다음 주까지인 그 과제에 대해 걱정되기 시작했다.

형worried 걱정[우려]하는

651

boring
[bɔ́:riŋ]

형 **지루한**, 재미없는

▶ find the movie **boring** 그 영화가 지루하다고 느끼다

▷ I'm afraid I **found the movie** a little **boring**.
난 그 영화가 약간 지루한 것 같았어.

동 bore 지루하게 하다

명 boredom 지루함

652

tired
[taiərd]

형 ① 피곤한
② 싫증난, 지겨운

▶ look **tired** 피곤해 보이다

▶ be **tired of ~ing** ~하는 것이 지겹다

▷ I'm **tired of** hear**ing** about his endless complaining.
나는 그의 끝없는 불평을 듣는 것이 지겹다.

참고 tire 명 (자동차의) 타이어

653

pleasant
[plézənt]

형 **즐거운**, 유쾌한

▶ a **pleasant** conversation 유쾌한 대화

▷ We had **a pleasant conversation** in a comfortable atmosphere. 우리는 편안한 분위기에서 유쾌한 대화를 나누었다.

동 감탄 please 기쁘게 하다; (부탁할 때) 부디, 제발

반 unpleasant 불쾌한

654

wonderful
[wʌ́ndərfəl]

형 **놀랄만한**, 아주 멋진
(= fantastic, incredible)

▶ **wonderful** works of art 아주 멋진 예술 작품들

▷ The room is filled with **wonderful works of art**.
그 방은 아주 멋진 예술 작품들로 가득 차있다.

명 동 wonder 놀라움; 궁금하다

655

brilliant
[bríljənt]

형 **눈부신**, 아주 멋진

▶ a **brilliant** performance 아주 멋진 공연

▷ The young pianist gave **a brilliant performance** to the audience. 그 젊은 피아니스트가 관객에게 아주 멋진 공연을 보여줬다.

부 brilliantly 눈부시게

656

amuse
[əmjúːz]
동 즐겁게 하다

▶ **amuse** the children 아이들을 즐겁게 하다

▷ Cartoon characters such as Pororo **amused the children**.
뽀로로 같은 만화 캐릭터들이 아이들을 즐겁게 해주었다.

명 amusement ① 재미 ② 놀이

Tip amusement park 놀이공원

657

enjoy
[indʒói]
동 즐기다, 즐거워하다

▶ **enjoy going** camping 캠핑 가는 것을 즐기다

▷ His family **enjoys going camping** across the country every weekend. 그의 가족은 주말마다 전국으로 캠핑 다니는 것을 즐긴다.

숙어 enjoy yourself 즐거운 시간을 보내다

658

merry
[méri]
형 즐거운, 명랑한

▶ **Merry** Christmas 메리[즐거운] 크리스마스

▷ We wish you a **Merry Christmas** and a happy New Year!
우린 당신이 즐거운 크리스마스와 행복한 새해를 맞이하기를 바래요!

비교 marry (~와) 결혼하다

day
17

659

exciting
[iksáitiŋ]
형 신나는, 흥분시키는

▶ an **exciting** trip 신나는 여행

▷ We're planning to take **an exciting trip** to Africa.
우리는 아프리카로 가는 신나는 여행을 계획 중이다.

동 excite 흥분시키다   명 excitement 흥분, 신남

660

express
[iksprés]
동 표현하다, 나타내다
형 급행의, 신속한

▶ **express** an interest 관심을 보이다

▷ The good-looking guy **expressed an interest** in meeting you. 그 잘생긴 남자가 널 만나는 것에 관심을 보였어.

▶ by **express** delivery 빠른우편으로

명 expression ① 표현 ② 표정

Tip expressway = highway 고속도로

215

661

proud
[praud]
혱 자랑스러운

▶ be **proud of** ~에 대해 자랑스러워하다

▷ She**'s proud of** her daughter for not giving up to the end. 그녀는 딸이 끝까지 포기하지 않은 것에 대해서 자랑스러워한다.

몡 pride 자랑스러움, 자부심

662

dear
[diər]
혱 소중한, 사랑하는

▶ a **dear** friend 소중한 친구

▷ Danny became my **dear friend** since elementary school. 대니는 초등학교 이후로 나의 소중한 친구가 되었다.

663

sincere
[sinsíər]
혱 진실한, 진심의

▶ a **sincere** apology 진심 어린 사과

▷ He made **a sincere apology** to her for his mistake. 그는 실수에 대해 그녀에게 진심 어린 사과를 했다.

뮈 sincerely 진심으로

몡 sincerity 정직, 성실

664

honest
[ánist]
혱 정직한, 솔직한

▶ to be **honest** 솔직히 말하면

▷ **To be honest** I have had a few problems with my work recently. 솔직히 말하면 최근 내 일에 몇 가지 문제가 있어.

몡 honesty 정직, 솔직함

뺀 dishonest 정직하지 못한

665

eager
[íːgər]
혱 열망하는, 간절히 바라는

▶ **eager for** success 성공을 열망하는

▶ **eager to** travel abroad 해외여행 가기를 몹시 바라는

▷ My wife is **eager to travel abroad** during this summer holiday. 내 아내는 이번 여름 휴가 때 해외여행 가기를 몹시 바란다.

몡 eagerness 열의, 열심

666

polite
[pəláit]
[형] 공손한, 예의 바른

▶ be **polite to** ~에게 공손히 대하다

▷ All of us should **be polite to** the guests.
우리는 모두 손님들께 공손히 대해야 합니다.

[부]**politely** 공손히, 예의 바르게　[명]**politeness** 공손함

[반]**impolite** 무례한

667

moral
[mɔ́ːrəl]
[형] 도덕의, 도덕적인

▶ a **moral** issue 도덕의 문제

▷ I would like to debate **several moral issues** in our society.
나는 우리 사회의 몇 가지 도덕적인 문제들에 대해 토론을 하고자 합니다.

[명]**morality** 도덕(성)　[반]**immoral** 비도덕적인, 부도덕한

참고 **sin** (도덕상의) 죄

668

praise
[preiz]
[동] 칭찬하다

[명] 칭찬

▶ **praise** A **for** B A를 B에 대해 칭찬하다

▷ The President **praised** the rescue workers **for** their courage. 대통령이 그 구조대원들의 용기를 칭찬했다.

▶ receive high **praise** for ~에 대해서 칭찬을 많이 받다

[반]**scold** 꾸짖다, 야단치다

day
17

669

encourage
[inkə́ːridʒ]
[동] 용기를 북돋아 주다,
격려하다

▶ **encourage** someone **to** V ~에게 ~하도록 격려하다

▷ The school **encouraged** its students **to** learn foreign languages. 그 학교는 학생들에게 외국어를 배우도록 격려했다.

[명]**encouragement** 격려

[반]**discourage** 막다, 좌절시키다

670

peaceful
[píːsfəl]
[형] 평화로운, 평화적인

▶ a **peaceful** settlement 평화적인 해결

▷ We hope for **a peaceful settlement** of the dispute.
우리는 그 분쟁에 대한 평화적인 해결을 바라고 있다.

[명]**peace** 평화

671

strange
[streindʒ]

[형] **이상한**, 낯선(= odd)

▶ seem **strange to** ~에게 이상해 보이다

▷ Does his behavior **seem strange to** other people?
그의 행동이 다른 사람들에게 이상해 보일까?

672

rude
[ruːd]

[형] **무례한**, 예의 없는

▶ **rude** behavior 무례한 행동

▷ The guide was offended by **her rude behavior**.
그 안내원은 그녀의 예의 없는 행동에 기분이 상했다.

[명] rudeness 무례함   [부] rudely 무례하게

673

greedy
[gríːdi]

[형] **탐욕스러운**, 욕심 많은

▶ be **greedy for** ~에 대해 탐욕스럽다

▷ The queen **is greedy for** power and money.
그 여왕은 권력과 돈에 대해 탐욕스럽다.

[명] greed 탐욕

674

shame
[ʃeim]

[명] ① **창피, 수치심**

② 안타까움, 아쉬움

▶ feel **shame** for ~에 대해 창피함을 느끼다

▷ Surprisingly, he **felt** no **shame for** what he had done.
놀랍게도 그는 자신이 한 행동을 창피해하지 않았다.

▶ What a **shame**! 정말 안타깝다!

[형] shameful 창피한, 수치스러운   [형] ashamed 창피한, 부끄러운

[반] shameless 창피한 줄 모르는

675

insult
[insʌ́lt]

[동] **모욕하다**

[명] [ínsʌlt] 모욕(적인 말)

▶ feel **insulted** by ~에 의해 모욕감을 느끼다

▷ The waitress **felt** greatly **insulted by** the customer's rude behaviors. 그 웨이트리스는 손님의 무례한 행동에 심한 모욕감을 느꼈다.

▶ shout **insults** at ~에게 모욕적인 말을 퍼붓다

[형] insulting 모욕적인

676

hate
[heit]

통 미워하다, 아주 싫어하다
(= dislike)

▶ **hate** speak**ing** in public 사람들 앞에서 얘기하는 걸 아주 싫어하다

▷ The shy boy has always **hated speaking in public.**
수줍음을 많이 타는 그 소년은 늘 사람들 앞에서 얘기하는 걸 싫어했다.

명 hatred 증오, 혐오

677

lonely
[lóunli]

형 외로운, 쓸쓸한

▶ feel **lonely** 외롭다

▷ He **felt lonely** without his wife and children.
그는 아내와 아이들이 없어 외로웠다.

비교 alone 혼자인

678

miserable
[mízərəbl]

형 비참한

▶ feel **miserable** 비참하다고 느끼다

▷ My aunt **felt** lonely and **miserable** after her divorce.
우리 이모는 이혼 후 외로움과 비참함을 느꼈다.

명 misery 고통, 불행

day
17

679

pity
[píti]

명 동정(심), 유감

▶ take **pity on** ~에 동정심을 느끼다

▷ I **took pity on** her and lent her the money.
난 그녀에게 동정심을 느껴 돈을 빌려주었다.

형 pitiful 측은한, 불쌍한

반 pitiless 인정사정없는, 냉혹한

680

excuse
[ikskjú:z]

동 용서하다, 봐주다
(= forgive)

명 [ikskjú:s] 변명, 핑계

▶ **excuse** his mistake 그의 실수를 용서하다

▷ His boss **excused his** slight **mistake** this time.
그의 상사가 이번에는 그의 작은 실수를 용서해주었다.

▶ a **excuse for** being late 늦은 것에 대한 변명

Tip Excuse me. 실례합니다. 미안합니다.

DAY 17 - CHECK UP TEST

A 다음 단어들을 올바르게 연결해보세요.

1	**hate**	•	• 충격	1	눈부신 •	• wonderful
2	**honest**	•	• 자랑스러운	2	공손한 •	• pleasant
3	**enjoy**	•	• 무례한	3	놀라게 하다 •	• excuse
4	**shock**	•	• 즐거운	4	즐거운 •	• angry
5	**shout**	•	• 정직한	5	놀랄만한 •	• surprise
6	**afraid**	•	• 즐기다	6	이상한 •	• brilliant
7	**fear**	•	• 무서워하는	7	화난 •	• polite
8	**rude**	•	• 공포	8	평화로운 •	• strange
9	**merry**	•	• 외치다	9	용서하다 •	• peaceful
10	**proud**	•	• 미워하다	10	피곤한 •	• tired

C 다음 문장에 맞는 단어를 써넣으세요.

> miserable / pity / nervous / greedy / eager / insult / tired

1 I took _____ on her and lent her the money.

2 The queen is _____ for power and money.

3 The waitress felt greatly _____ed by the customer's rude behaviors.

4 My aunt felt lonely and _____ after her divorce.

5 She was so _____ about her exams that she couldn't sleep.

6 I'm _____ of hearing about his endless complaining.

7 My wife is _____ to travel abroad during this summer holiday.

B 다음 중 올바른 뜻을 고르세요.

1	**greedy**	□ 끈적끈적한	□ 탐욕스러운
2	**shame**	□ 무례	□ 창피
3	**nervous**	□ 초조한	□ 정확한
4	**sincere**	□ 진실한	□ 차분한
5	**miserable**	□ 비열한	□ 비참한
6	**passion**	□ 열광	□ 열정
7	**insult**	□ 모욕하다	□ 비난하다
8	**annoy**	□ 짜증나게 하다	□ 놀라게 하다
9	**eager**	□ 집중하는	□ 열망하는
10	**exciting**	□ 흥분시키는	□ 관심 있는

1	칭찬	□ price	□ praise
2	표현하다	□ impress	□ express
3	동정심	□ pity	□ passion
4	도덕의	□ moral	□ noble
5	용기를 북돋아주다	□ encourage	□ discourage
6	즐겁게 하다	□ amaze	□ amuse
7	걱정하다	□ worry	□ wonder
8	외로운	□ alone	□ lonely
9	소중한	□ dear	□ dare
10	지루한	□ boring	□ bowling

D 다음 문장에 맞는 단어를 써넣으세요.

1 Please don't be angry _____ me. It wasn't my fault.

ⓐ for   ⓑ with   ⓒ to   ⓓ in

2 She felt they had _____ her by repeatedly ignoring her questions.

ⓐ recognized   ⓑ consulted   ⓒ insulted   ⓓ handled

3 Many psychologists claim that some computer games can _____ violent behavior in young children.

ⓐ encourage   ⓑ endanger   ⓒ discourage   ⓓ discover

직업

j o b
a or

오늘 학습할 '직업'에 관한 필수 단어입니다. 눈으로 스캔하며 모르거나 헷갈리는 단어에 체크하세요.

● 돈과 장사

- **merchant** 상인
- **comercial** 상업의
- **challenge** 도전
- **cash** 현금
- **coin** 동전
- **trade** 무역
- **spend** 쓰다
- **owe** 빚지다
- **wallet** 지갑
- **duty** 의무

● 전문 직업

- **law** 법
- **doctor** 의사
- **dentist** 치과의사
- **medical** 의학의, 의료의
- **pill** 알약
- **photographer** 사진사
- **magic** 마술, 마법
- **professor** 교수
- **mayor** 시장
- **president** 대통령

● 육체 노동의 직업들

- **labor** 노동
- **captain** 선장
- **sail** 항해하다
- **crew** 승무원
- **pilot** 비행사
- **carpenter** 목수
- **miner** 광부
- **barber** 이발사
- **baker** 제빵사
- **clerk** 점원

● 일과 직업

- **job** 일, 직업
- **office** (높은) 지위
- **selfish** 이기적인
- **manager** 운영자
- **earn** (돈을) 벌다
- **industrial** 산업의
- **operator** 기사
- **volunteer** 자원봉사자
- **invest** 투자하다
- **union** 통합, 결합

681

merchant
[mə́ːrtʃənt]

몡 상인, 무역상

▶ rich **merchants** 부유한 상인들

▷ Venice was once a city of **rich merchants**.
베니스는 한때 부유한 상인들의 도시였다.

참고 merchandise 상품

682

commercial
[kəmə́ːrʃəl]

혱 상업의

▶ a **commercial** advertisement 상업광고

▷ Many celebrities appear on **a commercial advertisement** to attract people's attention.
많은 유명인들이 사람들의 관심을 끌기 위해 상업광고에 출연한다.

몡 commerce 상업 뷔 commercially 상업적으로

683

challenge
[tʃǽlindʒ]

몡 도전

통 ~에 도전하다

▶ face the **challenge** 도전에 직면하다

▷ The lawyer now **faces the** biggest **challenge** of his career.
그 변호사는 지금 그의 경력에 있어 가장 큰 도전에 직면해 있다.

▶ He **challenged** me to a game of chess.
그가 나에게 체스 한 판 두자고 도전했다.

혱 challenging 도전적인

684

trade
[treid]

몡 무역, 거래

통 거래하다, 무역하다

▶ **trade** between the two countries 양국 간의 무역

▷ **Trade between the two countries** has increased in recent years. 양국 간의 무역이 최근 몇 년 동안 증가했다.

▶ **trade in** weapons 무기를 거래하다

몡 trader 상인, 거래자

685

cash
[kæʃ]

몡 현금

▶ pay in **cash** 현금으로 지불하다

▷ The shop charges less if the customer **pays in cash**.
그 가게에서는 손님이 현금으로 지불하면 값을 깎아준다.

몡 cashier (계산대의) 점원, 캐셔 참고 on credit 외상으로

686

coin
[kɔin]
명 동전

▶ collect **coins** 동전을 수집하다

▷ My hobby is **collecting** various foreign **coins**.
내 취미는 다양한 외국 동전을 모으는 것입니다.

Tip 지폐 : bill 〈미국〉, note 〈영국〉

687

spend
[spend]
동 (돈을) **쓰다**,
　(시간을) **보내다**

▶ **spend** money **on** ~에 돈을 쓰다

▷ I **spent** much **money on** her birthday gift.
난 그녀의 생일 선물을 사는 데 많은 돈을 썼다.

명 spending 지출　시제변화 spend - spent - spent

비교 expend (돈 · 시간을) 쏟다, 들이다

688

owe
[ou]
동 **빚지다**, 신세지다

▶ **owe** me a lot of money 나에게 많은 돈을 빚지다

▷ Ryan still **owes me a lot of money**.
라이언은 아직 나에게 많은 돈을 빚지고 있다.

숙어 owing to + 명 ~ 때문에(= because of)

day
18

비교 own ① 소유하다 ② 인정하다

689

wallet
[wálit]
명 **지갑**

▶ take ~ out of one's **wallet** 지갑에서 ~을 꺼내다

▷ He **took** a credit card **out of his wallet**.
그는 지갑에서 신용카드를 꺼냈다.

비교 purse (여성용) 핸드백

690

duty
[djúːti]
명 ① **의무**, 임무
　② (수입품에 대한) 세금

▶ have a **duty** to V ~할 의무가 있다

▷ The police **have a duty to** protect the public.
경찰은 대중을 보호할 의무가 있다.

▶ a **duty**-free shop 면세점

숙어 on duty 당번인, 근무 중인 / off duty 비번인, 근무 중이 아닌

비교 task (주어진) 일, 과제

691

law
[lɔː]
몡 법, 법률

▶ violate the **law** 법을 위반하다

▷ The company denied that it had **violated the** international **law**. 그 회사는 국제법을 위반했다는 것을 부인했다.

몡 lawyer 변호사

참고 keep the law 법을 지키다 / break the law 법을 어기다

비교 raw 날것의, 천연의

692

doctor
[dɑ́ktər]
몡 ① 의사
② 박사

▶ see a **doctor** 진찰 받다

▷ You'd better **see a doctor** about that cough.
너 기침하는 거 의사의 진찰을 받아 보는 게 좋을 거야.

▶ a **Doctor** of Philosophy 철학 박사

참고 nurse 간호사
pharmacist 약사

693

dentist
[déntist]
몡 치과의사

▶ go to the **dentist** (치료받으러) 치과에 가다

▷ I have to **go to the dentist** to have a tooth pulled.
나 이를 뽑으러 치과에 가야 해.

혱 dental 치아의, 치과의

694

medical
[médikəl]
혱 의학의, 의료의

▶ **medical** insurance 의료 보험

▷ It is wise to take out **medical insurance** for health.
건강을 위해 의료 보험을 들어두는 것이 현명하다.

몡 medicine ① 의학 ② (액체) 약

695

pill
[pil]
몡 알약(= tablet)

▶ take a **pill** 알약을 먹다

▷ Emily **took a pill** for her severe headache.
에밀리는 심한 두통 때문에 알약을 먹었다.

696

photographer
[fətágrəfər]
명 사진사, 사진작가

▸ a fashion **photographer** 패션 사진작가

▷ Morris worked for the magazine as **a fashion photographer**.
모리스는 그 잡지사에서 패션 사진작가로 일했다.

명 photograph 사진   명 photography 사진술

697

professor
[prəfésər]
명 (대학) 교수

▸ a **professor** of history 역사학 교수

▷ He's been named **the professor of history**.
그는 역사학 교수로 임용되었다.

비교 profession 전문직

698

magic
[mǽdʒik]
명 마술, 마법

▸ do **magic** 마술을 하다

▷ This interesting book explains how to **do magic**.
이 재미있는 책은 마술하는 법을 설명해준다.

형 magical 마법의   명 magician 마술사, 마법사

참고 miracle 기적

699

mayor
[méiər]
명 시장

▸ the London **mayor** 런던 시장

▷ Our candidate won the election for **London mayor**.
우리 후보가 런던 시장 선거에서 승리했다.

700

president
[prézədənt]
명 ① 대통령
　 ② 회장

▸ the **President** of France 프랑스 대통령

▷ **The President** of France will hold a news conference tomorrow.
프랑스 대통령이 내일 기자회견을 열 것이다.

▸ the **president** of the company 그 회사의 회장

형 presidential ① 대통령의 ② 회장의

동 preside 주재하다, 의장을 맡다

● 육체 노동의 직업들

701

labor
[léibər]

명 노동, 근로

▶ **labor** costs 인건비

▷ The company wants to keep down **labor costs**.
그 회사는 인건비를 낮추고 싶어 한다.

명 laborer 노동자

702

captain
[kǽptən]

명 ① 선장, (비행기) 기장

② (팀의) 주장, 육군 대위

▶ the **captain** of the ship 그 배의 선장

▷ **The captain of the ship** is responsible for the accident.
그 배의 선장이 그 사고에 대한 책임이 있다.

▶ the **captain** of the national team 국가 대표팀의 주장

703

sail
[seil]

통 항해하다

명 돛

▶ **sail** around the world 전 세계를 항해하다

▷ The boy always wanted to **sail around the world**.
그 소년은 늘 전 세계를 항해하기를 원했다.

▶ raise the ship's **sail** 배의 돛을 올리다

명 sailor 선원   참고 anchor 닻

704

crew
[kru:]

명 ① 승무원, 선원

② (특정 활동의) -팀, -대

▶ join the **crew** 선원이 되다

▷ Jonathan **joined the crew** of a large fishing boat.
조나단은 큰 어선의 선원이 되었다.

▶ the film's camera **crew** 그 영화의 촬영 팀

Tip stewardess 스튜어디스 (비행기의) 여자 승무원
steward 스튜어드 남자 승무원

705

pilot
[páilət]

명 비행사, 조종사

▶ a fighter **pilot** 전투기 조종사

▷ I joined the air force to be **a fighter pilot**.
난 전투기 조종사가 되기 위해 공군에 입대했다.

참고 astronaut 우주비행사

706

carpenter
[káːrpəntər]
명 목수

▶ a skilled **carpenter** 숙련된 목수

▷ We hired **a skilled carpenter** to build our new house.
우리는 새 집을 짓기 위해 숙련된 목수를 고용했다.

707

miner
[máinər]
명 광부

▶ a coal **miner** 석탄 광부

▷ My grandfather has worked as **a coal miner** all his life.
우리 할아버지는 평생을 석탄 광부로 일해 오셨다.

명|동 mine 광산, 탄광; 채굴하다

명 mining 채굴, 광(산)업

708

barber
[báːrbər]
명 이발사

▶ go to the **barber's** 이발소에 가다

▷ He **went to the barber's** to get a haircut.
그는 머리 깎으러 이발소에 갔다.

Tip barber 이발사 / barber's = barbershop 이발소
hairdresser 미용사[실]

709

baker
[béikər]
명 제빵사, 빵집 주인

▶ a **baker** making bread 빵을 만드는 제빵사

▷ **The baker makes** delicious **breads** and sells them every
day. 그 제빵사는 매일 맛있는 빵들을 만들어 판다.

명 bakery 빵집, 제과점(= baker's)

동 bake (빵·음식을) 굽다

710

clerk
[kləːrk]
명 ① 점원, (창구) 직원
② (법원의) 서기, 사무원

▶ work part-time as a **clerk** 점원으로 아르바이트하다

▷ My wife **works part-time as a clerk** in a women's
clothing store. 내 아내는 여성 의류 매장에서 점원으로 아르바이트한다.

▶ a court **clerk** 법원 서기

비교 clock 시계

711

job
[dʒab]

명 일, 직업

▶ look for a **job** 일자리를 찾다

▷ The dreamful girl went to the big city to **look for a job**.
그 꿈 많은 소녀는 일자리를 찾기 위해 대도시로 갔다.

Tip a part-time job 시간제 일(아르바이트) / a full-time job 정규직

712

office
[ɑ́:fis]

명 ① (높은) **지위**, 공직
　　② 사무실

▶ take **office** 취임하다

▷ The candidate won the election and will **take office** formally next month.
그 후보가 선거에서 이겼고 다음 달에 공식 취임할 것이다.

▶ hold a meeting in his **office** 그의 사무실에서 회의를 열다

형 명 **official** 공식적인; (고위) 관리

명 **officer** ① 장교 ② 경찰관

713

selfish
[sélfiʃ]

형 이기적인

▶ a **selfish** desire 이기적인 욕구

▷ He found fault with **the selfish desires** of others.
그는 다른 사람들의 이기적인 욕구를 비난했다.

명 **self** 자아, 자신

714

manager
[mǽnidʒər]

명 운영자, 관리자

▶ a bank **manager** 은행 지점장

▷ **A bank manager** is in charge of a particular branch of a bank. 은행 지점장은 은행의 특정 지점에 대한 책임을 맡는다.

동 **manage** 관리하다　　명 **management** 경영(진), 관리(자)

715

earn
[ə:rn]

동 ① (돈을) **벌다**
　　② (자격 · 명성 등을) 얻다

▶ **earn** a living 생계비를 벌다

▷ Her husband did all sorts of jobs to **earn a living**.
그녀의 남편은 생계비를 벌기 위해 온갖 종류의 일을 다 했다.

▶ **earn** a promotion 승진하다

명 **earnings** 소득, 수입(= income)

716

industrial
[indʌ́striəl]

형 산업의

▶ **industrial** development 산업의 발달

▷ There has been rapid **industrial development** after war.
전후에 급속한 산업의 발달이 있어왔다.

명 industry ① 산업 ② 근면   비교 **industrious** 근면한

717

operator
[ápərèitər]

명 ① (장비·기계의) **기사**
② (전화) 교환원

▶ a computer **operator** 컴퓨터 기사

▷ Jake works as **a computer operator** in the company.
제이크는 그 회사에서 컴퓨터 기사로 일해.

▶ call an **operator** 교환원에게 전화하다

동 **operate** ① 작동[운영]하다 ② 수술하다   명 **operation** ① 작동 ② 수술

718

volunteer
[vὰləntíər]

명 자원봉사자

동 자원하다

▶ work as a **volunteer** 자원봉사자로 일하다

▷ My mother has begun to **work as a volunteer** for a charity.
우리 엄마는 한 자선기관에서 자원봉사자로 일하기 시작했다.

▶ **volunteer** for community service 사회봉사를 자원하다

형 **voluntary** 자발적인   부 **voluntarily** 자발적으로

day
18

719

invest
[invést]

동 투자하다

▶ **invest** A **in** B A를 B에 투자하다

▷ The company **invested** a lot of money **in** R&D.
그 회사는 많은 돈을 연구개발에 투자했다.

명 **investment** 투자   명 **investor** 투자자

비교 **bet** (경마·도박 등에) 돈을 걸다

720

union
[jú:njən]

명 ① 통합, 결합
② 연방, 노조

▶ the **union** of beauty and comfort 아름다움과 편안함의 결합

▷ The set of furniture shows **the union of beauty and comfort**. 그 가구는 미와 편안함의 결합을 보여준다.

▶ join the **union** 노조[노동조합]에 가입하다

Tip **European Union**(= EU) 유럽연합

DAY 18 - CHECK UP TEST

A 다음 단어들을 올바르게 연결해보세요.

1	operator	의무	1	마술	captain
2	duty	상업의	2	사진사	baker
3	cash	투자하다	3	선장	office
4	wallet	(장비의) 기사	4	비행사	earn
5	commercial	법	5	제빵사	labor
6	invest	현금	6	일	magic
7	law	지갑	7	지위	pilot
8	trade	의사	8	벌다	photographer
9	doctor	의학의	9	회장	president
10	medical	무역	10	노동	job

C 다음 문장에 맞는 단어를 써넣으세요.

> merchant / pill / mayor / crew / carpenter / clerk / union

1 Jonathan joined the _____ of a large fishing boat.

2 We hired a skilled _____ to build our new house.

3 Venice was once a city of rich _____s.

4 My wife works part-time as a _____ in a women's clothing store.

5 Our candidate won the election for London _____.

6 Emily took a _____ for her severe headache.

7 The set of furniture shows the _____ of beauty and comfort.

B 다음 중 올바른 뜻을 고르세요.

1 **professor**	□ 교사	□ 교수	
2 **mayor**	□ 시장	□ 국회의원	
3 **crew**	□ 선장	□ 선원	
4 **carpenter**	□ 목수	□ 수리공	
5 **miner**	□ 광부	□ 미성년자	
6 **selfish**	□ 이기적인	□ 이타적인	
7 **pill**	□ 알약	□ 알곡	
8 **coin**	□ 동전	□ 현금	
9 **challenge**	□ 도전	□ 반항	
10 **union**	□ 통합	□ 조화	

1 **상인**	□ merchant	□ merchandise	
2 **치과의사**	□ doctor	□ dentist	
3 **(가게) 점원**	□ clerk	□ clock	
4 **산업의**	□ industrial	□ industrious	
5 **자원봉사자**	□ candidate	□ volunteer	
6 **이발사**	□ baker	□ barber	
7 **(돈을) 쓰다**	□ save	□ spend	
8 **항해하다**	□ sail	□ sale	
9 **운영자, 관리자**	□ operator	□ manager	
10 **빚지다**	□ owe	□ own	

D 다음 문장에 맞는 단어를 써넣으세요.

1 She spends a lot of money _____ clothes and jewels.

ⓐ in   ⓑ on   ⓒ for   ⓓ to

2 She was very close to losing her house because she _____ the bank a lot of money.

ⓐ spent   ⓑ loaned   ⓒ owed   ⓓ borrowed

3 The company has _____ an international reputation for good products and high-quality customer service.

ⓐ earned   ⓑ shown   ⓒ accepted   ⓓ held

학교와 교육

오늘 학습할 '학교와 교육'에 관한 필수 단어입니다. 눈으로 스캔하며 모르거나 헷갈리는 단어에 체크하세요.

● 와! 과학시간이다!

- □ **science** 과학
- □ **biology** 생물학
- □ **cell** 세포
- □ **chemical** 화학의
- □ **nuclear** 핵의
- □ **atom** 원자
- □ **liquid** 액체의
- □ **artificial** 인공적인
- □ **fundamental** 근본적인
- □ **future** 미래

● 수학시간은 힘들어!

- □ **math** 수학
- □ **count** 계산하다
- □ **circle** 원
- □ **square** 정사각형
- □ **eraser** 지우개
- □ **clever** 영리한
- □ **foolish** 어리석은
- □ **dull** 따분한
- □ **lesson** 수업
- □ **concentrate** 집중하다

● 교실에선 떠들지 맙시다!

- □ **class** 학급
- □ **greeting** 인사
- □ **seat** 자리
- □ **sound** 소리
- □ **noise** 소음
- □ **quiet** 조용한
- □ **emphasize** 강조하다
- □ **learn** 배우다
- □ **know** 알다
- □ **understand** 이해하다

● 우리학교를 소개합니다!

- □ **library** 도서관
- □ **playground** 운동장
- □ **teenager** 십대
- □ **semester** 학기
- □ **vacation** 방학
- □ **grammar** 문법
- □ **word** 단어
- □ **repeat** 반복하다
- □ **progress** 진전, 진보
- □ **graduate** 졸업하다

721

science
[sáiəns]

명 **과학**

▶ advances in **science** 과학의 발전

▷ **Advances in science** have brought us many changes.
과학의 발전이 우리에게 많은 변화를 가져왔다.

형 scientific 과학의, 과학적인　명 scientist 과학자

722

biology
[baiálədʒi]

명 **생물학**

▶ major in **biology** 생물학을 전공하다

▷ His cousin **majors in biology** at the university.
그의 사촌이 그 대학에서 생물학을 전공한다.

형 biological 생물학의　명 biologist 생물학자

참고 germ 세균, 미생물

723

cell
[sel]

명 ① **세포**

② 감방, 독방

▶ **cell** division 세포 분열

▷ **Cell division** is the process by which a parent cell divides into two or more daughter cells.
세포 분열은 모세포가 두 개 이상의 딸세포로 나뉘는 과정이다.

▶ a prison **cell** 감옥의 독방

724

chemical
[kémikəl]

형 **화학의**, 화학적인

명 **화학 물질**

▶ the **chemical** industry 화학 산업

▷ **The chemical industry** produces such things as drugs, paint and rubber.
화학 산업은 의약품, 페인트, 고무와 같은 것들을 생산한다.

▶ dangerous **chemicals** 위험한 화학 물질들

명 chemistry 화학　명 chemist 화학자

725

nuclear
[njú:kliər]

형 **핵의**, 원자력의(= atomic)

▶ a **nuclear** weapon 핵무기

▷ There is great concern about the country's **nuclear weapons** program. 그 나라의 핵무기 프로그램에 대한 우려가 크다.

Tip a nuclear family 핵가족

726

atom
[ǽtəm]
명 원자

▸ an **atom** of oxygen 산소 원자

▷ Two atoms of hydrogen combine with one **atom of oxygen** to form a molecule of water.
수소 원자 두 개는 산소 원자 한 개와 결합하여 한 분자의 물 형성한다.

형 atomic 원자(력)의

참고 molecule 분자

727

liquid
[líkwid]
형 액체의

명 액체

▸ **liquid** substances 액체 물질들

▷ The ship carries dangerous **liquid substances**.
그 배는 위험한 액체 물질들을 수송한다.

▸ Water and milk are **liquids**. 물과 우유는 액체들이다.

참고 solid 고체 / gas 기체

728

artificial
[à:rtifíʃəl]
형 인공적인, 인조의

▸ launch an **artificial** satellite 인공위성을 발사하다

▷ The White House announced a plan to **launch two artificial satellites** within a year.
백악관은 일년 내에 두 개의 인공위성을 발사하겠다는 계획을 발표했다.

day
19

729

fundamental
[fʌndəméntl]
형 근본적인, 기본적인
(= basic)

▸ a **fundamental** principle 근본 원리

▷ One of **the fundamental principles** of science is asking questions.
과학의 근본 원리들 중에 하나는 질문을 하는 것이다.

730

future
[fjú:tʃər]
명 미래, 장래

▸ in the **future** 미래에

▷ This policy can create many problems **in the future**.
이 정책은 미래에 많은 문제를 일으킬 수 있다.

반 past 과거

731

math
[mæθ]
명 수학

▶ be good at **math** 수학을 잘하다

▷ I really envy you who **are good at math**.
나는 수학을 잘 하는 네가 너무 부럽다.

형 mathematical 수학의, 수학적인

Tip mathematics의 줄임말 → math　비교 arithmetic 산수

732

count
[kaunt]
동 ① 세다, 계산하다
　② 중요하다

▶ **count** numbers 숫자를 세다

▷ Kids use fingers to **count numbers**.
아이들은 숫자를 세기 위해 손가락을 사용한다.

▶ Every vote **counts**. 모든 표는 중요하다.

733

circle
[sə́ːrkl]
명 원, 동그라미

▶ draw a **circle** 동그라미를 그리다

▷ The teacher **drew a circle** around the correct answer marking exam papers.
선생님은 시험지를 채점하며 맞는 답에 동그라미를 쳤다.

형 circular 원형의, 둥근

Tip 동호회, 서클 : circle (X) → club (O)

734

square
[skwɛər]
명 ① 정사각형
　② 광장

▶ cut the cake into **squares** 케이크를 사각형 모양들로 자르다

▶ the main **square** 주 광장

▷ The hotel is just off **the main square** in the city.
그 호텔은 그 도시의 주 광장을 바로 벗어난 곳에 있다.

참고 triangle 삼각형 / pentagon 오각형

735

eraser
[iréisər]
명 지우개(= rubber)

▶ rub out with an **eraser** 지우개로 지우다

▷ If you write in pencil you can **rub out** your mistakes **with an eraser**. 연필로 써놓으면 실수한 것들을 지우개로 지울 수 있다.

동 erase 지우다

736

clever
[klévər]
형 영리한, 똑똑한(= smart)

▶ a **clever** child 영리한 아이

▷ Judy is **a clever child**, but she doesn't try hard.
쥬디는 영리한 아이지만 열심히 노력하지 않는다.

명 cleverness 영리함

737

foolish
[fúːliʃ]
형 어리석은, 바보 같은
(= stupid, silly)

▶ **foolish** behavior 어리석은 행동

▷ His **foolish behavior** was somewhat disappointing to me.
그의 어리석은 행동이 나에게 다소 실망스러웠다.

명 동 fool 바보; 속이다(= cheat)

명 foolishness 어리석음

738

dull
[dʌl]
형 ① 따분한, 지루한
② 둔한, 흐릿한

▶ a **dull** lecture 지루한 강의

▷ I became sleepy by the teacher's **dull lecture**.
난 그 선생님의 지루한 강의 때문에 졸렸다.

▶ his **dull** eye 그의 흐릿한 눈

명 dullness ① 지루함 ② 둔함

day
19

739

lesson
[lésn]
명 ① 수업, 레슨
② 교훈

▶ take a **lesson** 수업을 듣다

▶ learn **lessons** 교훈을 배우다

▷ We can certainly **learn lessons** from history.
우리는 분명히 역사로부터 교훈을 배울 수 있다.

비교 lessen 줄이다, 줄다

740

concentrate
[kánsəntrèit]
동 집중하다[시키다]
(= focus)

▶ **concentrate on** the lesson 수업에 집중하다

▷ It was hard to **concentrate on the lesson** because of a headache. 두통 때문에 수업에 집중하기가 어려웠다.

명 concentration 집중   형 concentrated 집중적인

741

class
[klæs]

® ① 학급, 반

② 수업(= lesson)

▶ in the same **class** 같은 반인

▷ He and I were **in the same class** at middle school.
그와 나는 중학교 때 같은 반이었다.

▶ take a **class** 수업을 듣다

동 classify 분류하다

형 classic 일류의, 최고 수준의   형 classical 고전적인

참고 classmate 급우, 반 친구
classroom 교실

742

greeting
[gríːtiŋ]

® 인사

▶ exchange **greetings** 인사를 나누다

▷ They **exchanged greetings** and struck up a conversation.
그들은 인사를 나누고 대화를 시작했다.

동 greet (사람을) 맞다, 환영하다

743

seat
[siːt]

® 자리, 좌석

▶ take a **seat** 자리에 앉다

▷ If you've never flown before then **take an** aisle **seat**.
만약 전에 비행기를 타본 적이 없다면 통로 쪽 자리에 앉아라.

744

sound
[saund]

® 소리

동 ~ 처럼 들리다,
~인 것 같다(= seem)

▶ the **sound** of footsteps 발자국 소리

▶ **sound** false 거짓처럼 들리다

▷ Her story **sounds false** so I can't believe it.
그녀의 이야기가 거짓인 것 같아서 난 믿을 수가 없다.

비교 sound 형 건전한, 건강한

745

noise
[nɔiz]

® 소음

▶ the traffic **noise** (차량들로 인한) 교통 소음

▷ We closed the window to block out **the traffic noise**.
우리는 차 소리가 안 들리도록 창문을 닫았다.

형 noisy 시끄러운, 떠들썩한

숙어 make a noise 떠들다

746

quiet
[kwáiət]

형 **조용한**, 고요한(= silent)

▶ keep **quiet** 조용히 하다

▷ Could you **keep quiet** instead of disturbing class?
수업 방해하지 말고 조용히 좀 있을래?

무 quietly 조용히, 고요히   비교 quite 꽤, 상당히

747

emphasize
[émfəsàiz]

동 **강조하다**

▶ **emphasize** the importance of ~의 중요성을 강조하다

▷ Our teacher always **emphasizes the importance of** expanding vocabulary.
우리 선생님은 어휘력을 키우는 것의 중요성을 항상 강조하신다.

명 emphasis 강조

748

learn
[ləːrn]

동 **배우다**, 알게 되다

▶ **learn** a foreign language 외국어를 배우다

▷ What's the best way to **learn a foreign language**?
외국어를 배우는 가장 좋은 방법은 무엇인가?

형 learned 유식한, 박식한   명 learner 학습자

시제변화 learn - learned[learnt] - learned[learnt]

숙어 learn by heart 암기하다

day **19**

749

know
[nou]

동 **알다**

▶ **know** the answer 답을 알다

▷ Do you **know the answer** of the difficult question?
너는 그 어려운 문제에 대한 답을 알고 있니?

명 knowledge 지식   시제변화 know - knew - known

750

understand
[ʌndərstǽnd]

동 **이해하다**

▶ **understand** the meaning 의미를 이해하다

▷ I can't **understand the meaning** of what he said.
난 그가 한 말의 의미를 이해할 수 없다.

명 understanding 이해   반 misunderstand 오해하다

시제변화 understand - understood - understood

751
library
[láibrèri]
몡 도서관, 서재

▶ a school **library** 학교 도서관

▷ I borrowed a book from **the school library**.
난 학교 도서관에서 책을 빌렸다.

몡 librarian (도서관의) 사서

752
playground
[pléigràund]
몡 놀이터, 운동장

▶ play in the **playground** 놀이터에서 놀다

▷ Children like to **play in the playground**.
아이들은 놀이터에서 노는 것을 좋아한다.

753
teenager
[tíːnèidʒər]
몡 십대

▶ aimed at **teenagers** 십대들을 겨냥한

▷ The magazine is **aimed at teenagers** and young adults.
그 잡지는 십대들과 젊은이들을 겨냥하고 있다.

혱 teenage 십대의(13세부터 19세까지의)

Tip teenage runaway 십대 가출 청소년

참고 juvenile 청소년의

754
semester
[siméstər]
몡 학기(= term)

▶ the fall **semester** 가을 학기

▷ **The fall semester** begins in early September and ends in mid December.
가을 학기는 9월에 시작해서 12월 중순에 끝난다.

755
vacation
[veikéiʃən]
몡 방학, 휴가(= holiday)

▶ go on a **vacation** 휴가 가다

▷ Where do you plan to **go on a vacation** this summer?
이번 여름에 어디로 휴가 갈 계획이니?

756

grammar
[grǽmər]
몡 문법

▶ English **grammar** 영문법

▷ **English grammar** can be hard for students to master.
영문법은 학생들이 숙달하기 어려울 수 있다.

혱 grammatical 문법의

757

word
[wəːrd]
몡 ① 단어
② (~가 하는) 말

▶ the spelling of a **word** 단어의 스펠링[철자]

▷ I found it very interesting to analyze **the spelling of** English **word**.
나는 영어 단어들의 철자를 분석하는 것이 매우 흥미롭다는 것을 알게 되었다.

▶ listen to her **words** 그녀의 말을 경청하다

숙어 Words fail me. 무슨 말을 해야 할지 모르겠다.

758

repeat
[ripíːt]
통 반복하다, 되풀이하다

▶ **repeat** a mistake 실수를 반복하다

▷ We have to avoid **repeating the mistakes** of the past.
우리는 과거의 실수를 반복하지 말아야 한다.

몡 repetition 반복   혱 repetitive 반복적인

day 19

759

progress
[prágres]
몡 진전, 진보

▶ make **progress** in something 어떤 것에 진전을 보이다

▷ Many students **made** much **progress in English** thanks to this book. 많은 학생들이 이 책 덕택에 영어가 많이 늘었다.

혱 progressive 진보적인, 혁신적인

760

graduate
[grǽdʒueit]
통 졸업하다

몡 [grǽdʒuət] 대학 졸업자

▶ **graduate from** university 대학을 졸업하다

▷ My nephew joined the company after **graduating from university**. 내 조카가 대학을 졸업하고 그 회사에 들어갔다.

▶ a **graduate** of Harvard 하버드 대학 졸업생

몡 graduation 졸업

Tip undergraduate (대학) 학부생, 대학생

A 다음 단어들을 올바르게 연결해보세요.

1	science ·	· 방학
2	future ·	· 어리석은
3	count ·	· 수학
4	math ·	· 과학
5	know ·	· 세다
6	vacation ·	· 동그라미
7	noise ·	· 미래
8	circle ·	· 알다
9	clever ·	· 소음
10	foolish ·	· 영리한

1	십대 ·	· eraser
2	놀이터 ·	· grammar
3	단어 ·	· sound
4	배우다 ·	· teenager
5	이해하다 ·	· playground
6	문법 ·	· class
7	지우개 ·	· quiet
8	소리 ·	· understand
9	조용한 ·	· learn
10	학급 ·	· word

C 다음 문장에 맞는 단어를 써넣으세요.

> nuclear / dull / lesson / emphasize / greeting / concentrate / artificial

1 It was hard to _____ on the lesson because of a headacke.

2 We can certainly learn _____s from history.

3 There is great concern about the country's _____ weapons program.

4 The White House announced a plan to launch two _____ satellites within a year.

5 They exchanged _____s and struck up a conversation.

6 Our teacher always _____s the importance of expanding vocabulary.

7 I became sleepy by the teacher's _____ lecture.

B 다음 단어들을 올바르게 연결해보세요.

1 **graduate** □ 입학하다 □ 졸업하다

2 **artificial** □ 인조의 □ 천연의

3 **progress** □ 진화 □ 진전

4 **square** □ 사각형 □ 오각형

5 **concentrate** □ 모이다 □ 집중하다

6 **emphasize** □ 강의하다 □ 강조하다

7 **semester** □ 학년 □ 학기

8 **chemical** □ 화학의 □ 물리학의

9 **atom** □ 분자 □ 원자

10 **seat** □ 자리 □ 시각

1 핵의, 원자력의 □ nuclear □ clear-cut

2 인사 □ greed □ greeting

3 근본적인 □ functional □ fundamental

4 지루한 □ doll □ dull

5 세포 □ cell □ jail

6 생물학 □ biography □ biology

7 액체 □ solid □ liquid

8 도서관 □ library □ literature

9 교훈 □ lesson □ practice

10 반복하다 □ replace □ repeat

D 다음 문장에 맞는 단어를 써넣으세요.

1 Kate graduated _____ medical school last year.

   ⓐ on   ⓑ in   ⓒ from   ⓓ for

2 This product _____ good, and not too expensive.

   ⓐ gives   ⓑ hears   ⓒ has   ⓓ sounds

3 Chinese people believe that the worship of their _____ bring them health, prosperity and long life.

   ⓐ ancestors   ⓑ neighbors   ⓒ friends   ⓓ relatives

예술과 스포츠

오늘 학습할 '예술과 스포츠'에 관한 필수 단어입니다. 눈으로 스캔하며 모르거나 헷갈리는 단어에 체크하세요.

● 음악

- musician 음악가
- album 앨범
- hall 홀
- concert 연주회
- flute 플루트
- guitar 기타
- trumpet 트럼펫
- hobby 취미
- clap 손뼉 치다
- flashlight 손전등

● 미술

- art 미술
- colorful (색이) 다채로운
- carve 조각하다
- sculpture 조각(품)
- statue 조각상
- exhibit 전시하다, 보여주다
- dye 염색하다
- brown 갈색의
- purple 자주색의
- gray 회색의

● 운동

- exercise 운동
- stretch 뻗다
- athlete 운동선수
- sneakers 운동화
- bat ① 방망이 ② 박쥐
- bike 자전거
- race ① 경주 ② 인종
- relay 전달하다
- volleyball 배구
- whistle 호루라기

● 공연과 축제

- festival 축제
- theater 극장
- museum 박물관
- stadium 경기장
- ticket 표
- cheer 환호
- entertain 즐겁게 하다
- drama 극, 연극
- stripe 줄무늬
- design 디자인

761

musician
[mjuːzíʃən]

몡 음악가, 뮤지션

▶ a talented **musician** 재능 있는 음악가

▷ He's **a talented musician** who leads a popular rock band. 그는 인기 있는 록 밴드를 이끌고 있는 재능 있는 음악가다.

몡 music 음악

참고 performer 연주자, 연기자

762

album
[ǽlbəm]

몡 (음악 · 사진) 앨범

▶ release an **album** 앨범(음반)을 발매하다

▷ The rock band plans to **release a** new **album** early next year.
그 록밴드는 내년 초 새 앨범을 발매할 계획이다.

763

hall
[hɔːl]

몡 (건물 안의) 홀, 현관

▶ a large **hall** 넓은 홀

▷ We rented **a large hall** for the music concert.
우리는 음악회를 열기 위해 넓은 홀을 하나 빌렸다.

Tip city hall 시청

764

concert
[kánsəːrt]

몡 연주회, 콘서트

▶ throw a **concert** 콘서트를 열다

▷ The famous singer will **throw a concert** in Korea next month.
그 유명 가수가 다음 달에 한국에서 콘서트를 열 것이다.

비교 recital 독창회, 독주회

765

flute
[fluːt]

몡 플루트

▶ play the **flute** 플루트를 불다

▷ My boy friend practices **playing the flute** every day.
내 남자 친구는 매일 플루트 부는 연습을 한다.

몡 flutist 플루트 연주자

766

guitar
[gitá:r]

명 기타

▶ play the **guitar** 기타를 치다

▷ I learned how to **play the guitar** from my dad.
나는 아빠한테 기타 치는 법을 배웠다.

명 guitarist 기타 연주자

참고 violinist 바이올린 연주자

767

trumpet
[trʌ́mpit]

명 트럼펫

▶ blow a **trumpet** 트럼펫을 불다

▷ A famous jazz musician is **blowing a trumpet**.
한 유명한 재즈 음악가가 트럼펫을 불고 있다.

명 trumpeter 트럼펫 연주자

Tip brass 금관악기

768

hobby
[hábi]

명 취미

▶ enjoy one's **hobby** 자신의 취미를 즐기다

▷ I really **enjoy my hobby** which is reading great works of literature. 나는 위대한 문학 작품 읽기인 내 취미를 정말로 즐긴다.

명 drummer 드럼 연주자

769

clap
[klæp]

동 손뼉 치다, 박수치다

▶ cheer and **clap** 환호하며 박수치다

▷ Everyone **cheered and clapped** when I went up to get my prize. 내가 상을 받으러 올라가자 모든 사람들이 환호하며 박수를 쳤다.

770

flashlight
[flǽʃlàit]

명 ① 손전등

② (사진의) 플래시

▶ shine a **flashlight** 손전등을 비추다

▷ He **shone a flashlight** in the dark room.
그는 어두운 방에 손전등을 비췄다.

▶ snap a **flashlight** 플래시를 터뜨리다

동 flash (잠깐) 비치다, 번쩍이다

비교 spotlight 스포트라이트, 환한 조명

● 미술

771

art
[aːrt]
명 ① 미술, 예술
　② 기술(= skill)

▶ an **art** teacher 미술 선생님

▷ My friend was hired as **an art teacher** in the school.
내 친구가 그 학교의 미술 선생님으로 채용되었다.

▶ the **art** of persuasion 설득의 기술

명 artist ① 화가 ② 예술가

Tip **fine art** 미술, 순수예술

772

colorful
[kʌ́lərfəl]
형 (색이) **다채로운**, 형형색색의

▶ **colorful** feathers 다채로운 색의 깃털

▷ Peacocks are famous for **colorful feathers**.
공작들은 다채로운 색의 깃털로 유명하다.

명 color ① 색깔 ② 국기, 군기

773

carve
[kaːrv]
동 **조각하다**, (글자를) 새기다

▶ **carve** a castle 성을 조각하다

▷ The sculptor **carved the** beautiful **castle** out of ice.
그 조각가는 얼음으로 아름다운 성을 조각했다.

명 carving 조각(품)

774

sculpture
[skʌ́lptʃər]
명 **조각(품)**(= carving)

▶ create a **sculpture** 조각품을 만들다

▷ The artist has **created sculptures** of the Greek gods.
그 예술가는 그리스 신들의 조각품들을 만들어왔다.

명 sculptor 조각가

775

statue
[stǽtʃuː]
명 **조각상**

statue

▶ The **Statue** of Liberty 자유의 여신상

▷ **The Statue of Liberty** was a gift to the United States from the people of France.
자유의 여신상은 프랑스인들이 미국에 준 선물이었다.

비교 state ① 상태 ② 주

status 지위, 신분

250

776

exhibit
[igzíbit]

⑧ 전시하다, 보여주다

▶ **exhibit** a painting 그림을 전시하다

▷ The famous artist will **exhibit his paintings** at a downtown gallery. 그 유명한 화가는 자신의 그림들을 한 시내 화랑에서 전시할 것이다.

⑲**exhibition** 전시(회)

777

dye
[dai]

⑧ 염색하다

▶ **dye** hair blonde 머리를 금발로 염색하다

▷ The actress **dyed her hair blonde** for her role.
그 여배우는 자신의 역할을 위해 금발로 염색했다.

시제변화 dye - dyed - dyed   현재분사 dyeing

비교 die(죽다) - died - died   현재분사 dying

778

brown
[braun]

⑲ ① 갈색의

② (피부가) 햇볕에 탄

▶ dark **brown** eyes 짙은 갈색 눈

▷ People living in Asia have **dark brown eyes**.
아시아에 사는 사람들은 짙은 갈색 눈을 갖고 있다.

▶ get **brown** by the sun 햇볕에 까맣게 타다

day **20**

779

purple
[pə́:rpl]

⑲ 자주색의

▶ **purple** hair 자주색 머리

▷ I was attracted to a young woman with bright **purple hair**.
난 밝은 자주색 머리의 한 젊은 여자에게 끌렸다.

참고 violet 보라색

780

gray
[grei]

⑲ ① 회색의, 몹시 흐린

② (머리가) 쉰

▶ a **gray** sky 흐린 하늘

▶ go **gray** 머리가 쉬다

▷ My uncle started to **go gray** in his mid-forties.
우리 삼촌은 40대 중반에 머리가 쉬기 시작했다.

Tip 회색 : grey〈영국〉, gray〈미국〉

781

exercise
[éksərsàiz]

명 ① 운동

② 연습

동 운동하다, 연습하다

▶ regular **exercise** 정기적인 운동

▷ My grandfather does **regular exercise** in order to keep fit.
우리 할아버지는 건강을 유지하기 위해 정기적으로 운동을 하신다.

▶ do an **exercise** for the piano 피아노 연습을 하다

▶ an athlete **exercising** every day 매일 운동하는 운동선수

782

stretch
[stretʃ]

동 뻗다, 늘리다

명 (운동 전의) 스트레칭

▶ **stretch** one's arms 팔을 뻗다

▷ She woke up and **stretched her arms** above her head.
그녀는 일어나서 팔을 머리 위로 뻗었다.

▶ do **stretches** before exercise 운동 전에 스트레칭을 하다

783

athlete
[ǽθliːt]

명 운동선수

▶ **athletes** from around the world 전 세계의 운동선수들

▷ **Athletes from around the world** will be competing at the Olympics. 전 세계의 운동선수들이 올림픽에서 경쟁할 것이다.

명 athletics 육상 경기

형 athletic (몸이) 탄탄한

784

sneakers
[sníːkərz]

명 운동화

▶ a pair of **sneakers** 한 켤레의 운동화

▷ The handsome guy wore blue jeans and **a pair of sneakers**.
잘생긴 그 남자는 청바지와 운동화를 신었다.

785

bat
[bæt]

명 ① 배트, 방망이

② 박쥐

▶ swing a **bat** 배트를 휘두르다

▷ How can I **swing a** baseball **bat** well?
어떻게 하면 야구 배트를 잘 휘두를 수 있을까?

▶ **bats** flying in a cave 동굴 속에서 날아다니는 박쥐들

786

bike
[baik]

명 **자전거**(= bicycle)

▶ ride a **bike** 자전거를 타다

▷ My youngest child is learning to **ride a bike**.
우리 막내 아이가 자전거 타는 법을 배우고 있다.

Tip bicycle을 줄여서 → bike

787

race
[reis]

명 ① 경주

② 인종

▶ win a **race** 경주에서 이기다

▶ children of all **races** 모든 인종의 아이들

▷ The elementary school welcomes **children of all races**.
그 초등학교는 모든 인종의 아이들을 환영한다.

형 racial 인종의, 민족의

788

relay
[ríːlei]

동 ① (소식을) **전달하다**

② (경기를) 중계하다

명 [riːléi] 릴레이 경주, 계주

▶ **relay** the news 소식을 전달하다

▷ Please **relay the news** to the rest of the team.
나머지 팀원들에게 그 소식을 전달해주세요.

▶ **relay** the game 경기를 중계하다

▶ the sprint **relay** 단거리 계주

day 20

789

volleyball
[válibɔːl]

명 배구

▶ play **volleyball** 배구하다

▷ I **play volleyball** with my friends every weekend.
난 주말마다 친구들과 배구를 한다.

비교 basketball 농구

790

whistle
[hwísl]

명 호루라기

동 휘파람을 불다,
호루라기를 불다

▶ blow a **whistle** 호루라기를 불다

▷ The referee **blew his whistle** for half-time.
심판이 전반전 종료를 알리는 호루라기를 불었다.

▶ **whistle** a tune 휘파람으로 노래 한가락을 부르다

791

festival
[féstivəl]
명 축제, 페스티벌

▶ a summer music **festival** 여름 음악 축제

▷ The band participates in **a summer music festival** every year. 그 밴드는 매년 여름 음악 축제에 참가한다.

Tip hold a festival 축제를 열다

792

theater
[θíːətər]
명 극장, 공연장

▶ go to a movie **theater** 극장에 가다, 영화 보러 가다

▷ How often do you **go to a movie theater**? 넌 얼마나 자주 영화 보러 가니?

비교 cinema 〈영국〉 영화관, 극장

793

museum
[mjuzíːəm]
명 박물관

▶ visit a **museum** 박물관에 가다

▷ A large number of people **visited the museum**. 많은 사람들이 그 박물관을 찾았다.

비교 gallery 미술관, 화랑

794

stadium
[stéidiəm]
명 경기장, 스타디움

▶ a football **stadium** 축구 경기장

▷ Thousands of fans packed into **the football stadium** to watch the match. 수많은 팬들이 그 경기를 보기 위해 축구 경기장을 가득 메웠다.

비교 court (테니스, 농구) 경기장, 코트

795

ticket
[tíkit]
명 ① 표, 입장권
② (교통 위반) 딱지

▶ book two **tickets** for the concert 콘서트 표 두 장을 예약하다

▶ get a **ticket** 딱지 떼다

▷ I **got a ticket** for speeding on the way home. 집에 오던 도중에 과속으로 딱지를 뗐어.

796

cheer
[tʃiər]

몡 환호

동 환호하다, 응원하다

▶ let out a **cheer** 환호성을 지르다

▷ The fans watching the game **let out a cheer**.
경기를 지켜보는 팬들이 환호성을 질렀다.

▶ the **cheering** crowd 환호하는 사람들

혱 cheerful 발랄한, 쾌활한

숙어 Cheer up! 힘내! 기운 내!

797

entertain
[èntərtéin]

동 ① 즐겁게 하다
　② 접대하다

▶ **entertain** the audience 청중을 즐겁게 하다

▷ The single purpose of the humorous play was to **entertain the audience**.
그 익살스러운 연극의 유일한 목적은 청중을 즐겁게 하려는 것이었다.

▶ **entertain** a guest 손님을 접대하다

몡 entertainment ① 오락 ② 접대　　몡 entertainer 연예인

798

drama
[drá:mə]

몡 (TV · 극장의) 극, 연극

▶ be absorbed in a **drama** 드라마에 몰두하다

▷ Young viewers will **be absorbed in the drama**.
젊은 시청자들은 그 드라마에 푹 빠질 것이다.

혱 dramatic 극적인　　뷔 dramatically 극적으로

day
20

799

stripe
[straip]

몡 줄무늬

▶ black and white **stripes** 검은 색과 흰색 줄무늬

▷ The suspect was wearing a shirt with **black and white stripes**. 그 용의자는 검은 색과 흰색 줄무늬가 있는 셔츠를 입고 있었다.

혱 striped 줄무늬가 있는

참고 the Stars and Stripes (미국의) 성조기　　비교 strip (옷을) 벗다, 벗기다

800

design
[dizáin]

몡 디자인, 설계도

▶ the **design** of the car 그 자동차의 디자인

▷ I prefer **the** new **design of the car** to that of earlier models. 나는 그 자동차의 새 디자인이 이전 모델들보다 더좋다.

A 다음 단어들을 올바르게 연결해보세요.

1	**flute** ·	· 자전거	1	**미술** ·	· design
2	**gray** ·	· 자주색	2	**방망이** ·	· trumpet
3	**ticket** ·	· 플루트	3	**경기장** ·	· hall
4	**guitar** ·	· 취미	4	**디자인** ·	· colorful
5	**purple** ·	· 음악회	5	**운동** ·	· bat
6	**brown** ·	· 기타	6	**다채로운** ·	· stadium
7	**athlete** ·	· 회색	7	**트럼펫** ·	· art
8	**bike** ·	· 표, 입장권	8	**음악가** ·	· album
9	**hobby** ·	· 운동선수	9	**앨범** ·	· exercise
10	**concert** ·	· 갈색	10	**현관** ·	· musician

C 다음 문장에 맞는 단어를 써넣으세요.

---

clap / carve / sculpture / statue / exercise / athlete / dye

---

1 The actress _____ed her hair blonde for her role.

2 The _____ of Liberty was a gift to the United States from the people of France.

3 _____s from around the world will be competing at the Olympics.

4 Everyone cheered and _____ped when I went up to get my prize.

5 My grandfather does regular _____ in order to keep fit.

6 The artist has created _____s of the Greek gods.

7 The sculptor _____d the beautiful castle out of ice.

B 다음 중 올바른 뜻을 고르세요.

1	**exhibit**	□ 전시하다	□ 과시하다
2	**sneakers**	□ 운동화	□ 구두
3	**volleyball**	□ 농구	□ 배구
4	**whistle**	□ 나팔	□ 호루라기
5	**carve**	□ 조각하다	□ 인쇄하다
6	**dye**	□ 죽다	□ 염색하다
7	**sculpture**	□ 조각	□ 미술
8	**cheer**	□ 환호	□ 환희
9	**stripe**	□ 줄, 끈	□ 줄무늬
10	**theater**	□ 극장	□ 경기장

1	**손뼉 치다**	□ clap	□ chop
2	**손전등**	□ highlight	□ flashlight
3	**조각상**	□ statue	□ sculpture
4	**뻗다, 늘이다**	□ stretch	□ strive
5	**전달하다**	□ relate	□ relay
6	**인종**	□ race	□ rate
7	**박물관**	□ library	□ museum
8	**축제**	□ event	□ festival
9	**즐겁게하다**	□ entertain	□ contain
10	**극, 연극**	□ drama	□ film

D 다음 문장에 맞는 단어를 써넣으세요.

1 She knows the _____ of making good conversation with people.

ⓐ art   ⓑ guide   ⓒ ground   ⓓ kind

2 The big match will be _____ by satellite to audiences all over the world.

ⓐ appeared   ⓑ relayed   ⓒ cheered   ⓓ gathered

3 The company does not discriminate on grounds of _____, age, sex, religion, or political belief.

ⓐ habit   ⓑ purpose   ⓒ race   ⓓ competition

day 21

나라와 여행

travel

오늘 학습할 '나라와 여행'에 관한 필수 단어입니다. 눈으로 스캔하며 모르거나 헷갈리는 단어에 체크하세요.

● 내 지도에 다 있네!

- ☐ **map** 지도
- ☐ **global** 지구의
- ☐ **territory** 영토
- ☐ **border** 국경
- ☐ **bound** ~행인
- ☐ **tropical** 열대의
- ☐ **American** 미국의
- ☐ **British** 영국의
- ☐ **Chinese** 중국의
- ☐ **Japanese** 일본의

● 해외여행 가고 싶어~

- ☐ **visit** 방문하다
- ☐ **travel** (장거리) 여행
- ☐ **trip** (짧은) 여행
- ☐ **airport** 공항
- ☐ **plane** 비행기
- ☐ **delay** 연기하다
- ☐ **tourist** 관광객
- ☐ **suitcase** 여행가방
- ☐ **fare** (교통) 요금
- ☐ **post** 우편

● 시내에는 갈 데가 많아요!

- ☐ **downtown** 시내
- ☐ **fountain** 분수
- ☐ **drugstore** 약국
- ☐ **bookstore** 서점
- ☐ **hospital** 병원
- ☐ **church** 교회
- ☐ **subway** 지하철
- ☐ **traffic** 교통(량)
- ☐ **crowded** 붐비는
- ☐ **rush** 서두르다

● 시외로 나가보자!

- ☐ **drive** 운전하다
- ☐ **fuel** 연료
- ☐ **expressway** 고속도로
- ☐ **destination** 목적지
- ☐ **suburb** 교외
- ☐ **tomb** 무덤
- ☐ **temple** 절
- ☐ **monument** 기념비
- ☐ **bridge** 다리
- ☐ **canal** 운하

801

map
[mæp]

명 **지도**, 약도

- ▶ read a **map** 지도를 보다[읽다]
- ▷ If you travel abroad, you have to learn how to **read a map**.
  만약 당신이 해외여행을 간다면 지도 읽는 법을 배워야 한다.

Tip **a map of the world** 세계 지도

802

global
[glóubəl]

형 **세계적인, 지구의**

(= international)

- ▶ **global** warming 지구 온난화
- ▷ Many scientists are concerned about the problem of **global warming**. 많은 과학자들이 지구 온난화 문제에 대해 우려하고 있다.

명 **globe** ① 구(球) ② 지구

비교 **glove** 장갑

803

territory
[térətɔ̀:ri]

명 **영토**, 지역

- ▶ the disputed **territory** 분쟁 중인 영토
- ▷ The President will hold a summit to calm tensions over **the disputed territory**.
  대통령은 분쟁 영토에 대한 긴장을 완화시키기 위해 정상회담을 개최할 것이다.

형 **territorial** 영토의

804

border
[bɔ́:rdər]

명 **국경**, 경계

동 ~에 접하다

- ▶ cross the **border** 국경을 넘다
- ▷ Thousands of refugees **crossed the border** to seek freedom.
  수천 명의 피난민들이 자유를 찾아 국경을 넘었다.

- ▶ The village **borders** the sea.
  그 마을은 바다에 접해 있다.

805

bound
[baund]

형 **~행인**, ~로 가는

- ▶ **bound for** London 런던 행인
- ▷ The professor got on a plane **bound for London**.
  그 교수는 런던 행 비행기에 올라탔다.

숙어 **be bound to V** ① 꼭 ~할 것 같다
② ~할 의무가 있다

806

tropical
[trápikəl]
형 열대의, 열대 지방의

▶ a **tropical** region 열대 지방

▷ Numerous plants and fruits thrive in **the tropical region**.
열대 지방에서는 많은 식물과 과일들이 잘 자란다.

807

American
[əmérikən]
형 미국(인)의

명 미국인

▶ **American** culture 미국 문화

▷ The history teacher explained the feature of **American culture** to us.
역사 선생님이 미국 문화의 특징을 우리에게 설명하셨다.

명America ① 미국 ② 아메리카 대륙

808

British
[brítiʃ]
형 영국(인)의

명 영국인

▶ the **British** government 영국 정부

▷ **The British government** declared war against France.
영국 정부는 프랑스와 전쟁을 선포했다.

명the Great Britain 영국   명the British 영국 사람들

809

Chinese
[tʃàiníːz]
형 중국(인)의

명 중국인, 중국어

▶ the **Chinese** language 중국어

▷ The **Chinese language** spread to neighbouring countries by a variety of means.
중국어는 다양한 방법을 통해 주변국으로 퍼졌다.

명China 중국

Tip China를 소문자 china로 쓰면 '(도)자기'

day
21

810

Japanese
[dʒæpəníːz]
형 일본(인)의

명 일본인, 일본어

▶ **Japanese** cars 일본 자동차들

▷ I always wondered why **Japanese cars** are so popular in America.
나는 왜 일본 자동차들이 미국에서 그렇게 인기가 있는지 늘 궁금했다.

명Japan 일본   명the Japanese 일본 사람들

811

visit
[vízit]

동 **방문하다**, 찾아가다

명 **방문**, 찾아가기

▶ **visit** one's grandmother 할머니를 찾아뵈다

▷ Eric went to his hometown to **visit his grandmother**.
에릭은 할머니를 찾아뵙기 위해 고향에 갔다.

▶ pay a **visit** to ~에 방문하다, 찾아가다

812

travel
[trǽvəl]

명 (장거리) **여행**

동 **여행하다**

▶ a **travel** agency 여행사

▷ We booked our honeymoon through **a travel agency**.
우리는 여행사를 통해 신혼여행을 예약했다.

▶ **travel** abroad 해외여행을 하다

명 traveller 여행자

813

trip
[trip]

명 (짧은) **여행**

▶ a business **trip** 출장

▷ The manager is away on **a business trip** to Japan.
그 매니저는 일본에 출장 중이라 자리에 없습니다.

비교 journey (장기간의) 여행

voyage (바다·우주로의) 긴 여행

814

airport
[éərpɔːrt]

명 **공항**

▶ Incheon International **Airport** 인천 국제공항

▷ **Incheon International Airport** is the largest airport in South Korea. 인천 국제공항은 한국에서 가장 큰 공항이다.

참고 harbor 항구

815

plane
[plein]

명 **비행기**(= airplane)

▶ board a **plane** 비행기에 타다[탑승하다]

▷ We'll be **boarding the plane** in about 20 minutes.
약 20분 후면 우리는 비행기에 탑승할 것입니다.

참고 helicopter 헬리콥터

비교 plain 형 ① 평범한 ② 소박한 명 평원

816

delay
[diléi]

통 연기하다, 지체하다

명 지연, 지체

▸ be **delayed** two hours 2시간 연착되다

▷ The train **was delayed two hours** by the accident.
그 기차는 사고로 두 시간 연착되었다.

▸ apologize for the **delay** 지연에 대해 사과하다

817

tourist
[túərist]

명 관광객

▸ a **tourist** attraction 관광 명소

▷ The Eiffel Tower is **a** major **tourist attraction** in France.
에펠 탑은 프랑스에서 주요한 관광 명소이다.

명 tour (순회하는) 관광 여행   명 tourism 관광업

818

suitcase
[súːtkeis]

명 여행 가방

▸ pack a **suitcase** 여행 가방을 싸다

▷ She **packed her suitcase** the night before she left.
그녀는 떠나기 전날 밤 여행 가방을 쌌다.

Tip suit 명 정장 통 ~에게 어울리다

참고 backpack 배낭, 백팩

819

fare
[fɛər]

명 (교통) 요금, 운임

▸ the bus **fare** 버스 요금

▷ **The bus fare** went up about three times in the past ten
years. 버스 요금이 지난 10년 동안 약 세 배가 올랐다.

비교 fair 공정한

820

post
[poust]

명 ① 우편, 우편물
　② (중요한) 직책, 자리
통 (우편물을) 보내다, 발송하다

▸ send by **post** 우편으로 보내다

▷ We'll **send** the result **by post** to you tomorrow.
저희가 결과를 내일 우편으로 보내드릴게요.

▸ hold a **post** 중요 직책을 맡고 있다

▸ **post** a letter 편지를 보내다

명 postman 우체부   명 postcard 우편엽서

821

downtown
[dàuntáun]

명 시내

부 시내에[로]

▶ go shopping **downtown** 시내로 쇼핑하러 가다

▷ Let's **go shopping downtown** to buy some new items.
몇 가지 신상품들을 사러 시내로 쇼핑가자.

명 town ① (작은) 도시 ② 시내, 번화가

비교 uptown 주택지구

822

fountain
[fáuntən]

명 분수

▶ watch a **fountain** 분수를 구경하다

▷ Many people gathered to **watch the** famous **fountain**.
많은 사람들이 그 유명한 분수를 구경하기 위해 모여들었다.

Tip fountain pen 만년필

823

drugstore
[drʌ́gstɔ̀ːr]

명 (약 · 잡화를 파는) **약국**

▶ a nearby **drugstore** 근처의 약국

▷ I had to buy medicine at **a nearby drugstore** to relieve my backache.
나는 요통을 완화시키기 위해 근처 약국에서 약을 사야 했다.

참고 store 명 가게 동 저장하다

비교 pharmacy (약만 파는) 약국

824

bookstore
[búkstɔ́ːr]

명 서점, 책방

▶ go to a **bookstore** 서점에 가다

▷ I'll **go to a bookstore** to buy books this weekend.
나 이번 주말에 책 사러 서점에 갈 거야.

참고 book 명 책 동 예약하다

825

hospital
[háspitl]

명 병원

▶ be admitted to the **hospital** 병원에 입원하다

▷ My mother **was admitted to the hospital** for her illness yesterday. 우리 엄마 병 때문에 어제 병원에 입원하셨어.

참고 general hospital 종합 병원

비교 clinic (전문) 병원, 치료소

826

church
[tʃəːrtʃ]

명 교회

▶ go to **church** (예배 보러) 교회에 가다

▷ My family **goes to church** every Sunday.
우리 가족은 일요일마다 교회에 간다.

참고 **cathedral** 대성당

827

subway
[sʌ́bwèi]

명 지하철

▶ take the **subway** 지하철을 타다

▷ It's a lot more convenient to **take the subway** in Seoul.
서울에서는 지하철을 타시는 것이 훨씬 편리해요.

828

traffic
[trǽfik]

명 교통(량)

▶ heavy **traffic** 극심한 교통량

▷ Let's leave early to avoid the **heavy traffic** downtown.
시내에 극심한 교통량을 피하려면 일찍 출발하자.

Tip **traffic jam** 교통 체증

829

crowded
[kráudid]

형 붐비는, 복잡한

▶ **crowded** with guests 손님들로 붐비는

▷ The famous restaurant is always **crowded with guests**.
그 유명한 식당은 늘 손님들로 붐빈다.

명 **crowd** 사람들, 군중

day **21**

830

rush
[rʌʃ]

동 급히 움직이다, 서두르다

명 혼잡, 거센 움직임

▶ **rush** to the accident scene 사고 현장으로 급히 움직이다

▶ **rush** hours 혼잡 시간대(러시아워)

▷ The traffic jams are terrible during the **rush hours**.
혼잡 시간 동안에는 교통 혼잡이 극심하다.

831

drive
[draiv]

동 ① **운전하다**, (자를) 몰다
② (~하도록) **만들다**

명 운전, 드라이브

▶ **drive** a car 차를 운전하다

▶ **drive** me crazy 나를 미치게 만들다

▷ That endless noise outside is **driving me crazy**.
밖에서 나는 끊이지 않는 소음이 나를 미치게 만든다.

▶ go for a **drive** 드라이브하다

시제변화 drive - drove - driven

832

fuel
[fjúːəl]

명 **연료**

▶ consume **fuel** 연료를 소비하다

▷ Automobiles **consume** less **fuel** than airplanes.
자동차가 비행기보다 연료를 덜 소비한다.

참고 fossil fuel 화석연료 : 석유, 석탄, 천연가스 등

833

expressway
[ikspréswèi]

명 **고속도로**(= highway)

▶ a traffic jam on the **expressway** 고속도로의 교통 혼잡

▷ I was just stuck in **a traffic jam on the expressway**.
고속도로에서 차가 막혀서 꼼짝도 못했어.

참고 express 동 표현하다 형 급행의

비교 avenue 대로, -가

834

destination
[dèstənéiʃən]

명 **목적지**

▶ reach one's **destination** 목적지에 도착하다

▷ We can't afford to take a rest in order to **reach our destination** on time.
우리가 목적지에 제시간에 도착하기 위해서 쉴 여유가 없다.

비교 destiny 운명

835

suburb
[sʌ́bəːrb]

명 (도심 밖의) **교외**, 근교

▶ move to the **suburbs** 교외로 이사 가다

▷ My next-door neighbor left the crowded city and **moved to the suburbs**. 우리 옆집 이웃은 복잡한 도시를 떠나 교외로 이사 갔다.

참고 urban 도시의

836

tomb
[tuːm]

몡 (큰) **무덤**(= grave)

▶ find a **tomb** 무덤을 발견하다

▷ We **found a tomb** in the mountain by accident.
우리는 산 속에서 무덤 하나를 우연히 발견했다.

비교 **cemetery** (공동) 묘지 / **churchyard** (교회) 묘지

837

temple
[témpl]

몡 절, 신전

▶ a Buddhist **temple** (불교의) 절

▷ My grandmother visits **a Buddhist temple** for prayer.
우리 할머니는 불공을 드리러 절을 찾으신다.

838

monument
[mánjumənt]

몡 기념비

▶ erect a **monument** 기념비를 세우다

▷ They have **erected a monument** in memory of the war heroes.
그들은 그 전쟁 영웅들을 기리기 위해 기념비를 세웠다.

혱 **monumental** 기념비적인, 엄청난

참고 **tower** (기념) 탑

pagoda (사찰의) 탑

839

bridge
[bridʒ]

몡 다리, 교량

▶ cross a **bridge** 다리를 건너다

▷ After we **crossed the bridge**, our bus was approaching a tunnel.
다리를 건넌 후 우리 버스는 터널에 다가가고 있었다.

day
21

840

canal
[kənǽl]

몡 운하, 수로

▶ go through a **canal** 운하를 통과하다

▷ The ship is too big to **go through the canal**.
그 배는 너무 커서 그 운하를 통과할 수 없다.

참고 **channel** ① 경로 ② 채널

A 다음 단어들을 올바르게 연결해보세요.

1	**map** ·	· 국경
2	**trip** ·	· 중국의
3	**American** ·	· 병원
4	**British** ·	· 지도
5	**border** ·	· 열대의
6	**tropical** ·	· 미국의
7	**Japanese** ·	· (장거리) 여행
8	**Chinese** ·	· 영국의
9	**travel** ·	· (짧은) 여행
10	**hospital** ·	· 일본의

1	약국 ·	· tourist
2	서점 ·	· drive
3	공항 ·	· church
4	비행기 ·	· drugstore
5	관광객 ·	· subway
6	교회 ·	· bookstore
7	지하철 ·	· plane
8	운전 ·	· territory
9	다리 ·	· airport
10	영토 ·	· bridge

C 다음 문장에 맞는 단어를 써넣으세요.

> bound / trip / delay / fare / border / suburb / territory

1 The train was _____ed two hours by the accident.

2 My neighbor left the crowded city and moved to the _____s.

3 The President will hold a summit to calm tensions over the disputed ____.

4 Thousands of refugees crossed the _____ to seek freedom.

5 The bus _____ went up about three times in the past ten years.

6 The manager is away on a business _____ to Japan.

7 The professor got on a plane _____ for London.

B 다음 중 올바른 뜻을 고르세요.

1	**suitcase**	☐ 소송	☐ 여행가방	1	~행인, ~로 가는	☐ bind	☐ bound
2	**delay**	☐ 연기하다	☐ 연장하다	2	(교통)요금	☐ price	☐ fare
3	**global**	☐ 세계적인	☐ 나라의	3	분수	☐ fountain	☐ foundation
4	**visit**	☐ 방문하다	☐ 입국하다	4	붐비는	☐ crowd	☐ crowded
5	**post**	☐ 소포	☐ 우편(물)	5	고속도로	☐ expressway	☐ expression
6	**tomb**	☐ 무덤	☐ 묘지	6	교외, 근교	☐ urban	☐ suburb
7	**temple**	☐ 신전	☐ 교회	7	연료	☐ fume	☐ fuel
8	**monument**	☐ 기념식	☐ 기념비	8	운하	☐ canal	☐ channel
9	**destination**	☐ 운명	☐ 목적지	9	혼잡	☐ rush	☐ traffic
10	**traffic**	☐ 교통(량)	☐ 수송	10	시내	☐ uptown	☐ downtown

D 다음 문장에 맞는 단어를 써넣으세요.

1 He leaves dirty clothes all over the floor and it's _____ me mad.

ⓐ leaving ⓑ driving ⓒ moving ⓓ pushing

2 They erected a _____ on the spot where the hero was killed.

ⓐ canal ⓑ deck ⓒ suitcase ⓓ monument

3 A _____ attraction is a place of interest where many people visit, typically for its cultural value, historical significance, natural or built beauty, or amusement opportunities.

ⓐ tour ⓑ tourism ⓒ tourist ⓓ turning

외래어

puzzle

오늘 학습할 '외래어'에 관한 필수 단어입니다. 눈으로 스캔하며 모르거나 헷갈리는 단어에 체크하세요.

● 사람을 나타내는 외래어들

- **angel** 천사
- **guard** 경비
- **mate** 친구
- **ghost** 유령
- **group** 집단
- **hero** 영웅
- **fiction** 소설, 허구
- **nickname** 별명
- **character** 등장인물
- **parade** 퍼레이드

● 일상생활 속의 외래어들

- **belt** 벨트
- **boot** 장화
- **towel** 수건
- **smart** 똑똑한
- **letter** 편지
- **alphabet** 알파벳
- **mail** 우편
- **diary** 일기
- **date** 날짜
- **chat** 수다를 떨다

● 사물을 지칭하는 외래어들

- **ambulance** 구급차
- **flu** 독감
- **bench** 벤치
- **booth** 작은 공간
- **puzzle** 퍼즐
- **rope** 밧줄
- **straight** 곧은
- **chip** 조각
- **label** 라벨
- **mineral** 광물

● 동작을 나타내는 외래어들

- **gesture** 제스처
- **tie** 매다
- **wink** 윙크하다
- **hike** 등산, 도보 여행
- **dive** 잠수하다
- **alarm** 알람
- **pop** 펑 하는 소리가 나다
- **copy** 복사
- **idea** 아이디어
- **scream** 소리치다

841

angel
[éindʒəl]

몡 천사, 엔젤

▶ a guardian **angel** 수호천사

▷ **A guardian angel** is believed to protect a person or place.
수호천사는 어떤 사람이나 장소를 지켜준다고 여겨진다.

혱 angelic 천사 같은

참고 fairy 요정

842

guard
[gɑːrd]

몡 경비, 보초

동 경비를 보다, 보호하다

▶ be on **guard** 경비를 서고 있다

▷ Several soldiers **were on guard** at the gate of the palace.
몇 명의 군인들이 궁전의 문 앞에서 경비를 서고 있었다.

▶ **guard** a palace 궁전을 지키다

Tip bodyguard 경호원, 보디가드

비교 guide 안내인, 안내서

843

mate
[meit]

몡 (함께 지내는) **친구**

(= friend)

▶ best **mates** 가장 친한 친구들

▷ He and I have been **best mates** since school.
그와 나는 학창시절부터 가장 친한 친구로 지내왔다.

Tip classmate 반 친구
teammate 팀 동료
roommate 룸메이트

844

ghost
[goust]

몡 유령, 고스트

▶ there exist **ghosts** 유령이 존재하다

▷ Some people believe that **there exist ghosts** in this world.
어떤 사람들은 이 세상에 유령이 존재한다고 믿는다.

845

group
[gruːp]

몡 집단, 그룹

▶ a **group** of aliens 한 무리의 이방인들

▷ He has associated with **a group of aliens** since last year.
그는 작년부터 한 무리의 이방인들과 교제하고 있다.

846

hero
[híərou]

명 영웅, 히어로

▶ a national **hero** 국민의 영웅

▷ The striker became **a national hero** in the World Cup finals. 그 스트라이커는 월드컵 결승전에서 국민의 영웅이 되었다.

복수 **heroes** 영웅들

비교 **heroine** 여자 영웅, 여걸

847

fiction
[fíkʃən]

명 소설, 허구

▶ science **fiction** 공상 과학 소설

▷ The boy is crazy about **science fiction** in particular. 소년은 특히 공상 과학 소설에 열광한다.

반 **non-fiction** 논픽션, 실화

848

nickname
[níknèim]

명 별명, 닉네임

▶ give somebody the **nickname** ~에게 별명을 붙이다

▷ The students **gave** the teacher **the** funny **nickname**. 그 학생들은 선생님에게 재미있는 별명을 붙였다.

참고 **first name** 이름

family name = last name 성

849

character
[kǽriktər]

명 ① (만화 · 영화에 나오는)

등장인물, 캐릭터

② 성격, 인격

▶ the main **character** 주인공

▷ A dragon, an imaginary animal, is **the main character** of the cartoon. 상상 속의 동물인 용이 그 만화의 주인공이다.

▶ have similar **characters** 성격이 비슷하다

형 명 **characteristic** 특유의; 특징

day
22

850

parade
[pəréid]

명 퍼레이드, 가두 행진

▶ throw a **parade** 가두 행진을 벌이다

▷ The city will **throw a** good **parade** for the war heroes. 시에서 그 전쟁 영웅들을 위해 멋진 가두 행진을 벌일 것이다.

851

belt
[belt]

명 벨트

▶ fasten a seat **belt** 안전벨트를 매다

▷ Could you please **fasten** your **seat belt**?
안전벨트를 매 주시겠습니까?

852

boot
[buːt]

명 장화, 부츠

▶ a pair of **boots** 부츠 한 켤레

▷ You'll need **a pair of** warm **boots** for winter.
너 겨울에 신을 따뜻한 부츠 한 켤레가 필요하겠다.

853

towel
[táuəl]

명 수건, 타월

▶ rub one's face with a **towel** 수건으로 얼굴을 닦다

▷ My mother **rubbed my face with a towel**.
엄마가 수건으로 내 얼굴을 닦아주셨다.

비교 **tower** 기념탑

854

smart
[smaːrt]

형 ① 똑똑한, 스마트한
② (옷이) 깔끔한, 맵시 있는

▶ a **smart** student 똑똑한 학생

▷ You are one of **the smartest students** in our school.
너는 우리학교에서 가장 똑똑한 학생 중의 한 명이다.

▶ look **smart** in a suit 정장을 입어 맵시 있어 보이다

참고 **smartphone** 스마트폰

855

letter
[létər]

명 ① 편지
② 글자

▶ write a **letter** 편지를 쓰다

▷ I **wrote a letter** and sent it to my parents in the country.
난 편지를 써서 시골에 계신 부모님께 보냈다.

▶ write in capital **letters** 대문자로 쓰다

856

alphabet
[ǽlfəbèt]

명 알파벳

▶ learn the **alphabet** 알파벳을 배우다

▷ This program is a learning activity for children **learning the alphabet**.
이 프로그램은 알파벳을 배우는 아이들을 위한 학습 활동입니다.

부 **alphabetically** 알파벳순으로

857

mail
[meil]

명 우편(물), 메일

동 우편으로 보내다, 발송하다

▶ send by **mail** 우편으로 보내다

▷ We'll **send** you the book **by mail** tomorrow.
저희가 내일 당신께 그 책을 우편으로 보내드릴게요.

▶ **mail** the invitations 초대장을 발송하다

명 **mail carrier** 우체부(= mailman)

858

diary
[dáiəri]

명 일기

▶ keep a **diary** 일기를 쓰다

▷ I have **kept a diary** everyday since I was young.
난 어렸을 때부터 매일매일 일기를 써왔다.

비교 **dairy** 명 낙농업 형 유제품의

859

date
[deit]

명 ① 날짜
② 데이트

▶ set a **date** 날짜를 정하다

▷ They haven't **set a date** for the wedding yet.
그들은 아직 결혼 날짜를 잡지 못했다.

▶ have a **date** with ~와 데이트하다

숙어 **up to date** 최신의, 최근의 / **out of date** 구식의

day
22

860

chat
[tʃæt]

동 수다를 떨다, 채팅하다

명 수다

▶ **chat** with one's friends 친구들과 수다를 떨다

▷ I used to **chat with my friends** on the net.
나는 인터넷으로 친구들과 수다를 떨곤 했다.

▶ have a **chat** with ~와 수다 떨다

861

ambulance
[ǽmbjuləns]

명 구급차, 앰뷸런스

▶ be taken by **ambulance** 구급차에 실려 가다

▷ The athlete **was taken by ambulance** to the hospital.
그 운동선수는 구급차에 실려 병원으로 갔다.

Tip ambulance는 amble(걷다)에서 유래된 단어로,
'걸어다니는 병원'이라는 뜻

862

flu
[fluː]

명 (유행성) **독감**, 플루

▶ catch the **flu** 독감에 걸리다

▷ My little brother **caught a** terrible **flu** so he can't go out.
내 남동생이 심한 독감에 걸려서 밖에 나갈 수 없어.

Tip influenza (인플루엔자)를 줄여서 → flu

863

bench
[bentʃ]

명 벤치, 긴 의자

▶ sit on a **bench** 벤치에 앉다

▷ I **sat on a** park **bench** and read a book.
난 공원 벤치에 앉아 책을 읽었다.

864

booth
[buːθ]

명 부스, (간막이를 한) 작은 공간

▶ a phone **booth** 공중전화 부스

▷ A suspicious man was making a call in **a phone booth**.
한 수상한 남자가 공중전화 부스에서 전화를 걸고 있었다.

비교 boot 부츠, 장화

865

puzzle
[pʌ́zl]

명 퍼즐

동 어리둥절하게 하다

▶ a crossword **puzzle** 십자말풀이

▷ I like to solve **the crossword puzzle** in a newspaper.
난 신문에 있는 십자말풀이 하는 것을 좋아한다.

▶ a **puzzling** question 어리둥절하게 하는 질문

866

rope
[roup]

명 밧줄, 로프

▶ tie his hands with **rope** 그의 양손을 밧줄로 묶다

▷ The robber **tied his hands** together **with rope**.
그 강도가 그의 양손을 밧줄로 묶었다.

참고 jump rope 줄넘기하다

비교 string 줄, 끈

thread 실

867

straight
[streit]

형 곧은, 똑바른

부 곧장, 똑바로

▶ a **straight** line 직선

▶ walk **straight** 똑바로 걷다

▷ He was so drunk he couldn't **walk straight**.
그는 너무 술에 취해 똑바로 걸을 수 없었다.

비교 strait 해협

868

chip
[tʃip]

명 조각, 칩

▶ a bag of potato **chips** 감자칩 한 봉지

▷ I bought a can of coke and **a bag of potato chips**.
나는 콜라 한 캔과 감자칩 한 봉지를 샀다.

869

label
[léibəl]

명 (정보가 적힌) **표**, 라벨

▶ a warning **label** 경고 문구

▷ You should read **the warning label** before you take any
medicine. 약을 먹기 전에 꼭 경고 문구를 읽어봐야 합니다.

비교 level 수준

day
22

870

mineral
[mínərəl]

명 광물, 미네랄

▶ rich in **minerals** 광물 자원이 풍부한

▷ The country is very **rich in minerals**.
그 나라는 광물 자원이 풍부하다.

871

gesture
[dʒéstʃər]

명 몸짓, 제스처

▶ make a **gesture** 몸짓을 하다

▷ He **made a** rude **gesture** at the other driver.
그는 다른 운전자에게 무례한 제스처를 해 보였다.

872

tie
[tai]

통 매다, 묶다

명 ① 넥타이
　　② 동점, 무승부(= draw)

▶ **tie** one's hair 머리를 묶다

▷ I **tie my hair** back when I'm jogging or cycling.
난 조깅할 때나 자전거를 탈 때 머리를 뒤로 묶는다.

▶ wear a **tie** 넥타이를 매다

▶ end in a **tie** 동점으로 끝나다

873

wink
[wiŋk]

통 윙크하다,
　　눈을 깜박거리다

▶ **wink** at him 그에게 윙크하다

▷ She **winked at** him and he knew her intention.
그녀는 그에게 윙크했고 그는 그녀의 의도를 알았다.

874

hike
[haik]

명 등산, 도보 여행

통 도보 여행하다

▶ go on a **hike** 등산을 가다

▷ We'll **go on a hike** on a nearby mountain this weekend.
우리 이번 주말에 근처 산으로 등산 갈 거야.

▶ **hike** in the desert 그 사막을 도보여행하다

비교 **climbing** (암벽) 등반

875

dive
[daiv]

통 (물속으로) 뛰어들다,
　　잠수하다

▶ **dive into** the swimming pool 수영장에 뛰어들다

▷ The children **dove into the swimming pool**.
그 아이들은 수영장에 뛰어들었다.

명 **diving** 다이빙, 잠수　명 **diver** 잠수부

시제변화 dive - dove[dived] - dived

876

alarm
[əlá:rm]
명 알람, 경보(기)

▶ set the **alarm** 알람을 맞추다

▷ I **set the alarm** for six thirty a.m.
난 아침 6시 반에 알람을 맞춰 놓았다.

877

pop
[pap]
통 펑 하는 소리가 나다

▶ the sound of corks **popping** 코르크가 펑 하는 소리

▷ We heard **the sound of corks popping** as the celebration began.
축하 행사가 시작되자 우리는 코르크가 펑 하는 소리를 들었다.

참고 **pop-up ads** 팝업 광고

비교 **pop** 대중음의

878

copy
[kápi]
명 복사

통 복사하다

▶ make a **copy** 복사하다

▷ Could you **make** me **a copy** of your passport?
저한테 당신의 여권을 복사해 주시겠습니까?

▶ **copy** a page 한 페이지를 복사하다

Tip **copy machine** 복사기

879

idea
[aidí:ə]
명 생각, 아이디어

▶ get an **idea** 아이디어를 얻다

▷ The graphic designer **got the idea** from an article in a fashion magazine.
그 그래픽 디자이너는 패션 잡지의 기사에서 아이디어를 얻었다.

형 **ideal** 이상적인

day
22

880

scream
[skri:m]
통 소리치다, 비명을 지르다

명 비명, 악쓰는 소리

▶ **scream** with fear 무서워서 소리치다

▷ The children in the room were **screaming with fear**.
방에 있는 아이들이 무서워서 소리치고 있었다.

▶ a **scream** of terror 공포에 질린 비명

비교 **stream** 개울, 시내

A 다음 단어들을 올바르게 연결해보세요.

1 **angel** •	• 벨트	
2 **mate** •	• 생각	
3 **group** •	• 표, 라벨	
4 **belt** •	• (눈을) 깜빡 거리다	
5 **bench** •	• 친구	
6 **wink** •	• 집단	
7 **idea** •	• 편지	
8 **copy** •	• 긴 의자, 벤치	
9 **label** •	• 천사	
10 **letter** •	• 복사	

1 등장인물 •	• towel
2 날짜 •	• tie
3 수건 •	• smart
4 잠수하다 •	• date
5 묶다 •	• character
6 밧줄 •	• alphabet
7 똑똑한 •	• dive
8 수다떨다 •	• rope
9 퍼즐 •	• chat
10 알파벳 •	• puzzle

C 다음 문장에 맞는 단어를 써넣으세요.

> guard / parade / ambulance / booth / mineral / scream / hike

1 The athlete was taken by _____ to the hospital.

2 The country is very rich in _____s.

3 A suspicious man was making a call in a phone _____.

4 The children in the room were _____ing with fear.

5 Several soldiers were on _____ at the gate of the palace.

6 We'll go on a _____ on a nearby mountain.

7 The city will throw a good _____ for the war heroes.

B 다음 중 올바른 뜻을 고르세요.

1	**boot**	□ 장화	□ 구두		1	**구급차**	□ emergency	□ ambulance
2	**ghost**	□ 악마	□ 유령		2	**작은 공간, 부스**	□ boots	□ booth
3	**guard**	□ 경비	□ 군인		3	**펑 하는 소리가 나다**	□ pop	□ pub
4	**hero**	□ 영웅	□ 달인		4	**광물**	□ mineral	□ miner
5	**scream**	□ 비명	□ 비참		5	**도보 여행**	□ hike	□ voyage
6	**alarm**	□ 경보	□ 경고		6	**몸짓**	□ suggestion	□ gesture
7	**flu**	□ 폐렴	□ 독감		7	**일기**	□ dairy	□ diary
8	**parade**	□ (가두) 행진	□ (가두) 시위		8	**허구**	□ fiction	□ non-fiction
9	**mail**	□ 남자의	□ 우편물		9	**조각**	□ chip	□ chop
10	**straight**	□ 곧은; 곧장	□ 휜, 굽은		10	**별명**	□ surname	□ nickname

D 다음 문장에 맞는 단어를 써넣으세요.

1 Please write your name in capital _____ in the application form.

　ⓐ cities 　　ⓑ cases 　　ⓒ words 　　ⓓ letters

2 What _____ me is why he left the country without telling anyone.

　ⓐ twists 　　ⓑ puzzles 　　ⓒ guesses 　　ⓓ detects

3 If both teams in a football match have scored an equal number of goals within regulation time (usually 90 minutes), the game is usually counted as a _____.

　ⓐ tie 　　ⓑ drag 　　ⓒ custom 　　ⓓ order

특별한 기능어들

Whether

오늘 학습할 '특별한 기능어들'에 관한 필수 단어입니다. 눈으로 스캔하며 모르거나 헷갈리는 단어에 체크하세요.

● 방향을 나타내는 것들

- ahead 앞으로
- behind ~의 뒤에
- below ~의 아래에
- beyond ~를 넘어서
- along ~을 따라서
- toward ~쪽으로
- north 북쪽
- south 남쪽
- east 동쪽
- west 서쪽

● 시간 & 숫자와 관계된 것들

- hour 시간
- o'clock ~시
- minute 분
- second 초
- quarter 1/4
- once 한 번
- twice 두 번
- seldom 좀처럼 ~ 않는
- thousand 천
- million 백만

● 주어 근처에서 발견되는 것들

- either 어느 한쪽
- neither ~도 아니고 ~도 아니다
- while ~하는 동안
- though ~이긴 하지만
- unless ~하지 않으면
- whether ~인지 (아닌지)
- none 어떤 것도 (~않다)
- such 그런
- rather 약간
- anyway 어쨌든

● 따로 또 같이!

- together 함께
- alone 혼자
- without ~없이
- besides ~외에
- else 다른
- since ~한 이래
- afterward 후에
- beforehand 미리
- sometime 언젠가
- weekend 주말

881

ahead
[əhéd]
閉 앞으로, 앞에

▶ **ahead of** + 명 ~의 앞에, ~보다 앞서

▷ The polls show that he is **ahead of** the other candidates.
각종 여론조사에서 그가 다른 후보들보다 앞서 있다.

숙어 Go ahead (허락의 표시로) '그렇게 하세요.'

882

behind
[biháind]
전 ~의 뒤에

閉 뒤에, 뒤에 남아

▶ stand **behind** me 내 뒤에 서다

▷ Stop interrupting me and just **stand behind me**.
나 그만 방해하고 그냥 내 뒤에 서 있어라.

▶ fall **behind** 뒤쳐지다

883

below
[bilóu]
전 ~의 아래에(= beneath)

▶ **below** ground 땅 아래에

▷ The cables are buried one meter **below ground** level.
그 케이블들은 지면 1미터 아래 위치에 매설되어 있다.

반 above ~보다 위에

884

beyond
[bijá:nd]
전 ① ~ 너머[저편에]
② ~을 넘어서는,
~할 수 없는

▶ **beyond** the river 강 너머에

▶ **beyond** my ability 내 능력을 넘어서는

▷ The client's unreasonable demands were **beyond my ability**. 그 고객의 무리한 요구는 내 능력을 벗어나는 것이었다.

885

along
[əlɔ́:ŋ]
전 ~을 따라서
閉 따라, 함께

▶ walk **along** the beach 해변을 따라 걷다

▶ get **along** with ~와 잘 지내다

▷ They **get along** well **with** each other. 그들은 서로 잘 지낸다.

비교 alone 혼자인

886

toward
[tɔːrd]
전 ~쪽으로

▶ **toward** the door 문 쪽으로

▷ Lydia stood up and took a step **toward the door**.
리디아는 일어서서 문 쪽으로 발걸음을 내디뎠다.

887

north
[nɔːrθ]
명 북쪽

▶ to the **north** of ~의 북쪽에

▷ The University of Cambridge lies **to the north of** London.
캠브리지 대학은 런던의 북쪽에 있다.

형 northern 북쪽의

참고 compass 나침반

Tip 동서남북 : north, south, east, and west

888

south
[sauθ]
명 남쪽

▶ the **South** Pole 남극

▷ The explorer was the first person to reach **the South Pole**.
그 탐험가는 최초로 남극에 도달한 사람이었다.

형 southern 남쪽의

889

east
[iːst]
명 동쪽

▶ the **East** Sea 동해

▷ Dokdo is located in **the East Sea**.
독도는 동해에 위치해 있다.

형 eastern 동쪽의

day
23

Tip east와 west는 형용사, 부사로도 쓰일 수 있음

890

west
[west]
명 서쪽

▶ in the **west** 서쪽에

▷ The sun rises in the east and sets **in the west**.
태양은 동쪽에서 떠올라 서쪽으로 진다.

형 western ① 서쪽의 ② 서양의 ↔ oriental 동양의

Tip the East '동양', the West '서양'

891

hour
[auər]

몡 시간

▶ wait for an **hour** 1시간 동안 기다리다

▷ She stood me up. I **waited for an hour** and then I left.
그녀가 날 바람맞혔어. 내가 1시간 동안 기다리다가 떠났거든.

892

o'clock
[əklá:k]

몡 ─ 시

초 second 시 hour 분 minute

▶ at six **o'clock** 6시에

▷ My classmate called me **at six o'clock** in the morning.
반 친구가 아침 6시에 나한테 전화했어.

Tip o'clock은 'of the clock'의 줄임말

참고 hand (시계의) 바늘

893

minute
[mínit]

몡 ① (시간의) 분
　② 잠깐(= moment)

▶ take ten **minutes** 10분 걸리다

▷ It will **take** about **10 minutes** to transfer from bus to subway. 버스에서 지하철로 갈아타는데 10분 정도 걸릴 거예요.

▶ wait a **minute** 잠깐 기다리다

Tip minute [mainjú:t] 몡 ① 미세한 ② 상세한

894

second
[sékənd]

몡 두 번째의, 둘째의

몡 (시간의) 초

▶ a **second** year student 2학년생

▶ for 30 **seconds** 30초 동안

▷ Can you hold your breath **for 30 seconds**?
너 30초 동안 숨을 참을 수 있니?

895

quarter
[kwɔ́:rtər]

몡 ① 4분의 1 (1/4)
　② 〈시간〉 15분

▶ cut the pie into **quarters** 파이를 4조각으로 자르다

▶ at a **quarter** after six 6시 15분에

▷ The alarm went off **at a quarter after six**.
6시 15분에 알람이 울렸다.

몡 quarterly 1년에 4회의

once
[wʌns]

부 ① **한번** ② 한때, 옛날에

접 일단 ~하면, ~하자마자

▶ **once** a year 일년에 한 번

▷ The Earth goes round the Sun **once a year**.
지구는 태양 주위를 일년에 한 번 돈다.

▶ a **once** popular actor 한 때 인기 있던 배우

▶ **once** you arrive there 일단 네가 거기에 도착하면

숙어 **at once** 즉시, 당장

twice
[twais]

부 ① **두 번**(= two times)
② **두 배로**

▶ **twice** a year 1년에 두 번

▶ be **twice** as large as ~보다 두 배 크다

▷ The new house **is twice as large as** our old one.
새집이 우리가 살던 이전 집보다 두 배 크다.

seldom
[séldəm]

부 **좀처럼 ~ 않는**

▶ **seldom** go to the movies 좀처럼 영화를 보러 가지 않다

▷ The old couple **seldom goes to the movies**.
그 노부부는 좀처럼 영화를 보러가지 않는다.

thousand
[θáuzənd]

명 **천**

▶ **thousands** of people 수천 명의 사람들

▷ The worst flood left **thousands of people** homeless.
그 최악의 홍수로 인해 수천 명의 사람들이 집을 잃었다.

day
23

참고 ten thousand 만
→ tens of thousands of 수만의
→ hundreds of thousands of 수십만의

million
[míljən]

명 **백만**

▶ a **million** copies 백만 부

▷ The book has sold more than **a million copies**.
그 책은 백만 부 이상 팔렸다.

명 millionaire 백만장자

참고 **millions of** 수백만의   비교 **billion** 10억

901

either
[íːðər]

접 어느 한쪽

부 《부정문에서》 ─도, 역시

▶ **either** A **or** B A 아니면 B

▷ You can **either** go **or** stay. You can do what you like.
넌 가도 되고 남아 있어도 돼. 네가 원하는 대로 해도 돼.

▶ 'I don't like it.' 'Me **either**.' '난 그거 맘에 안 들어.' '나도 그래.'

Tip **too** 〈긍정문에서〉 역시

902

neither
[níːðər]

접 ~도 아니고
　　~도 아니다

▶ **neither** A **nor** B A도 아니고 B도 아닌

▷ **Neither** my wife **nor** I can attend the New Year's party.
와이프도 나도 신년 파티에 갈 수가 없다.

903

while
[hwail]

접 ① ~하는 동안
　　② ~이긴 하지만

명 동안, (짧은) 기간

▶ **while** you are out 당신이 외출하고 있는 동안

▷ The lawyer called several times **while you were out**.
당신이 외출 중일 때 그 변호사가 몇 번이나 전화했어요.

▶ **while** I am willing to help 제가 기꺼이 도와드리고 싶지만

▶ for a **while** 한 동안

904

though
[ðou]

접 (비록) ~이긴 하지만,
　　~일지라도

▶ **though** S + V ~이긴 하지만

▷ **Though it was** raining, we walked and walked continuously.
비가 오긴 했지만 우린 계속해서 걷고 또 걸었다.

Tip **as though** 마치 ~인 것처럼(= as if)

905

unless
[ənlés]

접 ~하지 않으면,
　　~하지 않는 한(= if not)

▶ **unless** S + V ~이 ~하지 않으면

▷ You will fail the exam **unless you do** your best.
최선을 다하지 않으면 넌 시험에서 떨어질 거야.

906

whether
[hwéðər]

접 ① ~인지 (아닌지)
  ② ~이든 아니든

▶ I don't know **whether** he will approve of my plan **or** not.
나는 그가 내 계획에 찬성할지 안할지 모르겠다.

▶ **Whether** A **or** B A인지 (아니면) B인지

▷ **Whether** we succeed **or** fail, we must try again.
성공하든지 실패하든지 우리는 다시 시도해봐야 한다.

비교 **weather** 날씨

907

none
[nʌn]

대 어떤 것도 (~않다),
  아무도 (~않다)

▶ **none** of us 우리 중 누구도 ~ 않다

▷ **None of us** could fill in the blank.
우리 중 누구도 그 빈칸을 채울 수 없었다.

908

such
[sətʃ]

형 그런, 그러한

명 그러한 것

▶ in **such** a selfish manner 그렇게 이기적인 방식으로

▷ I'm convinced that nobody would behave **in such a selfish manner**. 나는 누구도 그렇게 이기적으로 행동하지는 않을 것이라고 확신한다.

▶ be accepted as **such** 그렇게 받아들여지다

숙어 **such as** ① 예컨대 ② ~와 같은

Tip **such**와 **so**의 어순 유의
→ such + a + 형 + 명 = so + 형 + a + 명

909

rather
[rǽðər]

부 ① 약간, 좀 (= kind of)
  ② 오히려, 차라리

▶ a **rather** hot day 좀 더운 날

▶ would **rather** A than B B하기 보다는 차라리 A하는 것이 낫다

▷ I **would rather** take the subway **than** drive.
운전하는 것보다 지하철을 타고 가는 게 낫겠다.

Tip **rather than** ~보다는

day
23

910

anyway
[éniwèi]

부 하여간, 어쨌든

▶ **Anyway**, S + V 어쨌든 ~

▷ **Anyway**, the generation gap is too large to be filled.
어쨌든 세대 차이는 너무 커서 메꿀 수 없다.

911

together
[təgéðər]

閉 함께, 같이

▶ spend time **together** 함께 시간을 보내다

▷ We enjoyed **spending time together** during the summer vacation.
여름휴가 동안 우리는 함께 재미있는 시간을 보냈다.

숙어 all together 모두 함께

비교 altogether 완전히, 전부

912

alone
[əlóun]

閉 혼자, 홀로(= by oneself)

▶ be all **alone** 혼자 있다

▷ The clerk **was all alone** in the office yesterday.
그 직원이 어제 사무실에 혼자 있었다.

비교 along ~을 따라서

913

without
[wiðáut]

전 ~없이

▶ live **without** you 너 없이 살다

▷ You know I really love you. I can't live **without you**.
내가 정말 그대를 사랑한다는 것을 알잖아요. 난 당신 없이 살 수 없어요.

숙어 go[do] without ~없이 지내다

914

besides
[bisáidz]

전 ~외에(도)

▶ **besides** English and French 영어와 불어 외에

▶ **Besides,** S + V ~ 게다가, 또

▷ The food was so delicious, **besides it was** free.
그 음식은 너무나 맛있었다. 게다가 공짜였다.

비교 beside ~의 옆에

915

else
[els]

閉 다른

▶ everybody **else** 다른 모든 사람

▷ **Everybody else** has agreed to the plan except for you.
당신을 제외하고 다른 모든 사람이 그 계획에 동의했어요.

참고 elsewhere 다른 곳(에서)

916

since
[sins]

졉 ① ~한 이래
② ~때문에, ~이므로
전 ~ 이후로

▶ **since** S + V ~가 ~한 이래[이후로]

▷ I've been very busy **since I came** back from holiday.
난 휴가에서 돌아온 이후로 아주 바빴어.

▶ **Since** today is Sunday, I will not go out.
오늘은 일요일이니까 난 외출하지 않을래.

▶ **since** high school 고등학교 이후로

Tip ever since ~한 이후로 죽[계속] / ever then 그때 이후

917

afterward
[ǽftərwərd]

튀 후에, 나중에

▶ shortly **afterward** ~ 직후에

▷ Our dog began to bark suddenly, and a shot rang out
shortly afterward. 우리 개가 갑자기 짖기 시작했고 곧 총성이 울렸다.

918

beforehand
[bifɔ́ːrhænd]

튀 미리, 사전에

▶ pay **beforehand** 미리 지불하다

▷ If you **pay** for the tickets **beforehand**, you can get a 10%
discount. 티켓 값을 미리 지불하시면 10% 할인 받으실 수 있습니다.

비교 **before** ~전에, ~앞에

919

sometime
[sʌ́mtàim]

튀 언젠가

▶ **sometime** next week 다음 주 언제

▷ Would you like to have a dinner with me **sometime next
week**? 다음 주 언제 저랑 같이 저녁 식사 하시겠어요?

비교 **sometimes** 가끔, 때때로

참고 **anytime** 언제든지

day
23

920

weekend
[wíːkend]

명 주말

▶ on the **weekend** 주말에

▷ I like to spend time with my family **on the weekend.**
난 주말에 가족과 함께 시간 보내는 걸 좋아해.

비교 **weekday** 평일

A 다음 단어들을 올바르게 연결해보세요.

1 **ahead**	•	• 두 번
2 **behind**	•	• 쪽으로
3 **toward**	•	• (시간의) 분
4 **without**	•	• 앞으로, 앞에
5 **twice**	•	• ～의 뒤에
6 **below**	•	• ～이 없는
7 **minute**	•	• 천
8 **such**	•	• 후에, 나중에
9 **thousand**	•	• 그런, 그러한
10 **afterward**	•	• ～의 아래

1 한번	•	• north
2 혼자	•	• hour
3 서쪽	•	• beforehand
4 함께	•	• south
5 남쪽	•	• once
6 미리	•	• west
7 북쪽	•	• alone
8 주말	•	• together
9 동쪽	•	• weekend
10 시간	•	• east

C 다음 문장에 맞는 단어를 써넣으세요.

> **ahead** / **beyond** / **either** / **neither** / **whether** / **rather** / **along**

1 _____ we succeed or fail, we must try again.

2 _____ my wife nor I can attend the New Year's party.

3 They get _____ well with each other.

4 I would _____ take the subway than drive.

5 You can _____ go or stay.

6 The client's unreasonable demands were _____ my ability.

7 The polls show that he is _____ of the other candidates.

B 다음 중 올바른 뜻을 고르세요.

1	**quarter**	□ 1/3	□ 1/4
2	**seldom**	□ 부족한	□ 좀처럼 ~하지 않는
3	**million**	□ 백만	□ 천만
4	**unless**	□ 만약 ~라면	□ ~하지 않으면
5	**whether**	□ 날씨	□ ~인지 아닌지
6	**besides**	□ ~옆에	□ ~외에
7	**rather**	□ 약간, 좀	□ 많이, 아주
8	**none**	□ 어떤 것도 (~않다)	□ 어떤 사람도 (~이다)
9	**else**	□ 다른	□ ~외에
10	**beyond**	□ 반대편에	□ ~의 저편에

1	(시간의) 초	□ minute	□ second
2	~도 ~도	□ either	□ neither
3	~하는 동안	□ whale	□ while
4	~이긴 하지만	□ then	□ though
5	~을 따라서	□ alone	□ along
6	~한 이래	□ since	□ afterward
7	하여간, 어쨌든	□ anyway	□ anywhere
8	~도 ~도 아닌	□ never	□ neither
9	언젠가	□ sometime	□ sometimes
10	~시 정각	□ hour	□ o'clock

D 다음 문장에 맞는 단어를 써넣으세요.

1 Do you play any other sports _____ football and basketball?

ⓐ beside　　ⓑ besides　　ⓒ except　　ⓓ without

2 In _____ a situation, it is important to remain calm.

ⓐ so　　ⓑ that　　ⓒ such　　ⓓ though

3 The company started as a small local business 10 years ago and has grown a lot _____ then.

ⓐ when　　ⓑ as　　ⓒ within　　ⓓ since

day 24 유명한 명사들

오늘 학습할 '유명한 명사들'에 관한 필수 단어입니다. 눈으로 스캔하며 모르거나 헷갈리는 단어에 체크하세요.

● 아이들이 가지고 노는 것들

- □ **balloon** 풍선
- □ **doll** 인형
- □ **bar** 막대기
- □ **block** 블록
- □ **bubble** 거품
- □ **riddle** 수수께끼
- □ **paste** 반죽
- □ **treasure** 보물
- □ **handkerchief** 손수건
- □ **hat** 모자

● 위험한 것들이니 조심해요!

- □ **gun** 총
- □ **sword** 칼, 검
- □ **invade** 침입하다
- □ **funeral** 장례식
- □ **devil** 악마
- □ **chain** 사슬
- □ **flame** 불길
- □ **scare** 겁주다
- □ **scar** 흉터
- □ **disadvantage** 불리한점

● 추상적인 의미를 가진 것들

- □ **clue** 단서
- □ **example** 예
- □ **form** 형태
- □ **foundation** 근거
- □ **quality** 품질
- □ **fate** 운명
- □ **result** 결과
- □ **role** 역할
- □ **function** 기능
- □ **practice** ① 연습 ② 실행

● 옛날이야기에 나오는 것들

- □ **tale** 이야기
- □ **script** 원고
- □ **prince** 왕자
- □ **crown** 왕관
- □ **giant** 거인
- □ **bear** 낳다: 곰
- □ **hole** 구멍
- □ **load** 짐
- □ **lamp** 램프
- □ **servant** 하인

921

balloon
[bəlúːn]

명 풍선

▶ blow up a **balloon** 풍선을 불다

▷ I **blew up** many **balloons** to entertain my lovely kids.
사랑스러운 내 아이들을 즐겁게 해주려고 풍선을 많이 불었다.

922

doll
[dal]

명 인형

▶ play with one's **dolls** 인형들을 갖고 놀다

▷ My daughter likes to **play with her dolls**.
우리 딸은 인형들을 갖고 노는 걸 좋아한다.

비교 roll 굴리다
poll 여론조사

923

bar
[baːr]

명 ① **막대기** (모양의 것)

② 술집, 바

▶ a chocolate **bar** 초콜릿 바

▷ She bought **a chocolate bar** in a convenience store.
그녀는 편의점에서 초콜릿 바 하나를 샀다.

▶ go to a **bar** 술집[바]에 가다

924

block
[blak]

명 **사각형 덩어리, 블록**

동 막다, 차단하다

▶ a **block** of ice 한 블록의 얼음

▷ Arthur carved the sculpture out of **a block of ice**.
아서는 한 블록의 얼음으로 조각품을 만들어냈다.

▶ **block** a road 도로를 막다

참고 brick 벽돌

925

bubble
[bʌbl]

명 **거품**, (비누) **방울**

▶ blow soap **bubbles** 비눗방울을 불다

▷ Children like to **blow soap bubbles** and burst them.
아이들은 비눗방울 불고 그것들을 터뜨리는 걸 좋아한다.

926

riddle
[rídl]
명 수수께끼

▶ solve a **riddle** 수수께끼를 풀다

▷ The first person to **solve the riddle** wins a bar of chocolate.
첫 번째로 수수께끼를 푸는 사람은 초콜릿을 하나 받는다.

927

paste
[peist]
명 반죽, (붙이는) 풀

▶ make a **paste** 반죽을 만들다

▷ The chef **made a paste** by mixing flour with water.
그 주방장은 밀가루와 물을 섞어 반죽을 만들었다.

Tip **toothpaste** 치약

928

treasure
[tréʒər]
명 보물

동 소중히 하다

▶ a **treasure** chest 보물 상자

▷ The pirates found **a treasure chest** in the cave.
그 해적들이 동굴 속에서 보물 상자를 발견했다.

▶ **treasure** one's friends 친구를 소중히 여기다

명 **treasury** ① 금고 ② 《the T-》 (美) 재무부

Tip a treasure hunt 보물찾기
a treasure island 보물섬

929

handkerchief
[hǽŋkərtʃif]
명 손수건

▶ wipe with a **handkerchief** 손수건으로 닦다

▷ He **wiped** the tears from her eyes **with a handkerchief**.
그는 손수건으로 그녀의 눈에서 흐르는 눈물을 닦아 주었다.

day
24

930

hat
[hæt]
명 (챙이 둥근) 모자

▶ wear a **hat** 모자를 쓰다

▷ Maria was **wearing a** beautiful new **hat**.
마리아는 예쁜 새 모자를 쓰고 있었다.

비교 **cap** (앞에 챙이 있는) 모자

931

gun
[gʌn]
명 총

▶ fire a **gun** 총을 쏘다

▷ The soldier **fired a gun** at the enemy in the distance.
그 군인은 멀리 있는 적에게 총을 쐈다.

Tip **load a gun** 총에 장전하다

참고 **bullet** 총알

932

sword
[sɔːrd]
명 칼, 검

▶ swing a **sword** 칼을 휘두르다

▷ The warrior was **swinging a** large **sword** at the enemies.
그 전사는 적들에게 큰 칼을 휘두르고 있었다.

속담 **The pen is mightier than the sword.** 펜은 칼보다 강하다.

비교 **knife** (주방용) 칼

933

invade
[invéid]
동 침입하다, 쳐들어가다

▶ **invade** Britain 영국에 쳐들어가다

▷ The Romans **invaded Britain** 2000 years ago.
로마인들은 2천 년 전 영국에 쳐들어갔다.

명 **invasion** 침입, 침략

명 **invader** 침략군[국]

934

funeral
[fjúːnərəl]
명 장례식

▶ attend a **funeral** 장례식에 참석하다

▷ Thousands of people **attended the funeral** of the former president.
수천 명의 사람들이 전임 대통령의 장례식에 참석했다.

935

devil
[dévl]
명 악마, 악령

▶ be possessed by **devils** 악령에 씌다[홀리다]

▷ The villagers believed she **was possessed by devils**.
마을 사람들은 그녀가 악령에 씌었다고 믿었다.

비교 **evil** 명 악 형 사악한

936

chain
[tʃein]

명 ① **사슬**, 쇠줄
　② **일련**, 연속(= series)

▶ be kept on a **chain** 사슬에 묶여있다

▶ a **chain** of events 일련의 사건들

▷ **A chain of** events led to the war against the country.
일련의 사건들이 그 나라와의 전쟁으로 이어졌다.

Tip **a chain smoker** 골초, 줄담배 피는 사람

937

flame
[fleim]

명 **불길, 불꽃**(= flare)

▶ burst into **flames** 확 타오르다

▷ The car suddenly **burst into flames** and created a traffic jam. 그 자동차가 갑자기 확 타올랐고 교통 혼잡을 일으켰다.

비교 **frame** ① 틀, 뼈대 ② (사람의) 체격

938

scare
[skɛər]

동 **겁주다**, 놀라게 하다

명 겁, 두려움(= fear)

▶ be **scared** by ~에 겁이 나다

▷ We **were scared by** a huge sound of explosion.
우리는 큰 폭발 소리에 겁이 났다.

▶ give me a **scare** 나를 겁주다

형 **scary** 무서운, 겁나는

939

scar
[ska:r]

명 **흉터**, 상처

▶ leave a **scar** 흉터를 남기다

▷ That burn **left a** permanent **scar** on his face.
화상이 그의 얼굴에 평생 남는 흉터를 남겼다.

day
24

940

disadvantage
[dìsədvǽntidʒ]

명 **불리한 점**, 약점

▶ be at a **disadvantage** 불리한 입장에 있다

▷ The player claims that he **is at a disadvantage** in comparison with other competitors.
그 선수는 다른 경쟁자들에 비해 불리한 입장에 있다고 주장한다.

형 **disadvantageous** 불리한

반 **advantage** 유리한 점, 이점

● 추상적인 의미를 가진 것들

941

clue
[kluː]

명 단서, 실마리

▶ the **clue to** the mystery 그 미스터리를 푸는 단서

▷ The detective managed to find **the** vital **clue to the mystery**.
그 형사는 그 미스터리의 중요한 단서를 힘들게 찾아냈다.

942

example
[igzǽmpl]

명 예, 본보기(= instance)

▶ give an **example** 예를 들다

▷ Can you **give** me **a** concrete **example** of your explanation?
당신의 설명에 대한 구체적인 예를 하나 들어 주실래요?

숙어 for example 예를 들어

943

form
[fɔːrm]

명 ① 형태, 유형

② (문서의) 양식, 서식

통 형성하다, 만들어 내다

APPLICATION FORM

▶ show in the graphic **form** 그래픽 형태로 보여주다

▶ an application **form** 신청서

▷ You should fill out **an application form** for admission.
가입하시려면 신청서를 작성하셔야 됩니다.

▶ **form** one's personality 인격을 형성하다

형 formal ① 공식적인 ② 형식적인

반 informal 격식을 차리지 않는, 비공식적인

944

foundation
[faundéiʃən]

명 ① 토대, 근거(= basis)

② 재단

▶ have no **foundation** 근거 없다

▷ The rumor **has no foundation** in fact, so don't believe it.
그 소문은 사실상 근거가 없으니 믿지 마.

▶ establish a **foundation** 재단을 설립하다

통 found 세우다, 설립하다

945

quality
[kwάləti]

명 품질, 특질

▶ be content with high **quality** 높은 품질에 만족하다

▷ The consumers **are content with the high quality** of the new product.
소비자들은 그 신상품의 높은 품질에 만족하고 있다.

반 quantity 양

946

fate
[feit]

몡 **운명**(= destiny)

▶ a tragic **fate** 비극적 운명

▷ The world-famous singer finally met **a tragic fate.**
그 세계적인 유명 가수는 결국 비극적 운명을 맞이했다.

휑 **fatal** 치명적인

947

result
[rizʌ́lt]

몡 **결과**

동 (~의 결과로) 생기다,
일어나다

▶ as a **result** of ~의 결과로, ~로 인해

▷ **As a result of** the accident, he was out of work for three months. 사고로 인해 그는 3개월 동안 일을 하지 못했다.

▶ **result from** carelessness 부주의로 일어나다

숙어 **result in** ~을 낳다, 야기하다

948

role
[roul]

몡 **역할**(= part)

▶ play an essential **role** 필수적인 역할을 하다

▷ Parents **play an** essential **role** in their child's learning.
부모들은 아이의 학습에 있어 필수적인 역할을 한다.

비교 **roll** 돌다, 구르다

949

function
[fʌ́ŋkʃən]

몡 **기능,** 작용

▶ the **function** of the heart 심장의 기능

▷ **The function of the heart** is to pump blood through the body. 심장의 기능은 피를 전신에 내보내는 것이다.

휑 **functional** 기능상의

day
24

950

practice
[prǽktis]

몡 ① **연습,** 훈련

② **실행,** 실천

▶ take a lot of **practice** 많은 연습이 필요하다

▷ It **takes a lot of practice** to play the piano well.
피아노를 잘 치려면 많은 연습이 필요하다.

▶ put one's ideas into **practice** 생각들을 실행에 옮기다

휑 **practical** 실제적인   휑 **practicable** 실행 가능한

951

tale
[teil]

명 이야기

▶ **tales** about ghosts 귀신 이야기들

▷ Our grandma used to tell us scary **tales about ghosts.**
할머니가 우리에게 무서운 귀신 이야기들을 해주시곤 했다.

Tip a fairy tale 동화

비교 **tail** 꼬리

952

script
[skript]

명 대본, 원고

▶ memorize a **script** 대본을 외우다

▷ The actor doesn't have much time to **memorize the dialogue script.** 그 배우는 대본을 외울 시간이 많지 않다.

명 manuscript (책·악보 등의) 원고

953

prince
[prins]

명 왕자

▶ the **prince** of the kingdom 그 왕국의 왕자

▷ **The prince of the kingdom** died before he could ascend to the throne. 그 왕국의 왕자는 왕위에 오르기 전에 죽었다.

참고 king 왕 / queen ① 여왕 ② 왕비

비교 princess 공주

954

crown
[kraun]

명 왕관, 왕위

▶ wear a **crown** 왕관을 쓰다

▷ The elegant queen was **wearing a crown** decorated with jewels. 그 우아한 여왕은 보석들로 장식된 왕관을 쓰고 있었다.

비교 clown 광대

955

giant
[dʒáiənt]

명 거인

▶ **giants** in a fairy tale 동화 속에 나오는 거인들

▷ **Giants in a fairy tale** are described as stupid and violent monsters.
동화 속에 나오는 거인들은 어리석고 거친 괴물들로 묘사된다.

형 gigantic 거대한

956

bear
[bɛər]

图 ① 낳다
　　② 참다, 견디다
图 곰

- ▶ **bear** three children 세 명의 아이를 낳다
- ▶ **bear** the pain 통증을 참다
- ▷ The patient could hardly **bear the pain** from the disease.
  그 환자는 그 병의 통증을 참기 힘들었다.
- ▶ a savage **bear** 사나운 곰

시제변화 bear - bore - borne　　Tip '태어나다'일때는 **'be born'**

비교 bare 벌거벗은, 맨 ─

957

hole
[houl]

图 ① **구멍**
　　② 구덩이

- ▶ have a **hole** 구멍 나다
- ▷ You **have a hole** in your right sock.
  네 오른 쪽 양말에 구멍 났다.
- ▶ dig a **hole** 구덩이를 파다

958

load
[loud]

图 짐, 화물
图 (짐을) 싣다, 적재하다

- ▶ carry a large **load** 큰 짐을 짊어지다
- ▷ The farmer led the donkey **carrying a large load**.
  그 농부는 큰 짐을 짊어지고 있는 당나귀를 끌고 갔다.
- ▶ **load** luggage **into** the truck 짐을 트럭에 싣다

비교 (여행용) 짐 : 〈미국〉 baggage
〈영국〉 luggage

959

lamp
[læmp]

图 램프, 등

- ▶ a magic **lamp** 요술 램프
- ▷ **The magic lamp** can transform a wagon into a big ship.
  그 요술 램프는 수레를 큰 배로 바꿀 수도 있다.

비교 lantern 랜턴, 손전등

960

servant
[sə́ːrvənt]

图 하인, 종

- ▶ a domestic **servant** 집안일을 하는 하인
- ▷ The young orphan girl became his **domestic servant**.
  고아인 그 어린 여자 아이는 그의 집안일을 하는 하인이 되었다.

A 다음 단어들을 올바르게 연결해보세요.

1	**doll** ·	· 사각형 덩어리	1	운명 ·	· chain
2	**gun** ·	· 침입하다	2	사슬 ·	· giant
3	**example** ·	· 형태	3	풍선 ·	· hat
4	**sword** ·	· 총	4	거품 ·	· bar
5	**block** ·	· 왕관	5	모자 ·	· paste
6	**invade** ·	· 인형	6	막대기 ·	· bear
7	**form** ·	· 칼, 검	7	반죽 ·	· fate
8	**tale** ·	· 예, 사례	8	참다 ·	· balloon
9	**crown** ·	· 등, 전등	9	거인 ·	· bubble
10	**lamp** ·	· 이야기	10	구멍 ·	· hole

C 다음 문장에 맞는 단어를 써넣으세요.

> riddle / treasure / scare / clue / practice / funeral / flame

1 We were _____d by a huge sound of explosion.

2 It takes a lot of _____ to play the piano well.

3 Thousands of people attended the _____ of the former president.

4 The detective managed to find the vital _____ to the mystery.

5 The first person to solve the _____ wins a bar of chocolate.

6 The car suddenly burst into _____s and created a traffic jam.

7 The pirates found a _____ chest in the cave.

B 다음 중 올바른 뜻을 고르세요.

1	**foundation**	□ 발견	□ 근거
2	**practice**	□ 연습	□ 복습
3	**role**	□ 돌다	□ 역할
4	**function**	□ 기능	□ 기계
5	**disadvantage**	□ 유리한 점	□ 불리한 점
6	**funeral**	□ 졸업식	□ 장례식
7	**flame**	□ 불길	□ 풀
8	**scar**	□ 흉터	□ 부상
9	**prince**	□ 왕자	□ 공주
10	**script**	□ 글씨	□ 대본

1	단서, 실마리	□ clue	□ glue
2	품질	□ quality	□ quantity
3	결과	□ insult	□ result
4	악마	□ evil	□ devil
5	수수께끼	□ riddle	□ problem
6	보물	□ jewel	□ treasure
7	손수건	□ handicap	□ handkerchief
8	겁주다	□ scar	□ scare
9	짐, 화물	□ load	□ road
10	하인, 종	□ slave	□ servant

D 다음 문장에 맞는 단어를 써넣으세요.

1 The protesters _____ the road with parked vehicles.

ⓐ cleaned   ⓑ broke   ⓒ paved   ⓓ blocked

2 The millionaire established a _____ to help orphaned children.

ⓐ foundation   ⓑ basis   ⓒ element   ⓓ factor

3 That is a good plan. I suggest you put it into _____ immediately. But there remain two problems to solve before the plan can be fulfilled.

ⓐ role   ⓑ practice   ⓒ presence   ⓓ result

동사 탐구 I

오늘 학습할 '동사 탐구 I'에 관한 필수 단어입니다. 눈으로 스캔하며 모르거나 헷갈리는 단어에 체크하세요.

● 사람의 행위 동사

- **behave** 행동하다
- **speak** 말하다
- **wear** 입다
- **climb** 등반하다
- **stand** 서다
- **leap** 뛰다
- **pass** 지나가다
- **march** 행진하다
- **ride** 타다
- **hurry** 서두르다

● 다른 사람과의 행동

- **bow** 인사하다
- **call** 전화 걸다
- **obey** 복종하다
- **invite** 초대하다
- **introduce** 소개하다
- **grab** (꽉)붙잡다
- **urge** 재촉하다
- **fight** 싸우다
- **hurt** 다치게 하다
- **drown** 익사시키다

● 사물을 움직이는 동사들

- **move** 움직이다
- **carry** 나르다
- **hang** 매달다
- **lift** 들어 올리다
- **put** 놓다
- **push** 밀다
- **shake** 흔들다
- **kick** 차다
- **miss** 놓치다
- **receive** 받다

● 사물에 대한 동작

- **stick** 찌르다
- **touch** 만지다
- **handle** 다루다
- **turn** 돌(리)다
- **twist** 비틀다
- **roll** 구르다
- **suck** 빨다
- **fill** 채우다
- **pour** 붓다
- **spill** 쏟다

961

behave
[bihéiv]
[통] 행동하다

▶ **behave** in a rude way 무례하게 행동하다

▷ The curly-haired man is apt to **behave in a rude way**.
그 곱슬머리 남자는 무례하게 행동하는 경향이 있다.

[명] behavior 행동

962

speak
[spiːk]
[통] 말하다, 이야기하다

▶ **speak** English 영어를 말하다

▷ His secretary can **speak English** and French well.
그의 비서는 영어와 불어를 잘 말할 수 있다.

[명] speech ① 연설 ② 말

시제변화 speak - spoke - spoken

963

wear
[wɛər]
[통] ① 입다, 착용하다(= put on)
② 닳다, 해어지다

▶ **wear** a shirt 셔츠를 입다

▷ The athlete was **wearing a** short-sleeved **shirt** in the middle of winter. 그 운동선수는 한겨울에 반팔 셔츠를 입고 있었다.

▶ The shirt is starting to **wear**.
셔츠가 해어지기 시작하고 있다.

숙어 wear out 닳게 하다   시제변화 wear - wore - worn

Tip **wear**(입고 있다)는 상태, put on(입다)은 '동작'을 나타냄

964

climb
[klaim]
[통] 등반하다, (기어) 오르다

▶ **climb** a mountain 산을 등반하다

▷ It will take you about 4 hours to **climb the mountain**.
그 산을 등반하는데 4시간 정도 걸릴 거예요.

[명] climbing (암벽) 등반

965

stand
[stænd]
[통] ① 서다
② 참다, 버티다
(= endure)

▶ **stand** for a long time 오랫동안 서있다

▶ can't **stand** his behavior 그의 행동을 참을 수 없다

▷ I **can't stand his** annoying **behavior** any more.
난 그의 짜증나는 행동을 더 이상 참을 수 없다.

숙어 stand for ~을 나타내다

966

leap
[liːp]

동 (높이·길게) 뛰다

명 높이뛰기, 도약

▶ **leap** out of the water 물 밖으로 뛰어오르다

▷ A school of dolphins were **leaping out of the water**.
돌고래 떼가 물 밖으로 뛰어오르고 있었다.

▶ make a **leap** 높이 뛰다, 뛰어오르다

시제변화 leap - leaped[leapt] - leaped[leapt]

비교 **reap** 수확하다

967

pass
[pæs]

동 ① 지나가다, 통과하다
　　② 건네주다(= hand)

명 합격, 통과

▶ **pass** the exam 시험에 통과[합격]하다

▷ If you **pass the exam**, you have to study hard.
시험에 합격하려면 열심히 공부해야 돼.

▶ **pass** me the salt 나에게 소금을 건네주다

▶ get a **pass** 합격하다

968

march
[maːrtʃ]

동 행진하다, 행군하다

▶ **march** through the streets 거리를 행진하다

▷ Hundreds of soldiers **marched through the streets**.
수백 명의 군인들이 거리를 행진했다.

비교 **March** 3월

969

ride
[raid]

동 (말·자전거에) 타다

명 (차·자전거에) 타기

▶ **ride** a horse 말을 타다

▷ Rachael learned how to **ride a horse** when she was young.
레이첼은 어렸을 때 말 타는 법을 배웠다.

▶ go for a **ride** 드라이브 하러 가다

970

hurry
[hə́ːri]

동 서두르다

명 서두름(= haste)

▶ have to **hurry** 서둘러야 한다

▷ We **have to hurry**, otherwise we'll miss the train.
우리 서둘러야 돼. 그렇지 않으면 기차를 놓칠 거야.

▶ in a **hurry** 서둘러, 급히

● 다른 사람과의 행동

971

bow
[bau]
[동] (허리 굽혀) **절하다,**

▶ **bow** down 허리 굽혀 절하다

▷ You must **bow down** to the village elders.
동네 어르신들께는 허리 굽혀 인사해야만 한다.

비교 bow[bou] 활

972

call
[kɔːl]
[동] ① **전화 걸다**
② (~라고) **부르다**

▶ I'll **call** you later. 나중에 전화할게.

▶ **call** him a liar 그를 거짓말쟁이라고 하다

▷ Some people **call him a liar** but he is honest.
몇몇 사람들은 그를 거짓말쟁이라고 하지만 그는 정직하다.

숙어 **call for** 요구하다 / **call off** 취소하다
call somebody names ~에게 욕하다

973

obey
[oubéi]
[동] **따르다, 복종하다**

▶ **obey** the law 법을 지키다

▷ Failure to **obey the law** can lead to a heavy fine.
법을 어기는 것은 무거운 벌금으로 이어질 수 있다.

[명] obedience 복종   [형] obedient 순종적인
[반] disobedient 반항적인

974

invite
[inváit]
[동] **초대하다**

▶ **invite** her to the party 그녀를 파티에 초대하다

▷ I want to **invite her to my** birthday **party**.
난 그녀를 내 생일 파티에 초대하고 싶어.

[명] invitation 초대, 초청

975

introduce
[ìntrədjúːs]
[동] ① **소개하다**
② 도입하다

▶ **introduce** A to B A를 B에게 소개하다

▷ Let me **introduce** you **to** my boss, Mr. Moon.
내가 널 내 상관인 Mr. Moon에게 소개시켜줄게.

▶ **introduce** a new system 새로운 시스템을 도입하다

[명] introduction ① 도입 ② 소개

976

grab
[græb]

동 (꽉) **붙잡다**, 움켜쥐다

(= seize)

▶ **grab** a tree branch 나뭇가지를 꽉 붙잡다

▷ He **grabbed a tree branch** and pulled himself out of the water. 그는 나뭇가지를 꽉 붙잡고 물속에서 빠져 나왔다.

977

urge
[ə:rdʒ]

동 **재촉하다, 촉구하다**

▶ **urge** someone to V 남을 ~하도록 재촉[촉구]하다

▷ My husband **urges me to see** a doctor. 내 남편은 나에게 병원에 가보라고 재촉한다.

형 urgent 긴급한

978

fight
[fait]

동 **싸우다**

명 **싸움, 투쟁**

▶ **fight against** the enemy 적과 싸우다

▷ We have **fought against the enemy** for a long time. 우리는 오랜 시간 동안 적과 싸워왔다.

▶ get into a **fight** with ~와 싸움을 벌이다

시제변화 fight - fought - fought

979

hurt
[hə:rt]

동 **다치게 하다,** 아프게 하다

▶ **hurt** one's back 허리를 다치다

▷ I **hurt my back** carrying a heavy box up the stairs. 난 무거운 상자를 들고 계단을 오르다가 허리를 다쳤다.

시제변화 hurt - hurt - hurt

비교 wound 부상을 입히다

day
25

980

drown
[draun]

동 **익사시키다**

▶ be **drowned** in the river 강물에 빠져 죽다

▷ Many people **were drowned in the river** when the boat overturned. 배가 뒤집혀 많은 사람들이 강물에 빠져 죽었다.

속담 A drowning man will catch at a straw.

물에 빠진 사람은 지푸라기라도 잡는다.

311

981

move
[muːv]

图 ① 움직이다, 옮기다

　② 감동시키다

▶ **move** a table 탁자를 옮기다

▷ She **moved the table** closer to the chair.
그녀는 탁자를 의자 가까이 움직였다.

▶ the sad story **moving** us 우리의 마음을 뭉클하게 하는 슬픈 이야기

图 movement ① 움직임 ② 운동　혱 moving ① 움직이는 ② 감동적인

982

carry
[kǽri]

图 ① 나르다, 옮기다

　② 휴대하다

▶ **carry** luggage 짐을 옮기다

▷ Sir. I'll **carry** your **luggage** to your room.
손님. 제가 당신의 짐을 방까지 옮겨드리겠습니다.

▶ police officers **carrying** guns 총을 휴대하고 있는 경찰관들

图 carriage ① 운반, 수송 ② 마차

图 carrier ① 나르는 사람[것] ② 항공사, 운송회사

983

hang
[hæŋ]

图 걸다, 매달다

▶ **hang** a painting 그림을 걸다

▷ He hammered a nail into the wall to **hang a painting**.
그는 그림을 걸기 위해 벽에 못을 박았다.

시제변화 hang – hung – hung

984

lift
[lift]

图 들어 올리다

▶ **lift** a baby 아기를 들어 올리다

▷ The babysitter **lifted the baby** on her lap.
그 보모는 아기를 들어 올려 무릎에 앉혔다.

▶ give me a **lift** 나를 (차에) 태워주다

985

put
[put]

图 놓다, 두다

▶ **put** A **on** B A를 B 위에 놓다

▷ The driver **put** the keys **on** the table.
그 운전사는 열쇠를 탁자 위에 놓았다.

숙어 put on (옷 · 모자 등을) 입다, 쓰다 / put off (날짜를) 연기하다

986

push
[puʃ]
됭 밀다

▶ **push** A **into** B A를 B 안으로 밀어 넣다

▷ The tough guy **pushed** the big box **into** the room.
그 힘센 남자가 큰 상자를 방 안으로 밀어 넣었다.

반 **pull** 당기다

987

shake
[ʃeik]
됭 흔들다, 떨다

▶ **shake** with cold 추위에 떨다

▷ The orphans were **shaking with cold** in winter.
그 고아들은 겨울 추위에 떨고 있었다.

숙어 shake hands with ~와 악수하다

시제변화 shake - shook - shaken

988

kick
[kik]
됭 (발로) 차다
명 차기, 킥

▶ **kick** a ball 공을 차다

▷ The goalkeeper can **kick a ball** very far.
그 골키퍼는 공을 아주 멀리 찰 수 있다.

▶ give a **kick** in the leg (남의) 다리를 차다

숙어 kick off 시작하다

989

miss
[mis]
됭 ① 놓치다, 빗나가다
② 그리워하다

▶ **miss** the opportunity 기회를 놓치다

▷ I would hate to **miss this opportunity**.
난 이번 기회를 놓치고 싶지 않아.

▶ **miss** one's family 가족을 그리워하다

형 **missing** 실종된, 없어진

day
25

990

receive
[risíːv]
됭 받다

▶ **receive** an award 상을 받다

▷ His uncle **received an award** for bravery from the police.
그의 삼촌은 경찰로부터 용감한 시민상을 받았다.

명 **reception** ① (호텔 등의) 프런트 ② 환영(회)   명 **receipt** 영수증

313

991

stick
[stik]

동 ① 찌르다, 찔리다

② 붙(이)다(= attach)

명 막대기, 스틱

▶ **stick** a needle into ~에 (주사) 바늘을 찌르다

▷ The nurse **stuck a needle into** my arm.
그 간호사가 내 팔에 주사 바늘을 찔러 넣었다.

▶ **stick** a stamp on the letter 편지에 우표를 붙이다

▶ walk with a **stick** 막대기를 짚고 걷다

숙어 stick to ~을 고수하다

시제변화 stick – stuck – stuck

992

touch
[tʌʧ]

동 ① 만지다, 건드리다

② 감동시키다(= move)

▶ **touch** the girl on the arm 그녀의 팔을 건드리다

▷ He **touched the girl on the arm** to get her attention.
그는 주의를 끌기 위해 그녀의 팔을 건드렸다.

▶ **touch** us deeply 우리를 깊이 감동시키다

형 touching 감동적인

993

handle
[hǽndl]

동 다루다, 처리하다
(= deal with)

명 손잡이

▶ **handle** patients 환자들을 다루다

▷ The doctor is very good at **handling her patients**.
그 의사는 환자들을 아주 잘 다룬다.

▶ turn the **handle** 손잡이를 돌리다

Tip a steering wheel (자동차의) 핸들

994

turn
[təːrn]

동 ① 돌(리)다

② ~되(게 하)다

명 (무엇을 할) 차례

▶ **turn** a key 열쇠를 돌리다

▷ The doorkeeper **turned the key** and opened the door.
그 현관 경비원이 열쇠를 돌려 문을 열었다.

▶ It suddenly **turned** cold. 날씨가 갑자기 추워졌다.

▶ It's your **turn**. 네 차례야

숙어 turn down ① (소리를) 낮추다 ② 거절하다(= reject)

turn on (TV · 전기 등을) 켜다 ↔ turn off (TV · 전기 등을) 끄다

995

twist
[twist]

동 ① **비틀다**, 구부리다

② (발목 · 손목을) **삐다**,
접지르다(= sprain)

▶ **twist** my arm 내 팔을 비틀다

▷ The robber grabbed me and **twisted my arm** behind my
back. 강도가 뒤에서 나를 붙잡고 내 팔을 비틀었다.

▶ **twist** one's ankle 발목을 삐다

996

roll
[roul]

동 **구르다, 굴리다**

명 두루마리, 롤

▶ **roll** a ball 공을 굴리다

▷ The children **rolled the ball** to each other.
그 아이들은 서로에게 공을 굴렸다.

▶ a **roll** of film 필름 한 통

비교 **spin** (빙빙) 돌다, 회전하다

997

suck
[sʌk]

동 **빨다, 빨아먹다**

▶ **suck** milk through a straw 우유를 빨대로 빨아먹다

▷ My children like to **suck milk through a straw**.
우리 애들은 우유를 빨대로 빨아먹는 걸 좋아한다.

참고 **lick** 핥다

998

fill
[fil]

동 (가득) **채우다**, 채워지다

▶ **fill** A **with** B A를 B로 채우다

▷ My father **filled** the car **with** gas.
아빠가 차에 기름을 채웠다.[넣었다.]

Tip **be filled with** = **be full of** ~로 가득 차다

999

pour
[pɔːr]

동 **따르다, 붓다**

▶ **pour** A **into** B A를 B에 따르다

▷ The waiter carefully **poured** water **into** her glass.
웨이터가 그녀의 잔에 물을 조심해서 따랐다.

day
25

1000

spill
[spil]

동 **쏟다**, 흘리다

▶ **spill** coffee 커피를 쏟다

▷ My classmate Eddy **spilled coffee** all over my new suit.
반 친구 에디가 내 새 정장에 커피를 쏟았다.

시제변화 spill – spilled[spilt] – spilled[spilt]

A 다음 단어들을 올바르게 연결해보세요.

1	**behave** ·	· 서두르다	
2	**climb** ·	· 싸우다	
3	**speak** ·	· (올라) 타다	
4	**call** ·	· 행동하다	
5	**pass** ·	· 매달다	
6	**fight** ·	· 오르다	
7	**ride** ·	· 전화 걸다	
8	**hurt** ·	· 말하다	
9	**hurry** ·	· 통과하다	
10	**hang** ·	· 다치게 하다	

1	감동시키다 ·	· put	
2	흔들다 ·	· receive	
3	차다 ·	· roll	
4	들어 올리다 ·	· fill	
5	놓다 ·	· lift	
6	밀다 ·	· kick	
7	받다 ·	· move	
8	구르다 ·	· shake	
9	채우다 ·	· suck	
10	빨다 ·	· push	

C 다음 문장에 맞는 단어를 써넣으세요.

march / call / grab / drown / stuck / pour / spill

1 He _____bed a tree branch and pulled himself out of the water.

2 The nurse _____ a needle into my arm.

3 Hundreds of soldiers _____ed through the streets.

4 Some people _____ him a liar but he is honest.

5 The waiter carefully _____ed water into her glass.

6 Many people were _____ed in the river when the boat overturned.

7 My classmate Eddy _____ed coffee all over my new suit.

B 다음 중 올바른 뜻을 고르세요.

1 **obey** □ 복종하다 □ 복수하다
2 **march** □ 공격하다 □ 행진하다
3 **introduce** □ 소개하다 □ 안내하다
4 **urge** □ 추천하다 □ 재촉하다
5 **grab** □ (풀을) 베다 □ (꽉) 붙잡다
6 **handle** □ 다듬다 □ 다루다
7 **turn** □ 차례 □ 기회
8 **pour** □ 쏟다, 흘리다 □ 따르다, 붓다
9 **invite** □ 방문하다 □ 초대하다
10 **leap** □ (높이) 뛰다 □ 떨어지다

1 (허리 굽혀) **절하다** □ bow □ greet
2 **닳다** □ wear □ put on
3 **참다, 버티다** □ last □ stand
4 **익사시키다** □ drown □ drawn
5 **휴대하다** □ carry □ move
6 **그리워하다** □ sick □ miss
7 **찌르다** □ stick □ stock
8 **감동시키다** □ turn □ touch
9 (손목을) **삐다** □ twist □ twinkle
10 **쏟다, 흘리다** □ spill □ spoil

D 다음 문장에 맞는 단어를 써넣으세요.

1 The old carpet was badly _____ in some areas.
   ⓐ broken ⓑ spoilt ⓒ wrapped ⓓ worn

2 I can't _____ people smoking around me when I'm eating.
   ⓐ stand ⓑ defend ⓒ obey ⓓ sniff

3 Let me give you some tips on how to politely _____ an invitation without offending anyone.
   ⓐ turn off ⓑ turn on ⓒ turn down ⓓ turn up

동사 탐구 II

choose

오늘 학습할 '동사 탐구 II'에 관한 필수 단어입니다. 눈으로 스캔하며 모르거나 헷갈리는 단어에 체크하세요.

● 터프한 동사들!

- □ **break** 깨(지)다
- □ **burn** 타다
- □ **smoke** 담배를 피우다
- □ **tear** 찢다
- □ **saw** 톱질하다
- □ **cut** 베다, 자르다
- □ **scratch** 긁다
- □ **spoil** 망치다
- □ **punish** 처벌하다
- □ **shoot** 쏘다, 발사하다

● have의 의미를 함축한 동사들

- □ **add** 더하다
- □ **record** 기록하다
- □ **choose** 선택하다
- □ **gain** 얻다
- □ **gather** 모이다
- □ **pick** 고르다
- □ **keep** 유지하다
- □ **belong** ~에게 속하다
- □ **rob** ~에게서 빼앗다
- □ **steal** 훔치다

● 보였다 안 보였다 하는 동사들

- □ **appear** 나타나다
- □ **disappear** 사라지다
- □ **cover** 덮다
- □ **discover** 발견하다
- □ **show** 보이다
- □ **hide** 감추다
- □ **shut** 닫다
- □ **return** 돌아오다
- □ **sink** 가라앉다
- □ **drop** 떨어지다

● 꿈꾸면 이루어 져요!

- □ **dream** 꿈꾸다
- □ **wish** 바라다
- □ **expect** 기대하다
- □ **change** 변하다, 바꾸다
- □ **become** ~되다
- □ **continue** 계속하다
- □ **guess** 추측하다
- □ **try** 시도하다
- □ **happen** 일어나다
- □ **share** 나누다

1001

break
[breik]

图 ① 깨(지)다

② (관계를) 끊다

图 (잠깐의) 휴식, 쉬는 시간

▶ **break** a cup 컵을 깨다

▷ The child **broke the cup** when he dropped it on the floor.
그 아이가 컵을 바닥에 떨어뜨려서 깨졌다.

▶ **break** up with him 그와 헤어지다

▶ take a **break** 잠깐 쉬다

시제변화 break - broke - broken

1002

burn
[bə:rn]

图 (불에) 타다, 태우다

▶ **burn** the love letters 연애편지들을 태우다

▷ I **burned the love letters** after I broke up with my girlfriend. 난 여자 친구와 헤어진 후 연애편지들을 불태웠다.

시제변화 burn - burned[burnt] - burned[burnt]

1003

smoke
[smouk]

图 연기

图 담배를 피우다

▶ **smoke** coming from the chimney 굴뚝에서 나오는 연기

▷ We could see black **smoke coming from the chimney**.
우리는 그 굴뚝에서 검은 연기가 나오는 것을 볼 수 있었다.

▶ **smoke** heavily 담배를 많이 피우다

图 smoker 흡연자 ↔ nonsmoker 비흡연자   图 smoking 흡연

1004

tear
[tɛər]

图 찢다, 찢어지다

▶ **tear** a letter 편지를 찢다

▷ The angry man **tore the letter** to pieces.
화가 난 그 남자는 편지를 갈기갈기 찢었다.

시제변화 tear - tore - torn   비교 tear [tiər] 图 눈물

1005

saw
[sɔ:]

图 톱

图 톱질하다

▶ a power **saw** 전기톱

▶ **saw** a board 판자를 톱으로 자르다

▷ The carpenter **sawed the board** exactly in half.
그 목수는 판자를 정확히 반으로 톱질해 잘랐다.

비교 sew 바느질하다 / sow (씨를) 뿌리다

1006

cut
[kʌt]

동 베다, 자르다

명 (베인 · 긁힌) 상처

▶ **cut** one's finger 손가락을 베다

▷ The chef **cut his finger** badly on a sharp knife.
그 요리사는 날카로운 칼에 손가락을 심하게 베었다.

▶ have a **cut** on one's finger 손가락에 베인 상처가 있다

숙어 **cut down** 줄이다, 삭감하다   시제변화 cut - cut - cut

1007

scratch
[skrætʃ]

동 (손톱으로) 긁다, 할퀴다

명 긁힌 자국, 할퀸 상처

▶ **scratch** my back 내 등을 긁다

▷ Honey, will you **scratch my back** for me?
자기야, 등 좀 긁어줄래?

▶ a **scratch** on the car 차에 난 긁힌 자국

비교 **scrape** (상처 나게) 긁다, 긁어내다

1008

spoil
[spɔil]

동 망치다, 못쓰게 하다

▶ **spoil** our plan 우리의 계획을 망치다

▷ His unexpected mistake **spoiled our plan**.
그의 예상 밖의 실수가 우리의 계획을 망쳐 놓았다.

시제변화 spoil – spoiled[spoilt] – spoiled[spoilt]

1009

punish
[pʌniʃ]

동 처벌하다, 벌주다

▶ **punish** the student **for** cheating 커닝한 것에 대해 그 학생을 벌주다

▷ The teacher **punished the student for cheating**.
선생님은 커닝한 것에 대해 그 학생에게 벌을 주었다.

명 **punishment** 벌, 처벌

1010

shoot
[ʃuːt]

동 ① 쏘다, 발사하다(= fire)

② (영화 등을) 촬영하다

▶ **shoot** the criminal 그 범인에게 총을 쏘다

▷ The police **shot the criminal** in the leg.
경찰이 그 범인의 다리에 총을 쐈다.

▶ **shoot** a movie 영화를 촬영하다

명 **shot** ① 발사 ② 사진   시제변화 shoot - shot - shot

1011

add
[æd]
통 더하다, 추가하다

▶ **add** A **to** B A를 B에 더하다

▷ If you **add** 3 **to** 7, you get ten. 7에 3을 더하면 10이 된다.

명 addition ① 덧셈 ② 추가   형 additional 추가의

Tip subtract 빼다 / multiply 곱하다 / divide 나누다

1012

record
[rékərd]
명 기록

통 [rikɔ́:rd] 기록하다

▶ submit **records** 기록을 제출하다

▷ Please **submit** your school **records** with your application.
지원서와 함께 당신의 학교 기록을 제출해 주세요.

▶ be **recorded** in the diaries 일기에 기록되어 있다

명 recording 녹음, 녹화

참고 document 문서

1013

choose
[tʃuːz]
통 고르다, 선택하다

▶ **choose** A **as** B A를 B로 선출하다

▷ The soccer players **chose** him **as** the team's captain.
그 축구 선수들은 그를 팀의 주장으로 선출했다.

명 choice 선택

시제변화 choose - chose - chosen

1014

gain
[gein]
통 얻다(= earn)

명 이익, 이득(= profit)

▶ **gain** votes 표를 얻다[득표하다]

▷ Our candidate **gained** over 50% of **votes**.
우리 후보가 50% 넘는 표를 얻었다.

▶ an economic **gain** 경제적 이익

1015

gather
[gǽðər]
통 모이다, 모으다

▶ **gather** wood 나무를 모으다

▷ The climbers **gathered wood** for the campfire.
그 등반객들은 모닥불을 피우기 위해 나무를 모았다.

명 gathering ① 모임 ② 수집

1016

pick
[pik]

통 ① 고르다, 선택하다

② (꽃·과일을) 따다

▶ **pick** a cake 케이크를 고르다

▷ The man **picked the** best **cake** for his daughter.
그는 딸을 위해 가장 좋은 케이크를 골랐다.

▶ **pick** apples 사과를 따다

숙어 **pick up** ① 줍다 ② (사람을) 차에 태우다

1017

keep
[ki:p]

통 유지하다, 지키다

▶ **keep** one's promise 약속을 지키다

▷ You must always try to **keep your promise**.
항상 약속을 지키려고 노력해야 한다.

시제변화 **keep - kept - kept**

1018

belong
[bilɔ́ːŋ]

통 ~에게 속하다

▶ **belong to** me 내 것이다

▷ Don't touch it. The wallet **belongs to me**.
그거 건드리지 마. 그 지갑 내 거야.

명 **belongings** 소지품

1019

rob
[rab]

통 ~에게서 빼앗다,

▶ **rob** A **of** B A에게서 B를 빼앗다

▷ The thief **robbed** him **of** all his money.
그 도둑이 그에게서 모든 돈을 강탈했다.

명 **robber** 강도

명 **robbery** 강도질

day 26

1020

steal
[sti:l]

통 (돈·물건을) 훔치다,

도둑질하다

▶ **steal** A **from** B A를 B에서 훔치다

▷ The thief **stole** thousands of dollars **from** the store.
그 도둑은 그 가게에서 수천 달러의 돈을 훔쳤다.

형 **stolen** 훔친

시제변화 **steal - stole - stolen**

● 보였다 안 보였다 하는 동사들

1021

appear
[əpíər]

图 ① 나타나다, 보이다
　② ~처럼 보이다(= seem)

▶ **appear** from behind the clouds 구름 뒤로 보이다

▷ The sun began to **appear from behind the clouds**.
구름 뒤로 태양이 보이기 시작했다.

▶ **appear** angry 화난 것처럼 보이다

图appearance ① 겉모습, 외모 ② 출현　형apparent 분명한

1022

disappear
[dìsəpíər]

图 사라지다, 없어지다

▶ **disappear** from view 시야에서 사라지다

▷ She watched her son until he **disappeared from view**.
그녀는 눈에 안 보일 때까지 아들을 바라봤다.

图disappearance 사라짐, 실종

1023

cover
[kʌ́vər]

图 ① 덮다, 가리다
　② 다루다, 포함하다

▶ **cover** A **with** B A를 B로 덮다

▷ The stylish woman **covered** her head **with** a scarf.
그 멋진 여자는 스카프로 머리를 덮었다.

▶ **cover** the medieval history 중세 역사를 다루다

1024

discover
[diskʌ́vər]

图 발견하다, 알아내다

▶ be **discovered** in ~에서 발견되다

▷ The body **was discovered in** the forest.
그 시체는 숲 속에서 발견되었다.

图discovery 발견

1025

show
[ʃou]

图 보이다, 보여주다

图 쇼, 공연

▶ **show** a response 반응을 보이다

▷ I don't know whether he will **show a** positive **response** or not. 나는 그가 긍정적인 반응을 보일지 어떨지 모르겠다.

▶ go to a **show** 공연을 보러가다

숙어 show off 자랑하다 / show up 나타나다

시제변화 show - showed - shown

324

1026

hide
[haid]

통 감추다, 숨(기)다

▶ **hide** in a shelter 피신처에 숨다

▷ The wounded soldier **hid in a shelter** from the gunfire.
그 부상병은 포격을 피해 피신처에 숨었다.

시제변화 hide - hid - hidden

1027

shut
[ʃʌt]

통 (문을) **닫다**, (눈을) **감다**
(= close)

▶ **shut** the door 문을 닫다

▷ Can you **shut the door**? There's a draft in here.
문 좀 닫아 줄래? 여기 찬바람이 들어 와.

숙어 shut up 입을 다물다, 닥치다   시제변화 shut - shut - shut

1028

return
[ritə́:rn]

통 ① **돌아오다, 돌아가다**
② 돌려주다, 반납하다

▶ **return** from school 학교에서 돌아오다

▷ No one was home when I **returned from school**.
내가 학교에서 돌아왔을 때 집에 아무도 없었다.

▶ **return** a book to the library 책을 도서관에 반납하다

1029

sink
[siŋk]

통 **가라앉다**, 빠지다

명 (부엌의) 싱크대

▶ begin to **sink** 가라앉기 시작하다

▷ The ship struck a rock and **began to sink**.
그 배가 바위에 부딪친 후 가라앉기 시작했다.

▶ a kitchen **sink** 부엌의 싱크대

형 sunken (물속에) 가라앉은   시제변화 sink - sank - sunk[sunken]

1030

drop
[drap]

통 **떨어지다, 떨어뜨리다**

명 ① **방울**
② 하락, 감소(= decline)

▶ **drop** a briefcase 서류 가방을 바닥에 떨어뜨리다

▷ The salesperson **dropped his briefcase** on the floor.
그 세일즈맨은 서류 가방을 바닥에 떨어뜨렸다.

▶ a **drop** of rain 비 한 방울

▶ a **drop in** sales 판매 감소

1031

dream
[dri:m]

명 꿈

통 꿈꾸다, 몹시 바라다

▶ in my **dream** 내 꿈속에

▶ **dream of** + 명 ~을 꿈꾸다

▷ Amanda has **dreamed of** becoming a famous actress.
아만다는 유명한 여배우가 되는 것을 꿈꿔왔다.

시제 변화 dream - dreamed[dreamt] - dreamed[dreamt]

1032

wish
[wiʃ]

통 바라다, 원하다

명 소망, 소원

▶ I **wish** I were ~ 나는 내가 ~라면 좋겠다

▷ **I wish I were** taller and prettier.
난 키가 더 크고 더 예뻤으면 좋겠다.

▶ make a **wish** 소원을 빌다

1033

expect
[ikspékt]

통 기대하다, 예상하다

▶ be **expected to** rise 오를 것으로 예상되다

▷ House prices **are expected to rise** in the future.
향후에는 주택 가격이 오를 것으로 예상된다.

명 expectation 예상, 기대

1034

change
[tʃeindʒ]

통 변하다, 바꾸다

명 ① 변화
　② 잔돈, 거스름돈

▶ **change** color 색깔을 바꾸다

▷ The leaves on trees **change color** in the autumn.
나뭇잎들은 가을에 색깔을 바꾼다.

▶ undergo **change** 변화를 겪다

▶ Keep the **change**. 잔돈은 가지세요.

비교 exchange 교환하다

1035

become
[bikʌ́m]

통 ① ~(해)지다, 되다
　② 어울리다(= match)

▶ **become** popular 인기를 얻게 되다

▷ The movie has **become popular** with the audience.
그 영화는 관객들에게 인기를 얻게 되었다.

▶ clothes **becoming** you 너에게 어울리는 옷

1036

continue
[kəntínju:]

동 계속하다

▶ **continue to** grow 계속 자라다[증가하다]

▷ The world's population **continues to grow**.
세계 인구는 계속 증가하고 있다.

형 continuous (끊임없이) 계속되는

형 continual (반복되며) 계속되는

반 discontinue 중단시키다

1037

guess
[ges]

동 추측하다, 짐작하다

명 추측

▶ **guess** at the cause 원인에 대해 추측하다

▷ The police can only **guess at the cause** of the accident.
경찰은 그 사고의 원인에 대해 추측할 수 있을 뿐이다.

▶ take a **guess** 추측하다

1038

try
[trai]

동 시도하다, 노력하다

▶ **try to** study hard 열심히 공부하려고 노력하다

▷ The poor student **tried to study hard** to win a scholarship.
그 가난한 학생은 장학금을 타기 위해 열심히 공부하려고 노력했다.

명 trial ① 시험 ② 재판

숙어 try on (맞는지) 입어[신어]보다

1039

happen
[hǽpən]

동 (일이) 일어나다, 생기다

▶ **happen** to someone ~에게 어떤 일이 생기다

▷ What **happened to you** at school today?
너 오늘 학교에서 무슨 일 있었니?

명 happening (생긴) 일, 사건

숙어 as it happens 마침, 공교롭게는

1040

share
[ʃɛər]

동 (함께) 나누다, 공유하다

명 몫, 지분

▶ **share** the cookies 쿠키를 나누다

▷ You should **share the cookies** with your sister.
너 그 쿠키 동생이랑 나눠 먹어야 한다.

▶ get my **share** 내 몫을 얻다

DAY 26 - CHECK UP TEST

A 다음 단어들을 올바르게 연결해보세요.

1	break ·	· 얻다
2	burn ·	· 더하다
3	choose ·	· 나타나다
4	gather ·	· 타다, 태우다
5	add ·	· 자르다, 베다
6	gain ·	· 깨다, 부수다
7	cut ·	· 쏘다, 발사하다
8	keep ·	· 선택하다
9	appear ·	· 유지하다
10	shoot ·	· 모으다

1	덮다 ·	· wish
2	연기 ·	· happen
3	보여주다 ·	· cover
4	꿈꾸다 ·	· shut
5	바라다 ·	· smoke
6	닫다 ·	· guess
7	계속하다 ·	· try
8	추측하다 ·	· show
9	시도하다 ·	· dream
10	(일이) 일어나다 ·	· continue

C 다음 문장에 맞는 단어를 써넣으세요.

> tore / saw / scratch / spoil / pick / stole / sink

1 The ship struck a rock and began to _____.

2 Honey, will you _____ my back for me?

3 The thief _____ thousands of dollars from the store.

4 The man _____ed the best cake for his daughter.

5 The carpenter _____ed the board exactly in half.

6 His unexpected mistake _____ed our plan.

7 The angry man _____ the letter to pieces.

B 다음 중 올바른 뜻을 고르세요.

1	**tear**	□ 찢다	□ 쪼개다		1	처벌하다	□ scold	□ punish
2	**rob**	□ 훔치다	□ 빼앗다		2	톱질하다	□ sow	□ saw
3	**disappear**	□ 나타나다	□ 사라지다		3	긁다, 할퀴다	□ scratch	□ stretch
4	**discover**	□ 발견하다	□ 가리다		4	망치다	□ spoil	□ spill
5	**sink**	□ 가라앉다	□ (물에) 뜨다		5	기록하다	□ recall	□ record
6	**become**	□ 오다	□ ～되다		6	고르다, 선택하다	□ pick	□ peck
7	**share**	□ 구분하다	□ 공유하다		7	반납하다	□ turn	□ return
8	**expect**	□ 예상하다	□ 예언하다		8	하락, 감소	□ drip	□ drop
9	**hide**	□ 숨다	□ 닫다		9	잔돈, 거스름돈	□ change	□ exchange
10	**belong**	□ ～에 어울리다	□ ～에 속하다		10	훔치다	□ seal	□ steal

D 다음 문장에 맞는 단어를 써넣으세요.

1 Her illness _____ her of a normal childhood.

ⓐ removed   ⓑ disappeared   ⓒ robbed   ⓓ erased

2 She burst into _____ when she heard her old friend's death.

ⓐ drops   ⓑ tears   ⓒ sweat   ⓓ sadness

3 He wanted to _____ the new sports car to his friends at the party.

ⓐ show off   ⓑ show up   ⓒ turn up   ⓓ cut down

멋진 형용사들

오늘 학습할 '멋진 형용사들'에 관한 필수 단어입니다. 눈으로 스캔하며 모르거나 헷갈리는 단어에 체크하세요.

● 사람과 관련된 형용사

- **native** 태어난 곳의
- **busy** 바쁜
- **able** ~할 수 있는
- **excellent** 뛰어난
- **glad** 기쁜
- **sad** 슬픈
- **kind** 친절한
- **handsome** 잘생긴
- **pretty** 예쁜
- **ugly** 못생긴

● 사물의 성질

- **flat** 평평한
- **hard** 단단한
- **soft** 부드러운
- **grand** 큰. 웅장한
- **heavy** 무거운
- **precious** 귀중한
- **sharp** 날카로운
- **loud** 시끄러운
- **shallow** 얕은
- **several** 몇 개의

● 좋은 형용사들

- **impressive** 인상적인
- **special** 특별한
- **useful** 유용한
- **true** 사실인
- **famous** 유명한
- **certain** 확실한
- **clear** 분명한
- **favorite** 가장 좋아하는
- **enough** 충분한
- **fortunate** 운좋은

● 과거는 잊어버려!

- **past** 과거의
- **last** ① 마지막의 ② 지난
- **former** 이전의
- **ancient** 고대의
- **bad** 나쁜
- **rear** 뒤의
- **useless** 소용없는
- **vain** 헛된
- **empty** 빈
- **equal** 같은

1041

native
[néitiv]

형 태어난 곳의, 태생의

명 ~ 태생인 사람

▶ **native** land 고향[조국]

▷ After 30 years, he finally returned to his **native land**.
30년이 지난 후, 그는 결국 조국으로 돌아왔다.

▶ a **native** of France 프랑스 태생인 사람

1042

busy
[bízi]

형 ① 바쁜, 분주한

② 통화중인

▶ be **busy with** ~로 바쁘다

▷ The students **are busy with** their homework.
그 학생들은 숙제 하느라 바쁘다.

▶ The line is **busy**. 통화 중입니다.

명 business 사업(체), 일

1043

able
[éibl]

형 ~ 할 수 있는

▶ be **able** to V ~할 수 있다

▷ The witness **was able to** identify the robber from the picture. 그 목격자는 그 사진에서 강도를 알아볼 수 있었다.

명 ability 능력 동 enable ~을 할 수 있게 하다

반 unable 할 수 없는

1044

excellent
[éksələnt]

형 뛰어난, 훌륭한

(= remarkable)

▶ **excellent** academic performance 뛰어난 학업 성적

▷ The student received an award for **excellent academic performance**. 그 학생은 뛰어난 학업 성적으로 상을 받았다.

명 excellence 뛰어남, 훌륭함 동 excel 뛰어나다

비교 excessive 지나친

1045

glad
[glæd]

형 기쁜, 반가운

▶ be **glad** to V ~해서 기쁘다

▷ I'm so **glad to** see you again! 널 다시 보게 돼서 너무 기뻐!

명 gladness 기쁨, 반가움

1046

sad
[sæd]
형 슬픈

▶ a **sad** movie 슬픈 영화

▷ My girlfriend cried after watching **the sad movie**.
내 여자 친구가 슬픈 영화를 보고 울었다.

명 sadness 슬픔

1047

kind
[kaind]
형 친절한, 상냥한

명 종류, 유형(= sort)

▶ a **kind** smile 다정한 미소

▶ all **kinds** of sports 모든 종류의 스포츠

▷ My husband likes **all kinds of sports**.
우리 남편은 모든 종류의 스포츠를 다 좋아한다.

명 kindness 친절

숙어 kind of 약간, 어느 정도

비교 gentle 온화한, 다정한

1048

handsome
[hǽnsəm]
형 잘생긴, 멋진

▶ a **handsome** face 잘생긴 얼굴

▷ Lauren was attracted by **his handsome face**.
로렌은 그의 잘생긴 얼굴에 끌렸다.

1049

pretty
[príti]
형 예쁜, 귀여운

부 아주, 꽤(= fairly)

▶ a **pretty** daughter 예쁜 딸

▶ **pretty** good 아주 좋은

▷ The acting by the actress in the movie was **pretty good**.
그 영화에서 그 여배우의 연기는 아주 훌륭했다.

비교변화 pretty < prettier < prettiest

1050

day
27

ugly
[ʌ́gli]
형 못생긴, 추한

▶ an **ugly** dog 못생긴 개

▷ Yesterday I saw **the ugliest dog** I've ever seen in my life.
어제 난 내 인생에서 가장 못생긴 개를 봤다.

명 ugliness 추함

1051

flat
[flæt]
형 ① 평평한
② 김빠진, 침체된
③ 단호한

▶ **flat** ground 평평한 땅

▷ The campers put up the tent on the **flat ground**.
그 야영객들은 평평한 땅 위에 텐트를 쳤다.

▶ The coke's gone **flat**. 그 콜라 김빠졌어.

▶ a **flat** refusal 단호한 거절

부 **flatly** ① 평평하게 ② 단호히, 딱 잘라서

1052

hard
[ha:rd]
형 ① 단단한, 딱딱한
② 힘든, 어려운
부 ① 열심히 ② 세게

▶ as **hard** as a rock 아주 딱딱한

▶ It is **hard** to V ~하기 어렵다

▷ **It's hard to** solve the difficult problem in given time.
그 어려운 문제를 주어진 시간 안에 풀기 힘들다.

▶ study **hard** 열심히 공부하다

▶ hit a ball **hard** 공을 세게 치다

1053

soft
[sɔ:ft]
형 부드러운(= smooth)

▶ a **soft** skin 부드러운 피부

▷ I really love my baby's **soft skin**.
난 우리 아기의 부드러운 피부가 너무 사랑스럽다.

동 **soften** 부드럽게 하다　　반 **rough** 거친

1054

grand
[grænd]
형 큰, 웅장한(= great)

▶ a **grand** plan 거창한 계획

▷ The ambitious politician made a **grand plan** about his future. 그 야심 많은 정치인은 자신의 미래에 대한 거창한 계획을 세웠다.

명 **grandeur** 웅장함

1055

heavy
[hévi]
형 무거운

▶ a **heavy** suitcase 무거운 여행 가방

▷ She was struggling with a **heavy suitcase**.
그녀는 무거운 여행 가방을 갖고 끙끙대고 있다.

부 **heavily** 심하게, 아주 많이　　반 **light** 가벼운

1056

precious
[préʃəs]

형 귀중한, 값비싼

(= valuable)

▶ **precious** time 귀중한 시간

▷ I deeply regret wasting **precious time** in the past.
나는 과거에 귀중한 시간을 낭비했던 것을 깊이 후회한다.

참고 precious stone 보석

반 valueless 무가치한

1057

sharp
[ʃɑːrp]

형 ① 날카로운, 뾰족한
② 급격한, 분명한

▶ a **sharp** knife 날카로운 칼

▶ a **sharp** rise 급증

▷ Lately, there has been **a sharp rise** in crime.
최근에 범죄가 급증했다.

명 sharpness 날카로움

1058

loud
[laud]

형 시끄러운, 소리가 큰

부 시끄럽게, 크게

▶ a **loud** noise 시끄러운 소음

▶ speak a little **louder** 좀 더 크게 말하다

▷ Would you please **speak a little louder**?
좀 더 크게 말해주실래요?

부 aloud 소리 내어, 큰소리로

1059

shallow
[ʃǽlou]

형 얕은

▶ a **shallow** stream 얕은 개울

▷ We were able to walk across **the shallow stream**.
우리는 그 얕은 개울을 걸어서 건널 수 있었다.

반 deep 깊은

---

day
27

1060

several
[sévrəl]

형 몇 개의, 각각의

▶ **several** days 며칠

▷ It took **several days** for the package to arrive.
그 소포가 도착하는 데 며칠이 걸렸다.

비교 severe 극심한

1061
impressive
[imprésiv]
형 인상적인

▶ an **impressive** speech 인상적인 연설

▷ The brave citizen gave **an impressive speech** about justice. 그 용감한 시민은 정의에 관한 인상적인 연설을 했다.

동 impress 감명을 주다

명 impression 인상, 느낌

1062
special
[spéʃəl]
형 특별한, 특수한

▶ something **special** 특별한 무엇

▷ There is **something special** about the korean countryside. 한국의 시골에는 특별한 무언가가 있다.

부 specially 특별히, 특수하게

참고 especially 특히

1063
useful
[júːsfəl]
형 유용한, 쓸모 있는

▶ **useful** information 유용한 정보

▷ This book is full of **useful information**. 이 책은 유용한 정보로 가득하다.

명 동 use 사용(하다)   명 usefulness 유용함

반 useless 소용없는, 쓸모없는

1064
true
[truː]
형 **사실인**, 진짜의

▶ a **true** story 사실인 이야기, 실화

▷ The movie is based on **an** absolutely **true story**. 그 영화는 절대적으로 사실인 이야기 바탕으로 하고 있다.

명 truth 진실

반 false 틀린, 사실이 아닌

1065
famous
[féiməs]
형 유명한

▶ a **famous** athlete 유명한 운동선수

▷ I got the autograph of **the famous athlete**. 나는 그 유명한 운동선수의 사인을 받았다.

명 fame 명성

certain
[sə́:rtn]

형 ① 확실한, 확신하는
② 어떤, 어느 정도의

▶ look **certain** 확실해 보이다

▷ The actress **looks certain** to win the prize in this award ceremony. 그 여배우가 이번 시상식에서 상을 탈 것이 확실해 보인다.

▶ a **certain** amount of money 어느 정도의 돈

부 **certainly** ① 분명히 ② 물론

clear
[kliər]

형 ① 분명한(= obvious)
② 맑은, 투명한

동 치우다, 없애다

▶ **clear** differences 분명한 차이

▷ There are **clear differences** between the two candidates. 두 후보 사이에는 분명한 차이가 있다.

▶ **clear** seawater 맑은 바닷물

▶ **clear** the table 식탁을 치우다

비교 **clean** 깨끗한

favorite
[féivərit]

형 가장 좋아하는

▶ a **favorite** song 가장 좋아하는 노래

▷ Every morning I listen to my **favorite song**. 매일 아침 난 내가 가장 좋아하는 노래를 들어.

명 **favor** ① 호의 ② 좋아함

enough
[ináf]

형 충분한(= sufficient)

부 (~할 만큼) 충분히

▶ **enough** money 충분한 돈

▶ old **enough** to V ~할 만큼 충분히 나이가 든

▷ Mary is not **old enough to** get married. 메리는 결혼할 만큼 충분히 나이가 들지가 않았어요.(아직 결혼할 나이 아니에요.)

fortunate
[fɔ́:rtʃənət]

형 운 좋은, 다행인(= lucky)

day
27

▶ be **fortunate** to V ~하는 것은 운이 좋다

▷ We're **fortunate to** have chosen this occupation. 우리가 이 직업을 선택한 것은 행운이다.

부 **fortunately** 운 좋게, 다행히   명 **fortune** ① (행)운 ② (큰) 재산

반 **unfortunate** 운이 없는, 불행한

1071

past
[pæst]

형 지나간, 과거의

명 과거

전 ~을 지나서, 넘어서

- ▶ **past** experiences 과거의 경험들
- ▷ I learn a lot from my **past experiences**.
  난 과거의 경험들로부터 많은 것을 배운다.
- ▶ in the **past** 과거에
- ▶ half **past** seven 7시 반

1072

last
[læst]

형 ① 마지막의(= final)

　② 지난, (가장) 최근의

동 지속되다

- ▶ the **last** chance 마지막 기회
- ▷ He begged me to give him **the last chance**.
  그는 나에게 마지막 기회를 달라고 애원했다.
- ▶ **last** night 어제 밤에
- ▶ **last** for five hours 5시간 동안 지속되다

비교 late 형 늦은 부 늦게

1073

former
[fɔ́ːrmər]

형 이전의, 과거의

- ▶ the **former** president 전 대통령
- ▷ **The former president** won the Nobel Peace Prize this year. 전 대통령이 올해 노벨 평화상을 받았다.

부 formerly 이전에

1074

ancient
[éinʃənt]

형 고대의, 아주 오래된

- ▶ an **ancient** civilization 고대 문명
- ▷ I'm very interested in the **ancient civilizations** of Asia.
  난 아시아의 고대 문명들에 대해서 아주 관심이 많다.

비교 antique 골동품(인)

1075

bad
[bæd]

형 나쁜, 안 좋은

- ▶ the **bad** news 안 좋은 소식
- ▷ The team's supporters got depressed from **the bad news**.
  그 팀의 팬들은 안 좋은 소식에 우울해졌다.

부 badly ① 나쁘게 ② 몹시

비교변화 bad < worse < worst

반 good < better < best

1076

rear
[riər]
형 뒤의

명 뒤

동 기르다, 키우다(= raise)

▶ a **rear**-view mirror 백미러

▷ Look into **the rear-view mirror** before backing up.
후진하기 전에 백미러를 확인하세요.

▶ the **rear** of the building 그 건물 뒤

▶ **rear** one's children 아이들을 키우다

1077

useless
[júːslis]
형 소용없는, 쓸모없는

▶ It is **useless** ~ing ~해봐야 소용없다

▷ **It's useless** try**ing** to change her mind.
그녀의 마음을 바꾸려고 해봐야 소용없다.

반 useful 쓸모 있는, 유용한

1078

vain
[vein]
형 헛된, 소용없는

계란으로 바위를 깨자!

▶ a **vain** attempt 헛된 시도

▷ He made **a vain attempt** to escape from prison.
그는 감옥에서 탈출하려는 헛된 시도를 했다.

부 vainly 헛되이

숙어 in vain 헛되이

1079

empty
[émpti]
형 ① 텅 빈, 비어 있는
② 공허한, 무의미한

▶ an **empty** bottle 빈 병

▷ The recycling of **empty bottles** is encouraged.
빈 병들의 재활용이 권장된다.

▶ an **empty** promise 공허한 약속

비교 vacant (방·좌석이) 비어있는

day 27

1080

equal
[íːkwəl]
형 같은, 동일한(= same)

▶ be **equal to** ~와 동일하다

▷ One week **is equal to** seven days.
일주일은 7일과 동일하다.

명 equality 평등, 균등

A 다음 단어들을 올바르게 연결해보세요.

1	**able** ·	· 바쁜		1	유명한 ·	· sad
2	**soft** ·	· 과거의		2	뛰어난 ·	· hard
3	**busy** ·	· 부드러운		3	기쁜 ·	· ugly
4	**loud** ·	· 나쁜		4	슬픈 ·	· excellent
5	**true** ·	· 소용없는		5	잘생긴 ·	· glad
6	**enough** ·	· ~할 수 있는		6	못생긴 ·	· useful
7	**past** ·	· 소리가 큰		7	힘든 ·	· special
8	**bad** ·	· 같은		8	무거운 ·	· famous
9	**useless** ·	· 충분한		9	특별한 ·	· handsome
10	**equal** ·	· 사실인		10	유용한 ·	· heavy

C 다음 문장에 맞는 단어를 써넣으세요.

> **precious** / **former** / **pretty** / **hard** / **shallow** / **several** / **enough**

1 It's _____ to solve the difficult problem in given time.

2 I deeply regret wasting _____ time in the past.

3 We were able to walk across the _____ stream.

4 It took _____ days for the package to arrive.

5 The _____ president won the Nobel Peace Prize this year.

6 Mary is not old _____ to get married.

7 The acting by the actress in the movie was _____ good.

B 다음 중 올바른 뜻을 고르세요.

1	**precious**	□ 값싼	□ 값비싼		1	태생의	□ native	□ nature
2	**former**	□ 이전의	□ 공식적인		2	종류	□ kind	□ kindness
3	**shallow**	□ 얕은	□ 삼키다		3	인상적인	□ impressive	□ expressive
4	**several**	□ 분리된	□ 몇 개의		4	아주, 꽤	□ cute	□ pretty
5	**vain**	□ 헛된, 소용없는	□ 비어있는		5	고대의	□ ancient	□ modern
6	**certain**	□ 확실한	□ 정확한		6	뒤의	□ rear	□ rare
7	**fortunate**	□ 유용한	□ 운 좋은		7	비어있는	□ bare	□ empty
8	**sharp**	□ 날카로운	□ 가는		8	가장 좋아하는	□ favorite	□ popular
9	**grand**	□ 넓은	□ 큰, 웅장한		9	분명한	□ clean	□ clear
10	**flat**	□ 평평한	□ 울퉁불퉁한		10	지난, 최근의	□ late	□ last

D 다음 문장에 맞는 단어를 써넣으세요.

1 There is a _____ amount of friendly rivalry between the teams.

ⓐ certain   ⓑ worthy   ⓒ general   ⓓ regular

2 There has been a _____ rise in the number of people out of work.

ⓐ straight   ⓑ high   ⓒ sharp   ⓓ several

3 Knowledge that has been simply implanted in your mind without understanding of it doesn't _____ long.

ⓐ save   ⓑ explain   ⓒ maintain   ⓓ last

almost
arrive

오늘 학습할 '중요부사와 동의어들'에 관한 필수 단어입니다. 눈으로 스캔하며 모르거나 헷갈리는 단어에 체크하세요.

● 중요부사 1

- **actually** 실제로
- **almost** 거의
- **altogether** 완전히
- **apart** 떨어져
- **especially** 특히
- **further** 더
- **immediately** 즉시
- **indeed** 정말로
- **mostly** 주로
- **nearly** 거의

● 중요부사 2

- **hastily** 급히
- **recently** 최근에
- **suddenly** 갑자기
- **instantly** 즉시
- **upside down** 거꾸로
- **really** 정말로
- **maybe** 아마도
- **perhaps** 아마도
- **probably** 아마도
- **rapidly** 빠르게

● 동의어 커플 놀이 1

- **arrive** 도착하다
- **reach** 도달하다
- **draw** 끌다
- **drag** 끌다
- **pull** 잡아당기다
- **lead** (이)끌다
- **look** 쳐다보다
- **watch** 지켜보다
- **gaze** 바라보다
- **stare** 빤히 쳐다보다

● 동의어 커플 놀이 2

- **strike** 치다
- **hit** 치다
- **throw** 던지다
- **pitch** 던지다
- **coil** 감다
- **wind** 감다
- **matter** 문제
- **problem** 문제
- **proverb** 속담
- **saying** 속담

1081

actually
[ǽktʃuəli]

🖭 실제로, 정말로

▶ **actually** see her 실제로 그녀를 보다

▷ I didn't **actually see her** — I just heard her voice.
난 실제로 그녀를 보지 못 했다. 난 단지 목소리만 들었을 뿐이다.

🖽 actual 실제의

1082

almost
[ɔ́:lmoust]

🖭 거의(= nearly)

▶ **almost** every day 거의 매일

▷ My niece works out **almost every day** to lose weight.
내 조카딸은 살을 빼기 위해 거의 매일 운동한다.

비교 **mostly** 주로, 일반적으로

1083

altogether
[ɔ́:ltəgéðər]

🖭 완전히, 전부

▶ **altogether** believe his story 그의 이야기를 완전히 믿다

▷ You should not **altogether believe his story**.
그의 이야기를 완전히 믿어서는 안 돼.

비교 **all together** 모두 함께

1084

apart
[əpá:rt]

🖭 떨어져, 따로

▶ live **apart** 따로 살다, 별거하다

▷ The couple has been **living apart** for years.
그 부부는 몇 년 동안 별거 중이다.

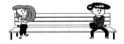

숙어 **apart from** ① ~외에는 ② ~을 제쳐두고

Tip 아파트 : apart (X) → apartment (O)

1035

especially
[espéʃəli]

🖭 특히(= particularly)

▶ **especially** girls 특히 여자애들

▷ Teenagers are very fashion conscious, **especially girls**.
십대들은 패션에 아주 관심이 많은데 특히 여자애들이 그렇다.

비교 **specially** 특별하게

1086

further
[fə́ːrðər]
튄 더, 한층

▸ look **further** into the matter 그 문제를 더 조사하다

▷ The police will **look further into the matter**.
경찰은 그 문제를 더 조사할 것이다.

튄 furthermore 뿐만 아니라, 게다가

톙튄 far ① 먼; 멀리 ② 훨씬　비교 farther 더 멀리

1087

immediately
[imíːdiətli]
튄 즉시, 즉각(= at once)

▸ know **immediately** 즉시 알다

▷ Please let us **know immediately** if you have a problem.
만약 당신에게 무슨 문제가 있다면 나에게 즉시 알려주십시오.

톙 immediate 즉각적인

1088

indeed
[indíːd]
튄 정말로, 실로

▸ be confusing **indeed** 정말로 혼동스럽다

▷ Because both the words **are confusing indeed**, I can't translate them properly.
두 단어가 정말로 혼동스러워서 나는 제대로 번역을 할 수가 없다.

속담 A friend in need is a friend indeed.
어려울 때 친구가 진정한 친구다.

1089

mostly
[móustli]
튄 주로, 대부분

▸ a diet of **mostly** vegetables 주로 야채로 된 식단

▷ To lose weight she is on **a diet of mostly vegetables**.
살을 빼기 위해 그녀는 주로 야채로 된 식사를 한다.

톕톙튄 most ① 최대(의), 최고(의) ② 대부분(의) ③ 최고로

1090

nearly
[níərli]
튄 거의

▸ for **nearly** two years 거의 2년 동안

▷ We lived in the village **for nearly two years**.
우리는 거의 2년 동안 그 마을에 살았다.

day **28**

톙톊 near 가까운; ~에서 가까이

비교 nearby 근처의, 인근의

● 중요부사 2

1091

hastily
[héistili]
♠ 급히, 서둘러

▶ leave **hastily** 급히 떠나다

▷ The suspicious man gathered his things and **left hastily**.
그 수상한 남자가 자기 물건들을 챙겨 급히 떠났다.

휑 hasty 서두른, 성급한

1092

recently
[ríːsntli]
♠ 최근에(= lately)

▶ until **recently** 최근까지

▷ **Until recently**, there was violent conflict between the two races in the region.
최근까지 그 지역에서 두 인종간의 무력 충돌이 있었다.

휑 recent 최근의

1093

suddenly
[sʌ́dnli]
♠ 갑자기, 불현듯

▶ die **suddenly** 갑자기 죽다

▷ My old friend **died suddenly** of a heart attack.
내 오랜 친구가 심장마비로 갑자기 죽었다.

휑 sudden 갑작스러운

1094

instantly
[ínstəntli]
♠ 즉시, 곧바로(= at once)

▶ faint **instantly** 곧바로 기절하다

▷ She **fainted instantly** at the news of her son's air crash.
그녀는 아들의 비행기 추락사고 소식을 듣고 곧바로 기절했다.

휑 instant ① 즉각적인 ② 즉석의

1095

upside down
[ʌ́psàid dáun]
♠ (위아래를) **거꾸로**, 뒤집혀

▶ hung **upside down** (그림이) 거꾸로 걸린

▷ I discovered the picture **hung upside down** in the gallery.
난 그 화랑에서 거꾸로 걸린 그림을 발견했다.

비교 inside out (안팎을) 뒤집어

346

really
[ríːəli]

튄 정말로, 실제로

▶ **really** like her 그녀를 정말로 좋아하다

▷ Do you think Jack **really likes her**?
너 잭이 정말로 그녀를 좋아한다고 생각해?

형 **real** 진짜의, 실제의　명 **reality** 현실　형 **realistic** 현실적인

반 **unrealistic** 비현실적인

maybe
[méibiː]

튄 아마도, 어쩌면

▶ **maybe** once or twice a month 아마도 한 달에 한두 번

▷ We go to the restaurant **maybe once or twice a month**.
우리는 아마도 한 달에 한두 번은 그 식당에 간다.

perhaps
[pərhǽps]

튄 아마도, 어쩌면

▶ **perhaps** 10,000 people 아마 만 명의 사람들

▷ There were **perhaps 10,000 people** in the square.
그 광장에 아마도 만 명 정도 되는 사람들이 있었어.

probably
[prάbəbli]

튄 아마도

▶ **probably** take a week 아마도 일주일이 걸리다

▷ The repair work on the building will **probably take a week**.
건물 수리 공사가 아마도 일주일은 걸릴 거예요.

Tip maybe, perhaps에 비해 probably가 가능성이 더 높음

rapidly
[rǽpidli]

튄 빠르게, 신속히(= swiftly)

▶ a **rapidly** growing economy 빠르게 성장하는 경제

▷ China is one of the biggest countries in the world, with **a rapidly growing economy**.
중국은 빠르게 성장하는 경제력을 지닌 세계에서 가장 큰 나라들 중 하나다.

형 **rapid** 빠른, 신속한

day
28

1101

arrive
[əráiv]

图 도착하다

▶ **arrive at** the station 그 역에 도착하다

▷ The train **arrived at the station** 20 minutes late.
기차가 20분 늦게 도착했다.

명 arrival 도착

1102

reach
[riːʧ]

图 ~에 도달하다,
~에 도착하다

▶ **reach** an agreement 합의에 도달하다

▷ Politicians again failed to **reach an agreement** on the
issue. 정치인들은 또다시 그 문제에 대한 합의에 도달하지 못했다.

Tip arrive는 자동사, reach는 타동사

1103

draw
[drɔː]

图 ① 끌다, 끌어당기다
② (선으로) 그리다

명 무승부

▶ **draw** a curtain 커튼을 치다

▷ She **drew the curtains** over the window.
그녀는 창문위로 커튼을 쳤다.

▶ **draw** a picture (선으로) 그림을 그리다

▶ end in a **draw** 무승부로 끝나다

명 drawer 서랍 명 drawing (선으로 그린) 그림

시제변화 draw - drew - drawn 비교 paint (색을 칠해) 그리다

1104

drag
[dræg]

图 (힘들어) 끌다, 끌리다

▶ **drag** a table 탁자를 끌다

▷ She managed to **drag the table** into the kitchen.
그녀는 간신히 탁자를 끌어 부엌으로 옮겼다.

1105

pull
[pul]

图 잡아당기다, 뽑다, 빼다

▶ **pull** a plug 플러그를 잡아당기다[뽑다]

▷ The mechanic **pulled the plug** out of the socket.
그 정비공은 콘센트(소켓)에서 플러그를 뽑았다.

반 push 밀다

1106

lead
[liːd]

[동] ① 끌다, 이끌다
　② 이어지다, 통하다
[명] (경쟁에서) 선두, 앞섬

▶ **lead** a party 당을 이끌다

▷ The politician has **led the party** for over twenty years.
그 정치인은 20년 이상 그 당을 이끌어 왔다.

▶ **lead to** the war 전쟁으로 이어지다

▶ take the **lead** 앞장을 서다

[명]**leader** 지도자, 리더　[명]**leadership** 지도자임, 지도력

시제변화 **lead - led - led**

1107

look
[luk]

[동] ① (눈을 돌려) 쳐다보다
　② ~처럼 보이다
[명] 쳐다봄, 보기

▶ **look at** me 나를 보다

▶ **look** tired 피곤해 보이다

▷ You **look tired**. You should get some rest.
너 피곤해 보인다. 좀 쉬어야겠어.

▶ take[have] a **look** at ~을 한번 (쳐다)보다

숙어 **look for** ~을 찾다 / **look into** ~을 조사하다

1108

watch
[watʃ]

[동] 지켜보다, 주시하다
[명] (손목) 시계

▶ **watch** television TV를 보다

▷ I fell asleep **watching television** last night.
난 어젯밤에 TV를 보다 잠들었다.

▶ look at one's **watch** 자기의 시계를 쳐다보다

1109

gaze
[geiz]

[동] (가만히) 바라보다

▶ **gaze at** one's son 아들을 가만히 바라보다

▷ She **gazed at her son** with affection.
그녀는 애정 어린 눈길로 아들을 가만히 바라봤다.

day
28

1110

stare
[steər]

[동] 빤히 쳐다보다,
　응시하다

▶ **stare at** a computer monitor 컴퓨터 모니터를 응시하다

▷ **Staring at a computer monitor** for hours will hurt your eyes. 몇 시간 동안 컴퓨터 모니터를 응시하는 것은 눈을 아프게 한다.

349

● 동의어 커플 놀이2

1111

strike
[straik]

동 (세게) **치다, 때리다**

명 **파업**

▶ **strike** him hard 그를 세게 때리다

▷ The school bully **struck him hard** in the face.
그 학교 폭력배가 그의 얼굴을 세게 때렸다.

▶ go on **strike** 파업을 시작하다

명 stroke 치기, 타격

시제변화 strike – struck – struck[stricken]

1112

hit
[hit]

동 (목표를 거누어) **치다, 때리다**

명 **인기 작품**, 히트

▶ **hit** a ball 공을 치다

▷ The baseball player **hit a ball** into the stands.
그 야구 선수는 공을 쳐서 관중석으로 날려 보냈다.

▶ a big **hit** 큰 인기를 끈 작품

시제변화 hit - hit - hit

참고 hit-and-run 뺑소니의

1113

throw
[θrou]

동 **던지다**

▶ **throw** a stone 돌을 던지다

▷ Someone **threw a stone** at my car and ran away.
누군가가 내 차에 돌을 던지고 도망쳤다.

시제변화 throw - threw - thrown

1114

pitch
[pitʃ]

동 **던지다**

▶ **pitch** a ball 공을 던지다

▷ The player **pitched a** fast **ball** to the batter.
그 선수는 타자에게 빠른 볼을 던졌다.

명 pitcher 투수, 피쳐

1115

coil
[kɔil]

동 (돌돌) **감다**

▶ **coil** thread 실을 감다

▷ The tailor **coiled the thread** around his hand.
그 재단사는 손에 실을 감았다.

1116

wind
[waind]

图 ① (실 등을) **감다**

② (길·강이) 구불구불하다

▶ **wind** a string 끈을 감다

▷ The kid **wound the string** into a ball.
그 아이는 끈을 공 모양으로 감았다.

▶ a **winding** path 구불구불한 길

시제변화 wind - wound - wound

비교 wound[wu:nd](부상을 입히다) - wounded - wounded

비교 wind[wind] 바람(불다)

1117

matter
[mǽtər]

명 문제, 일

동 중요하다

▶ an important **matter** 중요한 문제

▷ There is **an important matter** we need to discuss.
우리가 논의해야 할 중요한 문제가 있다

▶ It doesn't **matter**. 그건 중요하지 않다.

숙어 **as a matter of fact** 사실상, 사실은

1118

problem
[prábləm]

명 문제

▶ have a **problem with** ~에 문제가 있다

▷ I've been **having a problem with** my car.
내 차에 어떤 문제가 있다.

형 problematic 문제가 있는

1119

proverb
[právəːrb]

명 속담

▶ the meaning of the **proverb** 그 속담의 의미

▷ Do you know **the meaning of the proverb**?
너 그 속담의 의미를 아니?

1120

saying
[séiiŋ]

명 속담

▶ as the **saying** goes 속담에도 있듯이

▷ "Easier said than done," **as the saying goes**.
속담에도 있듯이, "행동보다는 말이 쉽다."

day
28

동 say ~라고 말하다

시제변화 say - said - said

DAY 28 - CHECK UP TEST

A 다음 단어들을 올바르게 연결해보세요.

1 **arrive**	·	· 속담
2 **pull**	·	· 응시하다
3 **wind**	·	· (지켜)보다
4 **stare**	·	· 도착하다
5 **throw**	·	· 갑자기
6 **watch**	·	· (실 등을) 감다
7 **saying**	·	· 던지다
8 **probably**	·	· 당기다
9 **suddenly**	·	· 정말로
10 **really**	·	· 아마

1 아마도	·	· hit
2 거꾸로	·	· problem
3 끌(리)다	·	· especially
4 치다	·	· mostly
5 문제	·	· hastily
6 거의	·	· maybe
7 특히	·	· upside down
8 주로	·	· drag
9 급히	·	· instantly
10 즉시	·	· almost

C 다음 밑줄 친 단어와 같은 의미를 고르세요.

1 I spend a lot of my time <u>staring</u> at a computer screen.
   ⓐ consulting   ⓑ gazing   ⓒ daring   ⓓ measuring

2 The school bully <u>struck</u> him hard in the face.
   ⓐ tore   ⓑ pushed   ⓒ hit   ⓓ shot

3 She <u>pitched</u> the letter into the fire.
   ⓐ threw   ⓑ wrote   ⓒ grabbed   ⓓ scraped

4 The snake <u>coiled</u> around the branches of the tree.
   ⓐ hid   ⓑ found   ⓒ bound   ⓓ wound

5 If we don't do something now, the forests may disappear <u>altogether</u>.
   ⓐ actually   ⓑ entirely   ⓒ almost   ⓓ especially

B 다음 중 올바른 뜻을 고르세요.

1	**pitch**	□ 던지다	□ 버리다	1	(조직을) **이끌다**	□ drag	□ lead
2	**coil**	□ 구부리다	□ (돌돌) 감다	2	**응시하다**	□ look	□ gaze
3	**proverb**	□ 속담	□ 예언	3	**~처럼 보이다**	□ look	□ watch
4	**altogether**	□ 함께	□ 전부	4	**파업**	□ hit	□ strike
5	**apart**	□ 일부	□ 떨어져, 따로	5	**실제로**	□ actually	□ actively
6	**further**	□ 더, 더욱	□ 덜, 조금	6	(선으로) **그리다**	□ paint	□ draw
7	**immediately**	□ 즉시	□ 나중에	7	**아마도**	□ perhaps	□ permanently
8	**indeed**	□ 안으로	□ 정말, 실로	8	**빠르게, 신속히**	□ hastily	□ rapidly
9	**nearly**	□ 거의	□ 가까이	9	(목표에) **도달하다**	□ arrive	□ reach
10	**recently**	□ 예전에	□ 최근에	10	**문제**	□ matter	□ measure

D 다음 문장에 맞는 단어를 써넣으세요.

1 We _____ late at the airport.

ⓐ arrived ⓑ approached ⓒ reached ⓓ stretched

2 The captain _____ his team to victory.

ⓐ drew ⓑ dragged ⓒ led ⓓ pulled

3 A _____ is a short, generally known sentence of the folk which contains wisdom, truth, morals, and traditional views

ⓐ statement ⓑ language ⓒ proverb ⓓ prediction

반의어 I

su
cc
ee
d

fail

오늘 학습할 '반의어 I'에 관한 필수 단어입니다. 눈으로 스캔하며 모르거나 헷갈리는 단어에 체크하세요.

● 시작하고 끝나는 커플

- **begin** 시작하다
- **finish** 끝내다
- **sleep** 자다
- **wake** 깨다
- **rise** 오르다
- **fall** 떨어지다
- **succeed** 성공하다
- **fail** 실패하다
- **win** 이기다
- **lose** 지다

● 묻고 답하는 커플들

- **ask** 묻다
- **answer** 대답하다
- **question** 질문
- **reply** 대답
- **agree** 동의하다
- **disagree** 반대하다
- **join** 연결하다
- **separate** 각각의: 분리하다
- **buy** 사다
- **sell** 팔다

● 가까워졌다 멀어졌다 하네

- **bring** 가져오다
- **take** 가져가다
- **borrow** 빌리다
- **lend** 빌려주다
- **stay** 머무르다
- **leave** 떠나다
- **dig** 파다
- **bury** 묻다
- **live** 살다
- **die** 죽다

● 서로 반대인 두 사람들!

- **male** 남성(의)
- **female** 여성(의)
- **younger** 나이가 더 어린
- **elder** 나이가 더 많은
- **alive** 살아있는
- **dead** 죽은
- **quick** 빠른
- **slow** 느린
- **diligent** 근면한
- **lazy** 게으른

1121
begin
[bigín]

통 시작하다(= start)

▶ **begin** work 일을 시작하다

▷ I've got the job and I **begin work** on Monday!
난 일자리를 구했고 월요일에 일 시작해!

명 beginning 시작 　명 beginner 초보자

시제변화 begin - began - begun

1122
finish
[fíniʃ]

통 끝내다, 마치다(= end)

▶ **finish** one's homework 숙제를 끝내다

▷ You can't watch TV until you **finish your homework.**
너 숙제 끝낼 때까지는 TV 못 본다.

1123
sleep
[sliːp]

통 자다

명 잠, 수면

▶ **sleep** deeply 깊이 자다

▶ get some **sleep** 잠을 좀 자다

▷ I'm too tired. I need to **get some sleep.**
너무 피곤해. 나 좀 자야겠어.

형 asleep 〈서술적〉 잠이 든 　형 sleepy 졸린

시제변화 sleep - slept - slept

1124
wake
[weik]

통 깨다, 깨우다

▶ **wake up** late 늦게 일어나다

▷ I **woke up late** for school this morning.
나 오늘 아침에 학교 가는데 늦게 일어났다.

형 awake 깨어 있는 　시제변화 wake - woke - woken

1125
rise
[raiz]

통 오르다, 일어나다

명 증가, 상승(= increase)

▶ **rise** by 20% 20% 오르다

▷ Sales have **risen by 20%** in recent months.
최근 몇 달 새 매출이 20% 올랐다.

▶ **rise in** oil price 유가 상승

시제변화 rise - rose - risen

비교 raise(타 올리다) - raised - raised

1126

fall
[fɔ:l]

동 ① 떨어지다, 넘어지다
　② (~인 상태가) 되다
명 가을(= autumn)

▶ **fall** by 30% 30% 떨어지다　▶ **fall** asleep 잠들다

▷ My son had **fallen asleep** on the sofa.
우리 아들이 소파에서 잠들었다.

숙어 **fall short of** ~에 못 미치다　시제변화 fall - fell - fallen

1127

succeed
[səksíːd]

동 성공하다

▶ **succeed in** business 사업에서 성공하다

▷ If you want to **succeed in business**, you must be confident and diligent. 사업에서 성공하고 싶다면 자신감과 근면함이 있어야 한다.

명 **success** 성공　형 **successful** 성공적인

1128

fail
[feil]

동 ① 실패하다
　② ~하지 못하다

▶ **fail** an exam 시험에 떨어지다

▷ Brant made little effort and **failed the** term **exam**.
브랜트는 노력을 거의 하지 않아 기말고사에서 떨어졌다.

▶ **fail to** arrive on time 제 시간에 도착하지 못하다

명 **failure** 실패

1129

win
[win]

동 ① 이기다, 승리하다
　② 얻다(= get)

▶ **win** an election 선거에서 이기다

▶ **win** her heart 그녀의 마음을 얻다

▷ He'll do anything to **win her heart**.
그는 그녀의 마음을 얻기 위해 무슨 일이든 할 것이다.

명 **winner** 우승자, 승자　시제변화 win - won - won

1130

lose
[luːz]

동 ① 지다, 패배하다
　② 잃어버리다, 분실하다

▶ **lose** a game 경기에서 지다

▶ **lose** car keys 차 열쇠를 잃어버리다

▷ Oh my God, I've **lost my car keys**.
이를 어쩌나, 나 차 열쇠를 잃어버렸어.

명 **loss** 손실, 손해　형 **lost** ① 길을 잃은 ② 분실한

시제 변화 lose - lost – lost

day
29

1131

ask
[æsk]

⑧ ① 묻다, 물어보다
　② 부탁하다

Please~

▶ **ask** a personal question 사적인 질문하다

▶ **ask** someone **to** V ~에게 ~해달라고 부탁하다

▷ A relative **asked** me **to** borrow some money.
친척이 나에게 돈을 좀 빌려달라고 부탁했다.

　　　⑲asking ① 질문 ② 부탁　숙어 ask for ~을 요청하다

1132

answer
[ǽnsər]

⑧ 대답하다

⑲ 답, 대답

▶ **answer** a question 질문에 대답하다

▷ She still didn't **answer the question**.
그녀는 그 질문에 아직 대답하지 않았다.

▶ give an **answer** 대답하다

　　　숙어 answer for ~에 대해 책임지다

1133

question
[kwéstʃən]

⑲ 질문, (시험) 문제

▶ ask the proper **question** 적절한 질문을 하다

▶ **question** the suspect 용의자를 심문하다

▷ Police **questioned the suspect** for a long time.
경찰은 장시간 그 용의자를 심문했다.

　　　⑱questionable 의심스러운

1134

reply
[riplái]

⑲ 대답, 답장

⑧ 대답하다, 답장을 보내다

▶ receive a **reply** 답장을 받다

▷ I sent him a letter, but I haven't **received a reply**.
나는 그에게 편지를 보냈지만 답장을 받지 못했다.

▶ **reply to** an e-mail 이메일에 답장을 보내다

1135

agree
[əgríː]

⑧ 동의하다

▶ **agree with** him 그에게 동의하다

▷ If she felt he was right, she would **agree with him**.
그가 옳다는 생각이 들면 그녀는 그에게 동의할 것이다.

　　　⑲agreement ① 동의 ② 협정　⑱agreeable 기분 좋은

　　　참고 agree to ~을 받아들이다

1136

disagree
[dìsəgríː]

동 반대하다

- ▶ **disagree with** his opinion 그의 의견에 반대하다
- ▷ Most people strongly **disagreed with his opinion**.
  대부분의 사람들이 그의 의견에 강하게 반대했다.

명 **disagreement** 의견 충돌, 다툼

1137

join
[dʒɔin]

동 ① 연결하다(= connect)
　② 가입하다, 참여하다

- ▶ **join** A **to** B A를 B에 연결하다
- ▶ **join** a company 회사에 입사하다
- ▷ My friend Dustin **joined the company** three months ago.
  내 친구 더스틴이 석 달 전에 그 회사에 입사했다.

형 명 **joint** 공동의; 관절

1138

separate
[sépərət]

형 각각의, 분리된

[sépərèit]

동 나누다, 분리되다

- ▶ **separate** restrooms 각각의 화장실
- ▶ be **separated** by ~로 나뉘다
- ▷ The two cities **are separated by** the big river.
  그 두 도시는 큰 강으로 나뉜다.

부 **separately** 따로따로, 각각　명 **separation** ① 분리 ② 별거

1139

buy
[bai]

동 사다, 사 주다
　(= purchase)

- ▶ **buy** a new computer 새 컴퓨터를 사다
- ▷ My father **bought me a new computer** as a graduation gift. 우리 아빠가 졸업선물로 새 컴퓨터를 사 주셨다.

명 **buyer** 구매자　시제변화 buy - bought - bought

1140

sell
[sel]

동 팔다

- ▶ **sell** a variety of goods 다양한 제품들을 팔다
- ▷ The store **sells a variety of** sporting **goods**.
  그 상점은 다양한 스포츠 용품들을 판다.

명 **seller** 판매자

숙어 **sell out = be sold out** 다 팔리다, 매진되다

시제변화 **sell - sold - sold**

1141

bring
[briŋ]

동 가져오다, 데려오다

▶ **bring** A **to** B A를 B에 가져오다[데려오다]

▷ My friend **brought** a bottle of wine **to** my birthday party.
내 친구가 내 생일파티에 와인 한 병을 가져왔다.

숙어 bring about ~을 유발[초래]하다

시제변화 bring - brought - brought

1142

take
[teik]

동 ① 가져가다, 데려가다
   ② 잡다, (행동을) 취하다

▶ **take** A **to** B A를 B에 가져가다[데려가다]

▷ His father **took** us **to** the airport.
그의 아버지가 우리를 공항에 데려다 주었다.

▶ **take** a rest 휴식을 취하다

숙어 take care of ~를 돌보다, ~에 주의하다

시제변화 take - took - taken

1143

borrow
[bárou]

동 빌리다

▶ **borrow** A **from** B A를 B에게 빌리다

▷ I **borrowed** some money **from** my fellow worker.
난 직장 동료에게 돈을 좀 빌렸다.

명 borrower 차용인, 빌린 사람

1144

lend
[lend]

동 빌려주다

▶ **lend** me money 나에게 돈을 빌려주다

▷ To my disappointment, he didn't **lend me money**.
실망스럽게도 그는 나에게 돈을 빌려주지 않았다.

시제변화 lend - lent - lent

1145

stay
[stei]

동 ① 머무르다
   ② (~인 채로) 있다,
      유지하다(= remain)

▶ **stay** up late 늦게까지 잠을 안 자고 있다

▷ I **stayed up late** studying when you went to bed.
네가 잠자리에 들었을 때 나는 공부하느라 늦게까지 잠을 안 자고 있었어.

▶ **stay** open until 10 p.m. 10까지 (문을) 열어두다

1146

leave
[liːv]
동 ① 떠나다
　② 남기다, ~하게 만들다

▶ **leave** the company 회사를 그만두다

▶ **leave** people homeless 사람들이 집을 잃게 만들다

▷ The hurricane has **left many people homeless**.
그 허리케인으로 인해 많은 사람들이 집을 잃었다.

시제변화 leave - left - left

1147

dig
[dig]
동 파다

▶ **dig** a hole 구멍을 파다

▷ The birds **dig a hole** in the sand to bury their eggs.
그 새들은 모래에 구멍을 파서 알들을 묻는다.

시제변화 dig - dug - dug

1148

bury
[béri]
동 묻다, 매장하다

▶ be **buried** in the cemetery 묘지에 묻히다

▷ His mother **is buried in the cemetery** on the hill.
그의 어머니는 언덕 위 묘지에 묻혔다.

명 burial 매장

1149

live
[liv]
동 살다(= dwell)

형 [laiv] 생방송인, 실황인

▶ **live in** the country 시골에 살다

▷ Would you rather **live in the country** or in the city?
시골에서 살 거예요? 아니면 도시에서 살 거예요?

▶ a **live** broadcast 생방송

명 life ① 삶, 생명 ② 생활　　형 lively 활기찬, 생기 넘치는

형 alive 〈서술적〉 살아있는

1150

die
[dai]
동 죽다

▶ **die of** cancer 암으로 죽다

▷ Every year many people **die of cancer**.
매년 많은 사람들이 암으로 죽는다.

명 death 죽음, 사망　　형 dying 죽어가는　　형 dead 죽은

day
29

1151

male
[meil]
형 남성의

▸ a **male** teacher 남자 선생님

▷ It would be great if we had **a male teacher** in PE class.
체육시간에 남자 선생님이 있었으면 좋겠어.

Tip PE : Physical Exercise 체육

비교 mail 명 우편 통 발송하다

1152

female
[fíːmeil]
형 여성의

▸ **female** students 여학생들

▷ There were more male than **female students** in the class.
그 학급은 여학생들보다 남학생들이 더 많다.

1153

younger
[jʌ́ŋgər]
형 (둘 중) 나이가 더 어린,
손아래의

▸ his **younger** sister 그의 여동생

▷ **His younger sister** is full of charm.
그의 여동생은 매력이 넘친다.

형 young 어린, 젊은

1154

elder
[éldər]
형 (둘 중) 나이가 더 많은,
손위의
명 연장자, 노인

▸ my **elder** brother 나의 형

▷ **My elder brother** became a fighter pilot.
나의 형은 전투기 조종사가 되었다.

▸ the village **elders** 마을 어르신들

비교 elderly 나이 지긋한

1155

alive
[əláiv]
형 살아 있는

▸ **keep** someone **alive** ~를 살려두다

▷ Doctors **kept** the patient **alive** on a life-support machine.
의사들은 생명 유지 장치로 그 환자를 살려두었다.

1156

dead
[ded]

휑 죽은

▶ be found **dead** 죽은 채로 발견되다

▷ She **was found dead** in her apartment yesterday.
그녀는 어제 자신의 아파트에서 죽은 채로 발견되었다.

비교 **dying** 죽어가고 있는

1157

quick
[kwik]

휑 (재)빠른, 신속한

(= swift)

▶ **quick** steps 재빠른 발걸음

▷ His secretary left the room with short, **quick steps**.
그의 비서는 짧고 재빠른 발걸음으로 방을 나섰다.

뭄 **quickly** 빨리, 빠르게

1158

slow
[slou]

휑 느린, 더딘

▶ a **slow** speed 느린 속도

▷ The truck was travelling at **a slow speed**.
그 트럭은 느린 속도로 가고 있었다.

뭄 **slowly** 느리게, 천천히

1159

diligent
[dílidʒənt]

휑 근면한, 성실한

▶ **diligent** in one's work 자기 일에 근면한

▷ My elder brother is really **diligent in his work**.
우리 형은 자기 일에 정말 성실해.

몀 **diligence** 근면함

1160

lazy
[léizi]

휑 게으른, 나태한

▶ **lazy** workers 게으른 일꾼들

▷ I intend to fire several **lazy workers** in our company.
난 우리 회사 내 몇 명의 게으른 일꾼들을 해고할 작정이야.

몀 **laziness** 게으름

비교 **idle** 한가한, 놀고 있는

A 다음 단어들을 올바르게 연결해보세요.

1	**question** ·	· 느린		1	가져가다 ·	· answer
2	**sleep** ·	· 나이가 더 어린		2	동의하다 ·	· begin
3	**buy** ·	· 빠른		3	대답하다 ·	· leave
4	**elder** ·	· 살다		4	떨어지다 ·	· join
5	**younger** ·	· 자다		5	실패하다 ·	· agree
6	**live** ·	· 사다		6	시작하다 ·	· take
7	**alive** ·	· 살아있는		7	가입하다 ·	· female
8	**quick** ·	· 질문		8	떠나다 ·	· fail
9	**slow** ·	· 죽다		9	남자의 ·	· fall
10	**die** ·	· 나이가 더 많은		10	여자의 ·	· male

C 다음 밑줄 친 단어의 반대말을 고르세요.

1 Could you <u>lend</u> me your pen?

   ⓐ ask   ⓑ borrow   ⓒ you   ⓓ give

2 We decided to <u>stay</u> home this weekend.

   ⓐ repair   ⓑ arrive   ⓒ leave   ⓓ lick

3 The <u>buried</u> the dead body in the in the ground.

   ⓐ dug   ⓑ held   ⓒ laid   ⓓ bent

4 The temperature <u>fell</u> sharply during the night.

   ⓐ rose   ⓑ raised   ⓒ arose   ⓓ erased

5 He hopes to <u>succeed</u> at his job.

   ⓐ fall   ⓑ fail   ⓒ fill   ⓓ foul

B 다음 중 올바른 뜻을 고르세요.

1	**bury**	□ 아주	□ 묻다
2	**succeed**	□ 성공하다	□ 실패하다
3	**separate**	□ 분리하다	□ 분류하다
4	**wake**	□ 잠들다	□ (잠에서) 깨(우)다
5	**borrow**	□ 빌리다	□ 빌려주다
6	**disagree**	□ 동의하다	□ 반대하다
7	**dig**	□ (땅을) 파다	□ (구멍을) 뚫다
8	**finish**	□ 시작하다	□ 끝내다
9	**lose**	□ 느슨한	□ 잃다
10	**sell**	□ 세포	□ 팔다

1	빌려주다	□ land	□ lend
2	머무르다	□ leave	□ stay
3	게으른	□ lazy	□ rosy
4	대답, 답장	□ reply	□ repeat
5	가져오다	□ bring	□ take
6	죽은	□ deaf	□ dead
7	부탁하다	□ ask	□ question
8	오르다	□ rise	□ raise
9	얻다	□ win	□ beat
10	근면한	□ lazy	□ diligent

D 다음 문장에 맞는 단어를 써넣으세요.

1 He always _____ asleep after drinking red wine.

  ⓐ slips   ⓑ falls   ⓒ drops   ⓓ spills

2 My mother divided the pie _____ eight pieces.

  ⓐ for   ⓑ in   ⓒ into   ⓓ of

3 An explosion at a chemical plant has _____ 14 workers dead and dozens of people injured.

  ⓐ left   ⓑ cost   ⓒ suffered   ⓓ damaged

반의어 II

same
diffe
rent

오늘 학습할 '반의어 II' 에 관한 필수 단어입니다. 눈으로 스캔하며 모르거나 헷갈리는 단어에 체크하세요.

● 서로 반대되는 물건의 성질

- **cheap** 싼
- **expensive** 비싼
- **clean** 깨끗한
- **dirty** 더러운
- **strong** 강한
- **weak** 약한
- **tight** 단단한
- **loose** 느슨한
- **wet** 젖은
- **dry** 마른

● 겉모습이 반대인 커플들

- **long** 긴
- **short** 짧은
- **thick** 두꺼운
- **thin** 얇은
- **high** 높은
- **low** 낮은
- **wide** 넓은
- **narrow** 좁은
- **rough** 거친
- **smooth** 부드러운

● 좋고 나쁜 커플들

- **correct** 맞는
- **wrong** 틀린, 나쁜
- **safe** 안전한
- **dangerous** 위험한
- **bright** 밝은
- **dark** 어두운
- **simple** 간단한
- **complex** 복잡한
- **easy** 쉬운
- **difficult** 어려운

● 달라도 너무 달라~

- **same** 같은
- **different** 다른
- **present** 출석한
- **absent** 결석한
- **forward** 앞으로
- **backward** 뒤로
- **early** 이른; 일찍
- **late** 늦은; 늦게
- **common** 공동의
- **rare** 드문, 희귀한

● 서로 반대되는 물건의 성질

1161

cheap
[tʃiːp]

형 (값이) **싼**, 싸구려인

▶ a **cheap** watch 싸구려 시계

▷ Although this is **a cheap watch**, it keeps good time.
비록 이것은 싸구려 시계지만 시간은 잘 맞는다.

1162

expensive
[ikspénsiv]

형 **비싼**

▶ **expensive** furniture 비싼 가구

▷ The rich woman decorated the house with **expensive furniture**. 그 돈 많은 여자는 비싼 가구로 집을 장식했다.

동 expend (돈·시간을) 쓴다, 들이다

명 expense 비용   명 expenditure 지출

반 inexpensive 비싸지 않은

1163

clean
[kliːn]

형 **깨끗한**

동 (깨끗이) 닦다, 청소하다

▶ keep one's room **clean** 방을 깨끗이 해두다

▷ My daughter always **keeps her room clean**.
우리 딸은 늘 자기 방을 깨끗이 해둔다.

▶ **clean** an office 사무실을 청소하다

비교 pure ① 순수한 ② 깨끗한
tidy 깔끔한, 잘 정돈된

1164

dirty
[dɔ́ːrti]

형 **더러운**

▶ wear **dirty** clothes 더러운 옷을 입다

▷ The beggar was **wearing dirty clothes**.
그 거지는 더러운 옷을 입고 있었다.

명 dirt 먼지, 때

1165

strong
[strɔːŋ]

형 **강한, 튼튼한**

▶ a **strong** body 튼튼한 몸

▷ He is an athlete with **a strong body**.
그는 튼튼한 몸을 가진 운동선수다.

명 strength 힘, 세기

1166

weak
[wi:k]
혱 약한

▶ become **weak** 약해지다

▷ My grandmother **became weak** after her illness.
우리 할머니께서 아프시고 나서 약해지셨다.

몡 weakness 약함, 약점　　동 weaken 약화시키다, 약해지다

1167

tight
[tait]
혱 단단한, 꽉 조이는

무 단단히, 꽉

▶ **tight** jeans 꽉 끼는 청바지

▷ Lesley likes to wear **tight jeans** when she's out.
레슬리는 외출할 때 꽉 끼는 청바지를 즐겨 입는다.

▶ Hold **tight**! 꽉 잡아!

동 tighten 꽉 조이다, 팽팽해지다

1168

loose
[lu:s]
혱 느슨한, 풀린

▶ come **loose** 느슨해지다, 풀리다

▷ A button on my shirt **came loose** and fell off.
내 셔츠의 단추 하나가 헐거워져서 떨어졌다.

동 loosen 느슨하게 하다, 헐렁해지다

비교 lose [lu:z] 동 ① 잃다 ② 지다

1169

wet
[wet]
혱 젖은

▶ a **wet** cloth 젖은 천

▷ Wipe the floor and sofa with **a wet cloth**.
젖은 천으로 바닥과 소파를 닦아라.

1170

dry
[drai]
혱 마른, 건조한

동 마르다, 말리다

▶ run **dry** 마르다

▷ Most of the wells in the region have **run dry**.
그 지역의 대부분의 우물들이 말라 버렸다.

▶ **dry** one's hair 머리를 말리다

몡 drier 건조기, 드라이어

day
30

369

1171

long
[lɔːŋ]

형 긴, 오랜

부 길게, 오래

▶ for a **long** time 오랫동안

▷ You'll have to wait **for a long time** to meet the boss.
사장님을 만나시려면 오랫동안 기다리셔야 합니다.

▶ wait **long** 오래 기다리다

명length 길이　　동lengthen 길게 하다

1172

short
[ʃɔːrt]

형 ① 짧은, 키가 작은
② 모자란, 부족한

▶ a **short** distance 짧은 거리

▷ It's just **a short distance** from here.
여기에서 짧은 거리일 뿐 이예요.

▶ be **short of** time 시간이 부족하다

명shortage 부족　　동shorten 줄이다

1173

thick
[θik]

형 두꺼운, 굵은

▶ a **thick** wool sweater 두꺼운 털 스웨터

▷ Olivia was wearing **a thick wool sweater**.
올리비아는 두꺼운 털 스웨터를 입고 있었다.

1174

thin
[θin]

형 ① 얇은, 가는
② (몸이) 마른

▶ a **thin** layer of ice 얇은 얼음 층

▶ look **thin** 말라보이다

▷ The patient **looked thin** and pale due to illness.
그 환자는 병 때문에 창백하고 말라보였다.

1175

high
[hai]

형 높은

부 높게, 높이

▶ a **high** building 높은 건물

▶ fly **high** 높이 날다

▷ The eagle is **flying high** in the air.
독수리가 창공을 높이 날고 있다.

부highly ① 높게 ② 대단히

명height ① 높이 ② 키

1176

low
[lou]
형 낮은

부 낮게

▶ a **low** score 낮은 점수

▷ I got **a low score** on this math exam.
나 이번 수학 시험에서 낮은 점수를 받았어.

▶ the plane flying **low** 낮게 날고 있는 비행기

동 **lower** 낮추다

1177

wide
[waid]
형 (폭이) 넓은(= broad)

부 넓게, 활짝

▶ a **wide** road 넓은 도로

▷ **A wide road** in the city is now under construction.
그 도시의 넓은 도로는 현재 공사 중이다.

▶ leave the door **wide** open 문을 활짝 열어두다

명 **width** 폭, 넓이(= breadth) 동 **widen** 넓히다, 커지다

1178

narrow
[nǽrou]
형 ① 좁은

② 아슬아슬한, 가까스로의

▶ a **narrow** bridge 좁은 다리

▶ have a **narrow** escape 가까스로 탈출하다

▷ The fireman **had a narrow escape** from the dangerous building. 그 소방관은 위험한 건물에서 가까스로 탈출했다.

부 **narrowly** ① 좁게 ② 간신히

1179

rough
[rʌf]
형 ① 거친

② 대충의, 대강의

▶ a **rough** mountain road 거친 산길

▶ a **rough** calculation 대충 한 계산

▷ It's **a rough calculation** of the total expense.
그건 총비용을 대충 계산해 놓은 거예요.

부 **roughly** ① 거칠게 ② 대략

1180

smooth
[smuːð]
형 부드러운, 매끄러운

▶ keep skin **smooth** 피부를 부드럽게 유지하다

▷ This cream will help to **keep** your **skin smooth**.
이 크림은 피부를 부드럽게 유지하도록 해줄 것이다.

1181

correct
[kərékt]

형 맞는, 옳은(= right)

동 바로잡다, 정정하다

▶ a **correct** answer 맞는 답

▶ **correct** spelling errors 틀린 철자들을 바로잡다

▷ This computer program can **correct spelling errors**.
이 컴퓨터 프로그램이 틀린 철자들을 바로잡아줄 수 있다.

명 correction 정정, 수정　　반 incorrect 부정확한, 맞지 않는

1182

wrong
[rɔ́:ŋ]

형 나쁜, 틀린

▶ have the **wrong** number 전화를 잘못 걸다

▷ I'm afraid you **have the wrong number**.
전화를 잘못 거신 것 같은데요.

1183

safe
[seif]

형 안전한(= secure)

명 금고

▶ **safe for** children 아이들에게 안전한

▷ Is this medicine **safe for children**?
이 약 아이들한테 먹여도 안전한가요?

▶ break into the **safe** 금고를 털다

명 safety 안전

1184

dangerous
[déindʒərəs]

형 위험한

▶ at a **dangerous** speed 위험한 속도로

▷ He got into a car accident while driving **at a dangerous speed**. 그는 위험한 속도로 운전을 하다 사고가 났다.

동 endanger 위험하게 빠뜨리다　　명 danger (생명 · 건강상의) 위험

비교 risk (일이 잘못될지 모르는) 위험

1185

bright
[brait]

형 ① 밝은, 빛나는

② 똑똑한, 머리가 좋은
(= intelligent)

▶ **bright** colors 밝은 색깔들

▶ a **bright** child 똑똑한 아이

▷ 'What makes **a bright child**?' This book will give you the answer. 무엇이 똑똑한 아이를 만드는가? 이 책이 당신에게 그 답을 줄 것이다.

명 brightness ① 밝음 ② 똑똑함

1186

dark
[daːrk]

형 어두운, 캄캄한

▶ get **dark** 어두워지다

▷ What time does it **get dark** in late September?
9월 하순에는 몇 시에 어두워지나요?

명 darkness 어둠

1187

simple
[símpl]

형 간단한, 단순한

▶ be **simple** to use 사용하기에 간단하다[쉽다]

▷ This new digital camera **is simple to use**.
새로 나온 이 디지털 카메라는 사용하기 쉬워요.

동 simplify 단순하게 하다

명 simplicity 간단함

1188

complex
[kəmpléks]

형 복잡한

▶ a **complex** structure 복잡한 구조

▷ The human brain has **the complex structure**.
인간의 뇌는 복잡한 구조를 갖고 있다.

명 complexity 복잡함

1189

easy
[íːzi]

형 쉬운, 용이한

▶ be **easy** to learn 배우기 쉽다

▷ Foreign languages **aren't easy to learn**, especially Chinese.
외국어는 배우기 쉽지 않은데 특히 중국어가 그렇다.

부 easily 쉽게

명 동 ease 쉬움, 용이함; (어려움을) 덜어주다

1190

difficult
[dífikʌlt]

형 어려운, 힘든(= tough)

▶ a **difficult** decision 어려운 결정

▷ The monarch had to make **a** very **difficult decision**.
그 군주는 아주 어려운 결정을 내려야 했다.

명 difficulty 어려움

숙어 **have difficulty (in)** ~ing ~하는 데 어려움이 있다

1191

same
[seim]

[형] 같은, 동일한

▶ the **same** school 같은 학교

▷ She and her cousin attend **the same school**.
그녀와 그녀의 사촌은 같은 학교에 다닌다.

1192

different
[dífərənt]

[형] 다른

▶ be **different from** ~와 다르다

▷ American English **is** significantly **different from** British English. 미국 영어는 영국 영어와 상당히 다르다.

[명] difference 차이

[동] differ 다르다

1193

present
[préznt]

[형] ① 출석한
　② 현재의(= current)

[명] 선물

▶ be **present at** the meeting 모임에 참석하다

▷ He'll **be present at the** board **meeting** next week.
그는 다음 주에 있을 이사회에 참석할 것이다.

▶ maintain the **present** situation 현재의 상황을 유지하다

▶ a birthday **present** 생일 선물

Tip present [prizént] [동] 주다, 제시하다

→ present A with B A에게 B를 주다

1194

absent
[ǽbsənt]

[형] 결석한

▶ be **absent from** school 학교에 결석하다

▷ John has **been absent from school** for three days now.
존은 현재 3일 동안 결석했다.

[명] absence 결석

1195

forward
[fɔ́:rwərd]

[부] 앞으로, 앞쪽에

▶ take a step **forward** 한 발 앞으로 나가다

▷ Marcia **took a** small **step forward**.
마르샤는 한 발 앞으로 조금 나갔다.

숙어 look forward to ~ing ~하는 것을 고대하다

1196

backward

[bǽkwərd]

[부] 뒤로, 뒤쪽에

▶ walk **backward** 뒤로 걷다

▷ **Walking backward** gives you many health benefits.
뒤로 걷는 것은 당신의 건강에 많은 이점들을 준다.

1197

early

[ə́:rli]

[형] 이른, 초기의

[부] 일찍, 초기에

▶ an **early** stage 초기 단계

▷ The project is still in **the early stage**.
그 프로젝트는 아직 초기 단계에 있다.

▶ **early** in the morning 아침 일찍

1198

late

[leit]

[형] 늦은

[부] 늦게

▶ be **late** for school 수업에 늦다

▷ Hurry up or you'll **be late for school**.
서둘러라, 안 그러면 학교에 늦겠다.

▶ I like staying up **late**. 난 늦게까지 안 자는 걸 좋아해.

[부] **lately** 최근에　　[형] **latest** 최신의

비교변화 late - later(나중의, 나중에) - latest(최신의)
late - latter(후자의) - last(맨 마지막의, 최후의)

1199

common

[kámən]

[형] ① 공동의
　　② 흔한, 보통의

▶ a **common** goal 공동의 목표

▷ We have cooperated for **a common goal**.
우리는 공동의 목표를 위해 협력해 왔다.

▶ a **common** name 흔한 이름

Tip **common sense** 상식

1200

rare

[rɛər]

[형] 드문, 희귀한

▶ a **rare** ingredient 희귀한 재료

▷ The chef cooked with **a rare** and expensive **ingredient**.
그 주방장은 희귀하고 비싼 재료로 요리를 했다.

day
30

[부] **rarely** 드물게, 좀처럼 ~ 하지 않는

DAY 30 - CHECK UP TEST

A 다음 단어들을 올바르게 연결해보세요.

1	**dark**	긴	1	다른	safe
2	**clean**	강한	2	마른	simple
3	**forward**	낮은	3	짧은	smooth
4	**backward**	앞으로	4	안전한	short
5	**strong**	깨끗한	5	쉬운	dry
6	**early**	높은	6	단순한	different
7	**late**	일찍	7	같은	thin
8	**high**	어두운	8	얇은	wide
9	**low**	늦은	9	넓은	same
10	**long**	뒤로	10	부드러운	easy

C 다음 밑줄 친 단어의 반대말을 고르세요.

1 My cousin has enough money to buy an <u>expensive</u> car.
   ⓐ usual   ⓑ little   ⓒ cheap   ⓓ slight

2 The screw was so <u>tight</u> that it wouldn't move.
   ⓐ lost   ⓑ loose   ⓒ tough   ⓓ soft

3 Be careful not to slip on the <u>wet</u> floor.
   ⓐ dry   ⓑ weak   ⓒ shallow   ⓓ vain

4 The city's old streets are too <u>narrow</u> for buses.
   ⓐ short   ⓑ wide   ⓒ hard   ⓓ fine

5 Technology has become more <u>complex</u> and increasingly specialized.
   ⓐ difficult   ⓑ clear   ⓒ flat   ⓓ simple

B 다음 중 올바른 뜻을 고르세요.

1	**wet**	□ 젖은	□ 마른		1	비싼	□ cheap	□ expensive
2	**thick**	□ 얇은	□ 두꺼운		2	더러운	□ clean	□ dirty
3	**rough**	□ 거친	□ 거대한		3	약한	□ weak	□ week
4	**dangerous**	□ 틀린	□ 위험한		4	꽉 조이는	□ tight	□ rough
5	**correct**	□ 정직한	□ 맞는, 옳은		5	좁은	□ near	□ narrow
6	**complex**	□ 단순한	□ 복잡한		6	똑똑한	□ light	□ bright
7	**present**	□ 현재의	□ 과거의		7	느슨한	□ loss	□ loose
8	**absent**	□ 출석한	□ 결석한		8	드문	□ real	□ rare
9	**common**	□ 공동의	□ 개인의		9	어려운	□ different	□ difficult
10	**wrong**	□ 긴	□ 틀린		10	값싼	□ cheap	□ chip

D 다음 문장에 맞는 단어를 써넣으세요.

1 The candidate won a _____ victory in the election.

ⓐ narrow   ⓑ wide   ⓒ former   ⓓ violent

2 If you have any problems in school, you should _____ your teacher to help you.

ⓐ encourage   ⓑ allow   ⓒ ask   ⓓ answer

3 This is only a _____ draft, so I need some more time to make it perfect.

ⓐ tough   ⓑ rough   ⓒ enough   ⓓ tight

정답 | Check Up TEST
day **01 › 30**

Answer

A

1.	**piece**	부분, 조각	1.	**자연**	nature
2.	**war**	전쟁	2.	**맛**	taste
3.	**grade**	등급	3.	**기억**	memory
4.	**wedding**	결혼	4.	**열, 더위**	heat
5.	**accident**	사고	5.	**건강**	health
6.	**bit**	약간, 조금	6.	**중단**	pause
7.	**couple**	두 개	7.	**에너지**	energy
8.	**prevent**	막다	8.	**바닥**	bottom
9.	**passport**	여권	9.	**대학**	college
10.	**amateur**	아마추어	10.	**무늬**	pattern

B

1.	**accept**	받아들이다	1.	**치다**	beat
2.	**refuse**	거절하다	2.	**아름다운**	beautiful
3.	**discuss**	토론하다	3.	**전체의**	whole
4.	**secretary**	비서	4.	**수집하다**	collect
5.	**close**	가까운	5.	**잊다**	forget
6.	**attend**	참석하다	6.	**획일적인**	uniform
7.	**remember**	기억하다	7.	**비슷한**	similar
8.	**popular**	인기 있는	8.	**발전시키다**	develop
9.	**slide**	미끄러지다	9.	**미끄러지다**	slip
10.	**bill**	계산서	10.	**축복을 빌다**	bless

C

1.	**secretary**	메리는 처음에 존의 개인비서로 고용되었다.
2.	**collect**	그 조사는 시간제 근무 직원들에 대한 정보를 수집했다.
3.	**refuse**	나는 그의 정중한 요청을 어떻게 거절해야 할 지 모르겠다.
4.	**pause**	잠깐 멈추고 제 의견 좀 들어 보실래요?
5.	**attend**	그는 출장 중이어서 회의에 참석하지 못할 것이다.
6.	**develop**	우리 남편은 회사를 발전시키기 위해 몇 년 동안 열심히 일했다.
7.	**discuss**	가족 구성원들 모두가 그 문제를 논의하기 위해 모였다.

D

1.	ⓐ	며칠 전 우리는 공항에서 우연히 만났다.
2.	ⓒ	프랑스 정부는 술집이나 식당 내 흡연을 금지하는 법안 도입을 준비 중이다.
3.	ⓓ	암은 모든 연령의 사람들에게 영향을 줄 수 있고 몇몇 종류의 암은 아이들에게 더 흔하게 나타나지만 일반적으로 나이가 들수록 암 발병 위험이 커진다.

A

1.	**method**	방법	1.	근원	source
2.	**cotton**	면, 솜	2.	지역	area
3.	**guest**	손님	3.	제의	offer
4.	**enemy**	적	4.	신뢰	trust
5.	**relative**	친척	5.	부하	junior
6.	**data**	자료	6.	상사	senior
7.	**metal**	금속	7.	종류	type
8.	**shape**	모양	8.	시력	sight
9.	**history**	역사	9.	견본	sample
10.	**tower**	탑	10.	균형	balance

B

1.	**crash**	사고	1.	생존하다	survive
2.	**amazing**	놀라운	2.	발명하다	invent
3.	**ceremony**	의식	3.	뒤따르다	follow
4.	**lock**	잠그다	4.	상담 받다	consult
5.	**anxious**	걱정하는	5.	해로운	harmful
6.	**fine**	벌금	6.	의지하다	depend
7.	**valley**	계곡	7.	대개, 보통	usually
8.	**observe**	관찰하다	8.	소나기	shower
9.	**stage**	단계	9.	행운	luck
10.	**climate**	기후	10.	엄청난	huge

C

1. **invent** 그 회사는 태양 에너지를 사용하는 난방장치를 발명했다.
2. **consult** 제 비서와 그 문제에 대해 상의를 해봐야겠네요.
3. **survive** 그 용감한 군인들은 세계 2차 대전에서 살아남았다.
4. **anxious** 그 대회는 성공을 갈망하는 100명 이상의 아마추어들이 참가했다.
5. **follow** 그녀는 그것이 부당했기 때문에 전통을 따르기를 거부했다.
6. **ceremony** 당신은 초대받지 않은 결혼식에 참석해 본 적이 있나요?
7. **huge** 나는 통신사에 내 엄청난 휴대 전화 요금에 대해 항의했다.

D

1. ⓑ 우리는 그 의사의 능력에 의존하는 것 외에는 다른 방법이 없다.
2. ⓒ 오랜 가뭄으로 인해 농부들은 수확량에 대해 걱정했다.
3. ⓐ "커피 좀 더 드시겠어요?" "아니에요. 이걸로 좋습니다. 고마워요."
   법원은 어떠한 범죄 행위에 대해서도 벌금을 부과할 수 있다.

A

1.	**stream**	개울		1.	군인	soldier
2.	**fly**	날다		2.	판사	judge
3.	**furniture**	가구		3.	원인	cause
4.	**gift**	선물		4.	명단	list
5.	**population**	인구		5.	장면	scene
6.	**contest**	대회, 시합		6.	경험	experience
7.	**government**	정부		7.	기계	machine
8.	**necessary**	필요한		8.	차고	garage
9.	**ocean**	대양		9.	액수	amount
10.	**mistake**	실수		10.	규칙	rule

B

1.	**tradition**	전통		1.	추적하다	chase
2.	**course**	강좌		2.	파괴하다	destroy
3.	**burden**	부담		3.	(마음을) 끌다	attract
4.	**remind**	생각나게 하다		4.	가능한	possible
5.	**branch**	가지		5.	방향	direction
6.	**create**	창조하다		6.	시험	examination
7.	**suppose**	추측하다		7.	선택하다	select
8.	**occur**	발생하다		8.	혁명	revolution
9.	**mild**	온화한		9.	대신에	instead
10.	**comfortable**	편안한		10.	효과	effect

C

1.	**select**	그 연구자들은 무작위로 30명의 표본 학생들을 선발했다.
2.	**suppose**	많은 전문가들이 그 탑이 곧 무너질 것이라고 생각했다.
3.	**burden**	그 컴퓨터 프로그램은 자료수집의 부담을 덜어준다.
4.	**revolution**	전쟁 직후에 그 나라는 혁명의 초기 단계에 있었다.
5.	**remind**	그 오래된 사진은 내 온화한 상관을 생각나게 한다.
6.	**occur**	그런 끔찍한 사건은 대개 밤중에 발생한다.
7.	**instead**	내 현명한 아내는 행운보다는 꾸준한 노력을 가치 있게 여긴다.

D

1. ⓑ 우리는 그 어려운 문제를 해결하기 위해 좀 더 효과적인 방법을 찾아내야 한다.
2. ⓓ 지점 개설을 통해 사업을 확장하는 것은 많은 계획과 일이 필요하다.
3. ⓒ 호주 교과과정에서 학생들은 비판적이고 창의적으로 생각하는 능력을 개발하고 개념과 생각들을 명확하게 하며 가능성을 찾고 대안을 강구하고 문제를 해결한다.

day 4

A

1.	**chief**	주된	1.	우주	universe
2.	**guide**	안내서	2.	모험	adventure
3.	**tax**	세금	3.	사냥꾼	hunter
4.	**order**	질서	4.	전투	battle
5.	**row**	줄, 열	5.	정신	spirit
6.	**surface**	표면	6.	숲	forest
7.	**nation**	국가	7.	선거	election
8.	**trousers**	바지	8.	일정	schedule
9.	**trick**	속임수	9.	감소	decrease
10.	**thief**	도둑	10.	기구	instrument

B

1.	**honor**	명예	1.	주된, 주요한	primary
2.	**wrap**	포장하다	2.	많음, 다수	lot
3.	**international**	세계적인	3.	문장	sentence
4.	**passenger**	승객	4.	반대되는	contrary
5.	**export**	수출하다	5.	해외에서	abroad
6.	**increase**	증가하다	6.	심각한	serious
7.	**remain**	계속 ~이다	7.	공급	supply
8.	**produce**	생산하다	8.	확고한	firm
9.	**prepare**	준비하다	9.	고려하다	consider
10.	**hold**	잡고 있다	10.	공정한	fair

C

1.	**remain**	남아있는 전통을 보존하는 것은 중요한 문제가 되었다.
2.	**order**	그 경찰관은 그에게 차고 안에 숨어 있으라고 명령했다.
3.	**sentence**	그 판사의 선고는 법정안의 방청객들을 놀라게 했다.
4.	**hold**	이사회는 다음 월요일에 회의를 열 예정이다.
5.	**produce**	그 새로운 발전소는 많은 양의 전기를 생산해 낼 수 있다.
6.	**contrary**	그의 실패는 우리가 예상했던 것과는 반대의 결과였다.
7.	**prepare**	그 학생은 중간고사를 준비하느라 매우 바쁘다.

D

1. ⓒ 그는 무장 강도죄로 10년 형을 선고받고 복역 중이다.
2. ⓐ 친구들 모두는 언제 집들이 파티를 할 건지 우리에게 물었다.
3. ⓓ 주문 하시겠어요?
   경찰이 범인에게 무기를 내려놓으라고 명령했다.

A

1.	magazine	잡지	1.	의심	doubt
2.	triumph	승리	2.	목표	goal
3.	responsibility	책임	3.	감옥	prison
4.	degree	정도	4.	요금	charge
5.	license	면허	5.	탄생	birth
6.	business	사업	6.	교장	principal
7.	mystery	미스터리	7.	수치	figure
8.	flood	홍수	8.	문제	trouble
9.	section	부분	9.	공장	factory
10.	spade	삽	10.	세기	century

B

1.	find	찾다	1.	금지하다	ban
2.	surround	둘러싸다	2.	투표하다	vote
3.	explain	설명하다	3.	치료하다	treat
4.	independent	독립된	4.	주저하다	hesitate
5.	stupid	어리석은	5.	상상하다	imagine
6.	plenty	충분함	6.	기도하다	pray
7.	enter	입학하다	7.	고치다	fix
8.	float	(물에) 뜨다	8.	~을 제외하고	except
9.	review	검토	9.	속상하게 하다	upset
10.	rub	문지르다	10.	언론	press

C

1.	figure	정부는 회사의 매출액에 따라 세금을 부과한다.
2.	charge	엄청난 요금 인상은 정당화 될 수 없다.
3.	treat	승무원들은 승객들에게 예의바르게 대해야 한다.
4.	vote	아르헨티나의 16세 이상의 모든 사람들은 선거에서 투표권이 있다.
5.	degree	그 정치인은 그 대학에서 명예학위를 받았다.
6.	independent	한국은 일본의 36년간의 식민통치 이후에 다시 독립국가가 되었다.
7.	hesitate	지금은 모험에 대해 주저할 때가 아니다.

D

1. ⓒ 엔지니어가 그 망가진 기계를 고치는데 몇 시간이 걸렸다.
2. ⓐ 난 저 음악 때문에 집중이 잘 안 된다.
3. ⓑ 그들은 나를 가족처럼 대해주었다.
   네 생일이니까 네가 좋아하는 식당에서 내가 저녁 쏠게.

A

1.	**effort**	노력		1.	통제	control
2.	**exit**	출구		2.	곡물	grain
3.	**patient**	환자		3.	여행	journey
4.	**rate**	비율		4.	성	castle
5.	**moment**	순간		5.	일, 문제	affair
6.	**tooth**	이, 치아		6.	봉사	service
7.	**force**	힘, 폭력		7.	시	poem
8.	**engineer**	기술자		8.	오류	error
9.	**meaning**	의미		9.	거래	deal
10.	**fault**	잘못, 결점		10.	목적	object

B

1.	**advertisement**	광고		1.	축하하다	celebrate
2.	**tiny**	아주 작은		2.	거의 ~아니다	hardly
3.	**competition**	경쟁		3.	보도하다	report
4.	**remove**	제거하다		4.	언급하다	mention
5.	**obtain**	얻다		5.	향상시키다	improve
6.	**rid**	제거하다		6.	몸부림치다	struggle
7.	**feather**	깃털		7.	매력적인	charming
8.	**comedy**	희극		8.	구하다	save
9.	**regular**	규칙적인		9.	엄지손가락	thumb
10.	**exactly**	정확히		10.	학자	scholar

C

1. **struggle** 우리는 독립을 위해 투쟁했던 조상들을 잊어서는 안 된다.
2. **competition** 그 법안은 제조사와 판매업자간의 불공정한 경쟁을 금지할 것이다.
3. **regular** 그 축구 선수들은 주말을 빼고 규칙적인 스케줄을 유지하고 있다.
4. **control** 중국 정부는 그 공장을 통제 하에 두고 있다.
5. **hardly** 요즘 젊은이들은 선거에서 좀처럼 투표하지 않는다.
6. **obtain** 나는 2010년에 철학 박사학위를 취득했다.
7. **remove** 그 소식은 그 회사의 장래에 대한 어떤 의심도 없애주었다.

D

1. ⓓ 때때로 엄마의 주의를 끌기 위해 아이들 간에 많은 경쟁이 있다.
2. ⓒ 남아프리카에서 성공한 자유와 민주주의를 위한 투쟁은 우리 시대의 가장 극적인 이야기들 중 하나다.
3. ⓐ 아침식사는 7시에서 9시 사이에 식당에서 제공됩니다.
   그 죄인은 5년간 감옥에 복역하라는 선고를 받았다.

A

1.	**purpose**	목적		1.	무덤	grave
2.	**habit**	습관		2.	용서	pardon
3.	**admiral**	제독		3.	이유	reason
4.	**route**	경로		4.	옷감	cloth
5.	**skill**	기술		5.	비용	cost
6.	**resource**	자원		6.	계획	project
7.	**interest**	관심		7.	오염	pollution
8.	**symbol**	상징		8.	모피	fur
9.	**search**	검색		9.	기초	base
10.	**sheet**	얇은 천		10.	사전	dictionary

B

1.	**valuable**	값비싼		1.	위치를 찾아내다	locate
2.	**warn**	경고하다		2.	탐험하다	explore
3.	**ache**	아프다		3.	믿다, 생각하다	believe
4.	**protect**	보호하다		4.	살펴보다	check
5.	**emotion**	감정		5.	주된	main
6.	**heaven**	천국		6.	동행	company
7.	**modern**	현대의		7.	(몸의 어디가) 아픈	sore
8.	**bush**	수풀		8.	발음하다	pronounce
9.	**private**	사적인		9.	괴롭히다	bother
10.	**various**	다양한		10.	근거, 이유	ground

C

1. **warn** 그 비행사는 나에게 비행 중 위험한 순간에 대해 경고했다.
2. **sheet** 우리 엄마는 종이 한 장까지 아끼려는 습관이 있다.
3. **sore** 간호사가 그의 아픈 엄지손가락에 붕대를 감아주었다.
4. **search** 그들은 불타는 건물로부터 빠져나갈 출구를 필사적으로 찾고 있었다.
5. **pollution** 그 환경단체는 대기오염에 관한 보고서를 발표할 것이다.
6. **locate** 깊은 숲 속에 있는 그 성의 위치를 찾아내는 것은 어렵다.
7. **protect** 그 젊은 여성은 자유를 수호하기 위해 투쟁을 하다 죽었다.

D

1. ⓓ 회사에서의 잦은 실수로 인해 그는 일자리를 잃었다.
2. ⓒ 경찰이 당신을 체포하기 위해서는 당신이 필연적으로 체포될 범죄에 연루되어 있다는 정당한 근거가 있어야한다.
3. ⓑ 그녀는 지난해 보험 회사에 입사했다.
   네가 엄마 기다리는 동안 내가 함께 있어줄게.

day 8

A

1.	language	언어		1.	의견	opinion
2.	liberty	자유		2.	약속	promise
3.	sale	판매		3.	주인	master
4.	contact	접촉, 연락		4.	신호	sign
5.	respect	존경		5.	통합	unity
6.	series	연속		6.	지점	spot
7.	gallery	화랑		7.	남용	abuse
8.	track	길		8.	자본	capital
9.	throat	목구멍		9.	우주	space
10.	care	관리		10.	주제	subject

B

1.	foreign	외국의		1.	사악한	evil
2.	settle	해결하다		2.	약속	appointment
3.	complain	불평하다		3.	끔찍한	terrible
4.	calm	침착한		4.	대체하다	replace
5.	beg	간청하다		5.	완벽한	complete
6.	lay	놓다		6.	활동적인	active
7.	raise	올리다		7.	실망시키다	disappoint
8.	crazy	미친		8.	보통의	normal
9.	silly	어리석은		9.	포함하다	include
10.	wealthy	부유한		10.	충고	advice

C

1. **subject** 그 연설의 주제는 공정한 민주주의 정신이다.
2. **replace** 오래된 습관을 새로운 습관으로 바꾸기란 아주 어렵다.
3. **complain** 그 손님은 아무 이유없이 불평을 많이 한다.
4. **settle** 우리는 오염 문제를 해결하기 위해 최선을 다해야 한다.
5. **capital** 에펠탑은 프랑스의 수도 파리에 위치해 있다.
6. **spot** 우리는 하늘에서 가장 밝게 빛나는 별을 발견했다.
7. **sign** 암에 관한 한 대부분의 사람들이 그 병의 조기 경고 신호를 잘 알지 못한다.

D

1. ⓐ 대부분의 닭들은 거의 매일 알을 낳는다.
2. ⓒ 우리는 가난한 사람들을 위해 돈을 모금할 수 있는 최선의 방법을 찾고 있다.
3. ⓑ 그 당의 지도자는 권력 남용 혐의로 고발되었다.
   아동 학대의 피해자 상태로 있는 아이들이 많이 있다.

day 9

A

1.	wise	현명한	1.	문화	culture
2.	social	사회의	2.	한계	limit
3.	mind	마음	3.	교환	exchange
4.	stress	스트레스	4.	의견	view
5.	joke	농담	5.	손상	damage
6.	power	능력	6.	이웃	neighbor
7.	important	중요한	7.	구성	composition
8.	finally	마침내	8.	도구	tool
9.	brain	뇌	9.	사실	fact
10.	desert	사막	10.	중심	center

B

1.	describe	묘사하다	1.	대중의	public
2.	republic	공화국	2.	전체의	entire
3.	deserve	~을 받을만하다	3.	초보적인	elementary
4.	communicate	의사소통하다	4.	체포하다	arrest
5.	democracy	민주주의	5.	속삭이다	whisper
6.	steady	꾸준한	6.	구부리다	bend
7.	silent	조용한	7.	어려운	tough
8.	temperature	온도	8.	점수	score
9.	religious	종교의	9.	가격	price
10.	frighten	겁먹게 하다	10.	~인 체하다	pretend

C

1. **communicate** 대부분의 아이들은 언어를 사용해서 의사소통하는 법을 배운다.
2. **pretend** 그 소년은 꾀병을 부리고 목이 아픈 척 했다.
3. **describe** 그녀는 자신의 의견을 설명하기 위해 몇 가지 예를 들었다.
4. **democracy** 우리는 이 나라의 자유와 민주주의를 위해 싸워왔다.
5. **deserve** 그 최초의 흑인 선수는 모든 야구 선수들로부터 존경을 받을 만하다.
6. **arrest** 그 경찰관은 현장에서 범인을 체포했다.
7. **elementary** 요즘에는 초등학교에서 배우는 과목들이 많다.

D

1. ⓐ 그는 법을 어겨왔기 때문에 벌을 받을만하다.
2. ⓓ 그 대통령 후보는 국민들이 원하는 것이 무엇인지 아는 척 했다.
3. ⓑ 그 회사는 제품 가격을 30% 가까이 내렸다.
   사생활이 없어지는 것은 종종 유명해지는 것에 대해 치르는 대가다.

day
10

1.	**match**	경기	1.	배경	background
2.	**satisfy**	만족시키다	2.	제도	system
3.	**worth**	가치	3.	군대	army
4.	**detective**	형사	4.	성인	adult
5.	**state**	상태	5.	전기	electricity
6.	**prize**	상	6.	정보	information
7.	**debt**	빚	7.	교육	education
8.	**solution**	해결	8.	단계	step
9.	**material**	재료	9.	사건	event
10.	**shade**	그늘	10.	기쁨	delight

1.	**curious**	호기심 많은	1.	일반적인	general
2.	**declare**	선언하다	2.	결심하다	decide
3.	**attack**	공격하다	3.	고통 받다	suffer
4.	**compare**	비교하다	4.	허락하다	allow
5.	**prove**	증명하다	5.	가장자리	edge
6.	**envelope**	봉투	6.	낭비하다	waste
7.	**avoid**	피하다	7.	증거	evidence
8.	**custom**	관습	8.	끓다	boil
9.	**ordinary**	평범한	9.	제공하다	provide
10.	**ruin**	망치다	10.	터지다	explode

1.	**suffer**	추운 날씨 때문에 농작물이 손상을 입었다.
2.	**allow**	선생님은 수업 중 학생들이 속삭이는 것을 허용하지 않았다.
3.	**declare**	정부 관리들은 그 문제에 대해 공개적인 입장을 밝히지 않고 있다.
4.	**explode**	그 테러단체는 그 발전소를 폭파시키겠다고 위협했다.
5.	**state**	스티븐은 혼란스러운 심리상태에 있었다.
6.	**attack**	심장마비는 극도의 스트레스에 의해 유발될 수 있다.
7.	**ruin**	네가 마약을 하면 너의 뇌와 인생을 망칠 수 있다.

1. ⓓ 그 환자는 3년 동안 위암을 앓아 왔다.
2. ⓑ 우리는 우리의 환경 문제들에 대한 해결책들을 찾기 위해 협력해야 한다.
3. ⓒ 어느 마케팅 조사 과정이든 첫 단계는 문제를 규정하는 것이다.
   정부는 술집에서의 흡연을 금지하는 조치를 취할 것이다.

A

1.	**bell**	종		1.	옷	clothes
2.	**wall**	벽		2.	병	bottle
3.	**yard**	마당, 뜰		3.	유리	glass
4.	**stair**	계단		4.	고향	hometown
5.	**swing**	흔들다		5.	창문	window
6.	**paint**	그림물감		6.	저녁식사	dinner
7.	**pillow**	베개		7.	눕다	lie
8.	**roof**	지붕		8.	촛불	candle
9.	**address**	주소		9.	전화	telephone
10.	**umbrella**	우산		10.	층	floor

B

1.	**comb**	빗		1.	담요	blanket
2.	**tray**	쟁반		2.	벽장	closet
3.	**hut**	오두막집		3.	위원회	board
4.	**laundry**	세탁		4.	(꿀) 단지	jar
5.	**basement**	지하층		5.	향수병을 앓는	homesick
6.	**plate**	접시		6.	누수, 누출	leak
7.	**rest**	휴식		7.	꽃병	vase
8.	**sidewalk**	인도		8.	냉장고	refrigerator
9.	**soap**	비누		9.	냄비, 팬	pan
10.	**fence**	울타리		10.	사발, 그릇	bowl

C

1. **rest** 사장님은 미팅을 취소하고 휴식을 취했다.
2. **plate** 난 저녁 식사로 샐러드와 한 접시의 스파게티를 먹었다.
3. **jar** 그 아이가 몰래 꿀 한 병을 통째로 다 먹었다.
4. **board** 내가 게시판에 후보자들의 명단을 붙여놓았다.
5. **lie** 기분이 좋아질 때까지 구석에 있는 침대에 누워있는 게 낫겠다.
6. **refrigerator** 우유를 냉장고에 넣는 거 잊지 마.
7. **laundry** 제니는 빨래를 하고 나서 말리기 위해 밖에 내다 걸었다.

D

1. ⓓ 그는 고향의 부모와 친구들로부터 멀리 떨어져 있어 향수병을 앓았다.
2. ⓐ 중요한 정보가 밖으로 새나가지 않도록 보안을 강화해야 한다.
3. ⓒ 나 어제 수학 시험 봤어. 첫 번째 문제는 어려웠지만 나머지 문제는 아주 쉬웠어.

A

1.	**meat**	고기	1.	설탕	sugar
2.	**appetite**	식욕	2.	먹다	eat
3.	**knife**	칼	3.	결혼하다	marry
4.	**breakfast**	아침식사	4.	맥주	beer
5.	**court**	법원	5.	소금	salt
6.	**bite**	(베어)물다	6.	맛있는	delicious
7.	**fresh**	신선한	7.	달콤한	sweet
8.	**husband**	남편	8.	(맛이)쓴	bitter
9.	**rotten**	썩은	9.	딸	daughter
10.	**uncle**	삼촌	10.	친숙한	familiar

B

1.	**swallow**	삼키다	1.	조카	nephew
2.	**supper**	저녁식사	2.	사촌	cousin
3.	**ancestor**	조상	3.	이모	aunt
4.	**adopt**	채택하다	4.	(맛이)신	sour
5.	**recipe**	조리법	5.	포크	fork
6.	**feed**	먹이를 주다	6.	사람들	folk
7.	**loaf**	한 덩어리	7.	요리	dish
8.	**chew**	씹다	8.	공동체	community
9.	**mankind**	인류	9.	마을	village
10.	**chopstick**	젓가락	10.	돼지고기	pork

C

1. **recipe**   난 엄마한테 닭고기 스프 만드는 법을 배웠다.
2. **rotten**   그녀는 고기 썩은 냄새 때문에 코를 막았다.
3. **bitten**   우리 아이들이 캠핑에서 모기에 심하게 물렸다.
4. **swallow**   항상 음식을 삼키기 전에는 잘 씹어라.
5. **bitter**   결승전에서 패한 것은 그 팀에게 쓰라린 경험이었다.
6. **court**   대법원은 아직 그 살인 사건에 대해 결정을 내리지 않았다.
7. **appetite**   부엌에서 나는 맛있는 냄새가 내 식욕을 자극했다.

D

1. ⓑ 삼키기 전에 음식을 완전히 씹어야 한다.
2. ⓓ 간식을 먹어서 식욕을 잃게 하지 마라.
3. ⓒ 그 지역의 공동체 의식을 느끼는 젊은이들은 이웃들과 긍정적으로 접촉한다.

day 13

A

1.	hear	듣다	1.	뼈	bone
2.	hand	손	2.	수염	whisker
3.	heart	심장	3.	턱	chin
4.	cough	기침하다	4.	뚱뚱한	fat
5.	blood	피	5.	목	neck
6.	hungry	배고픈	6.	혀	tongue
7.	smell	냄새	7.	목소리	voice
8.	breathe	숨 쉬다	8.	어깨	shoulder
9.	weight	무게, 체중	9.	근육	muscle
10.	knee	무릎	10.	얼굴	face

B

1.	blind	눈 먼	1.	귀가 먹은	deaf
2.	dumb	벙어리의	2.	뺨, 볼	cheek
3.	recover	회복하다	3.	재채기하다	sneeze
4.	wrist	손목	4.	가슴, 흉부	chest
5.	stomach	배, 위	5.	어깨를 으쓱하다	shrug
6.	pulse	맥박	6.	못	nail
7.	nod	(고개를) 끄덕이다	7.	토할 것 같은	sick
8.	snore	코를 골다	8.	(소리 내어) 웃다	laugh
9.	thirsty	목마른	9.	무기	arms
10.	breast	가슴	10.	피부	skin

C

1. **recover** — 그 축구 선수가 발목 부상에서 회복된 것은 기적이었다.
2. **nod** — 내가 준비되었냐고 물어보자 그녀는 나에게 고개를 끄덕였다.
3. **whisker** — 제이콥은 (길렀던) 수염을 깎기로 결정했다.
4. **shrug** — '난 모르겠어.' 타미는 어깨를 으쓱이며 대답했다.
5. **pulse** — 간호사가 그 환자의 맥박을 쟀다.
6. **thirsty** — 정원에서 일을 하고 나니 그는 덥고 목이 말랐다.
7. **snore** — 우리 남편이 가끔 너무 크게 코를 골아서 난 밤새 잠을 못 잔다.

D

1. ⓒ 나 피자 질린다. 이번 주에 벌써 세 번이나 먹었거든.
2. ⓐ 정부는 다른 나라에 무기를 팔고 있었다.
3. ⓓ 그들은 아직 모국어도 제대로 말하지 못하는 아이들에게 외국어를 배우도록 강요하면 아이들이 혼란스러워 질 수도 있다고 지적한다.

A

1.	**sand**	모래	1.	섬	island
2.	**flow**	흐르다	2.	깊은	deep
3.	**fog**	안개	3.	시원한	cool
4.	**weather**	날씨	4.	호수	lake
5.	**beach**	해변	5.	산	mountain
6.	**hill**	언덕	6.	돌	stone
7.	**shine**	빛나다	7.	얼다	freeze
8.	**windy**	바람 부는	8.	야생의	wild
9.	**humid**	습한	9.	생활	life
10.	**rainy**	비오는	10.	가벼운	light

B

1.	**coal**	석탄	1.	대륙	continent
2.	**hydrogen**	수소	2.	대초원	prairie
3.	**Mars**	화성	3.	대리석	marble
4.	**dawn**	새벽	4.	행성	planet
5.	**solar**	태양의	5.	일몰	sunset
6.	**environment**	환경	6.	꼭대기	peak
7.	**storm**	폭풍	7.	빙산	iceberg
8.	**bay**	만	8.	흐린	cloudy
9.	**coast**	해안	9.	지구	earth
10.	**sunrise**	일출	10.	강타, 타격	blow

C

1.	**storm**	그 해안 마을은 폭풍으로 인해 큰 피해를 입었다.
2.	**iceberg**	그 소식은 충격적이지만 그건 그저 빙산의 일각일 뿐이다.
3.	**peak**	그 유명 가수는 인기 절정에 있다.
4.	**coal**	탄광에서 일하는 것은 아주 힘들다.
5.	**prairie**	한 때는 수백만의 버팔로(들소)가 대초원을 돌아다녔다.
6.	**marble**	그 탁자와 바닥은 대리석으로 만들어졌다.
7.	**blow**	잭슨은 머리에 심한 타격을 입어 사망했다.

D

1.	ⓒ	겨울에는 새벽이 늦어지고 해가 빨리 진다.
2.	ⓑ	양력 달력의 날짜들은 태양 주위를 공전하는 지구의 위치를 가리킨다.
3.	ⓓ	나 오늘 좀 몸이 안 좋아. 감기에 걸린 것 같아.

A

1.	**rabbit**	토끼	1.	**동물**	animal
2.	**giraffe**	기린	2.	**쥐**	mouse
3.	**frog**	개구리	3.	**뱀**	snake
4.	**turtle**	거북	4.	**사슴**	deer
5.	**whale**	고래	5.	**양**	sheep
6.	**shell**	(조개) 껍데기	6.	**젖소**	cow
7.	**dolphin**	돌고래	7.	**곤충**	insect
8.	**bee**	벌	8.	**새**	bird
9.	**ant**	개미	9.	**날개**	wing
10.	**zoo**	동물원	10.	**상어**	shark

B

1.	**hawk**	매	1.	**뿔**	horn
2.	**mammal**	포유동물	2.	**황소, 수소**	bull
3.	**cage**	새장	3.	**거위**	goose
4.	**goat**	염소	4.	**애완동물**	pet
5.	**grasshopper**	메뚜기	5.	**비둘기**	pigeon
6.	**mosquito**	모기	6.	**암탉**	hen
7.	**butterfly**	나비	7.	**칠면조**	turkey
8.	**owl**	부엉이	8.	**늑대**	wolf
9.	**beast**	짐승	9.	**낙타**	camel
10.	**donkey**	당나귀	10.	**다람쥐**	squirrel

C

1.	**mammal**	모든 암컷 포유류는 젖을 먹여 새끼를 키운다.
2.	**squirrel**	우리는 숲속에서 견과들을 땅에 묻고 있는 다람쥐를 발견했다.
3.	**beast**	등산객 중 한 명이 사나운 짐승에게 공격을 당했다.
4.	**insect**	벌레 물린 데 긁지 마!
5.	**horn**	많은 종에서 수컷들만 뿔이 있다.
6.	**bull**	대부분의 수소들은 공격적인 행동을 보일 수 있어서 다루는데 조심해야 한다.
7.	**cage**	우리 딸은 새장 안에 있는 새들을 보는 걸 좋아한다.

D

1.	ⓒ	그는 새를 사로잡아 새장에 가뒀다
2.	ⓐ	고래들은 위기에 놓인 해양 포유류다.
3.	ⓑ	그들은 동물의 권리도 인정받고 존중되어야 한다고 주장한다.

A

1.	**cabbage**	양배추		1.	딸기	strawberry
2.	**carrot**	당근		2.	오이	cucumber
3.	**onion**	양파		3.	견과	nut
4.	**grass**	풀		4.	과일	fruit
5.	**potato**	감자		5.	콩	bean
6.	**corn**	옥수수		6.	사과	apple
7.	**wood**	나무, 목재		7.	잎	leaf
8.	**stem**	줄기		8.	포도	grape
9.	**root**	뿌리		9.	씨	seed
10.	**plant**	공장		10.	자라다	grow

B

1.	**peach**	복숭아		1.	수확(량)	harvest
2.	**spinach**	시금치		2.	나누다	divide
3.	**crop**	농작물		3.	꽃잎	petal
4.	**pumpkin**	호박		4.	밀	wheat
5.	**log**	통나무		5.	완두콩	pea
6.	**spread**	퍼지다		6.	담쟁이덩굴	ivy
7.	**hay**	건초		7.	소나무	pine
8.	**bamboo**	대나무		8.	농장	farm
9.	**pepper**	후추		9.	배	pear
10.	**sow**	(씨를) 뿌리다		10.	채소	vegetable

C

1. **pumpkin** 호박 파이는 추수감사절에 먹는 미국의 전통 음식이다.
2. **harvest** 농부들은 수확기 동안에 몹시 바쁘다.
3. **spinach** 아이들은 철분이 풍부한 시금치를 많이 먹어야한다.
4. **seed** 그 정원사는 잔디밭에 잔디 씨를 뿌렸다
5. **spread** 부엌에서 나는 냄새가 방 전체에 퍼졌다.
6. **divide** 이 배를 네 조각으로 나누고 각자 하나씩 먹자.
7. **crop** 수출용 주요 작물은 커피와 쌀이다.

D

1. ⓐ 좀 더 규칙적으로 운동을 하지 않으면 당신은 정신적으로나 육체적으로 늙어 버리게 될 것이다.
2. ⓓ 보건 당국은 이미 바이러스의 확산을 막기 위한 조치를 취했다.
3. ⓑ 유감스럽게도 대학 등록금과 학자금 대출 문제는 정치적으로 난감한 문제가 되었다.

day 17

A

1.	**hate**	미워하다	1.	눈부신	brilliant
2.	**honest**	정직한	2.	공손한	polite
3.	**enjoy**	즐기다	3.	놀라게 하다	surprise
4.	**shock**	충격	4.	즐거운	pleasant
5.	**shout**	외치다	5.	놀랄만한	wonderful
6.	**afraid**	무서워하는	6.	이상한	strange
7.	**fear**	공포	7.	화난	angry
8.	**rude**	무례한	8.	평화로운	peaceful
9.	**merry**	즐거운	9.	용서하다	excuse
10.	**proud**	자랑스러운	10.	피곤한	tired

B

1.	**greedy**	탐욕스러운	1.	칭찬	praise
2.	**shame**	창피	2.	표현하다	express
3.	**nervous**	초조한	3.	동정심	pity
4.	**sincere**	진실한	4.	도덕의	moral
5.	**miserable**	비참한	5.	용기를 북돋아주다	encourage
6.	**passion**	열정	6.	즐겁게 하다	amuse
7.	**insult**	모욕하다	7.	걱정하다	worry
8.	**annoy**	짜증나게 하다	8.	외로운	lonely
9.	**eager**	열망하는	9.	소중한	dear
10.	**exciting**	흥분시키는	10.	지루한	boring

C

1.	**pity**	난 그녀에게 동정심을 느껴 돈을 빌려주었다.
2.	**greedy**	그 여왕은 권력과 돈에 대해 탐욕스럽다.
3.	**insult**	그 웨이트리스는 손님의 무례한 행동에 심한 모욕감을 느꼈다.
4.	**miserable**	우리 이모는 이혼 후 외로움과 비참함을 느꼈다.
5.	**nervous**	그녀는 시험에 대해 너무 불안해서 잠을 이룰 수 없었다.
6.	**tired**	나는 그의 끝없는 불평을 듣는 것이 지겹다.
7.	**eager**	내 아내는 이번 여름 휴가 때 해외여행 가기를 몹시 바란다.

D

1. ⓑ 나한테 화내지 말아줘.
2. ⓒ 그녀가 한 질문들을 그들이 반복적으로 무시함으로써 그녀는 모욕감을 느꼈다.
3. ⓐ 많은 심리학자들은 몇몇 컴퓨터 게임들이 젊은이들의 폭력적 행동을 부추길 수 있다고 주장한다.

A

1.	**operator**	(장비의) 기사		1.	마술	magic
2.	**duty**	의무		2.	사진사	photographer
3.	**cash**	현금		3.	선장	captain
4.	**wallet**	지갑		4.	비행사	pilot
5.	**commercial**	상업의		5.	제빵사	baker
6.	**invest**	투자하다		6.	일	job
7.	**law**	법		7.	지위	office
8.	**trade**	무역		8.	벌다	earn
9.	**doctor**	의사		9.	회장	president
10.	**medical**	의학의		10.	노동	labor

B

1.	**professor**	교수		1.	상인	merchant
2.	**mayor**	시장		2.	치과의사	dentist
3.	**crew**	선원		3.	(가게) 점원	clerk
4.	**carpenter**	목수		4.	산업의	industrial
5.	**miner**	광부		5.	자원봉사자	volunteer
6.	**selfish**	이기적인		6.	이발사	barber
7.	**pill**	알약		7.	(돈을) 쓰다	spend
8.	**coin**	동전		8.	항해하다	sail
9.	**challenge**	도전		9.	운영자	manager
10.	**union**	통합		10.	빚지다	owe

C

1. **crew** 조나단은 큰 어선의 선원이 되었다.
2. **carpenter** 우리는 새 집을 짓기 위해 숙련된 목수를 고용했다.
3. **merchant** 베니스는 한 때 부유한 상인들의 도시였다.
4. **clerk** 내 아내는 여성 의류 매장에서 점원으로 아르바이트한다.
5. **mayor** 우리 후보가 런던 시장 선거에서 승리했다.
6. **pill** 에밀리는 심한 두통 때문에 알약을 먹었다.
7. **union** 그 가구는 미와 편안함의 결합을 보여준다.

D

1. ⓑ 그녀는 옷과 보석에 많은 돈을 쓴다.
2. ⓒ 그녀는 은행에 많은 돈을 빚지고 있기 때문에 집을 잃을 지경이었다.
3. ⓐ 그 회사는 좋은 제품과 높은 수준의 고객 서비스로 세계적 명성을 얻었다.

A

1.	science	과학	1.	십대	teenager
2.	future	미래	2.	놀이터	playground
3.	count	세다	3.	단어	word
4.	math	수학	4.	배우다	learn
5.	know	알다	5.	이해하다	understand
6.	vacation	방학	6.	문법	grammar
7.	noise	소음	7.	지우개	eraser
8.	circle	동그라미	8.	소리	sound
9.	clever	영리한	9.	조용한	quiet
10.	foolish	어리석은	10.	학급	class

B

1.	graduate	졸업하다	1.	핵의, 원자력의	nuclear
2.	artificial	인조의	2.	인사	greeting
3.	progress	진전	3.	근본적인	fundamental
4.	square	사각형	4.	지루한	dull
5.	concentrate	집중하다	5.	세포	cell
6.	emphasize	강조하다	6.	생물학	biology
7.	semester	학기	7.	액체	liquid
8.	chemical	화학의	8.	도서관	library
9.	atom	원자	9.	교훈	lesson
10.	seat	자리	10.	반복하다	repeat

C

1. **concentrate** 두통 때문에 수업에 집중하기가 어려웠다.
2. **lessons** 우리는 분명히 역사로부터 교훈을 배울 수 있다.
3. **nuclear** 그 나라의 핵무기 프로그램에 대한 우려가 크다.
4. **artificial** 백악관은 일년 내에 두 개의 인공위성을 발사하겠다는 계획을 발표했다.
5. **greetings** 그들은 인사를 나누고 대화를 시작했다.
6. **emphasizes** 우리 선생님은 어휘력을 키우는 것의 중요성을 항상 강조하신다.
7. **dull** 난 그 선생님의 지루한 강의 때문에 졸렸다.

D

1. ⓒ 케이트는 지난 해 의과 대학을 졸업했다.
2. ⓓ 이 제품 좋아 보이는요. 그렇게 비싸지도 않구.
3. ⓐ 중국인들은 조상 숭배가 그들에게 건강과 번영, 장수를 가져온다고 믿는다.

A

1.	**flute**	플루트		1.	미술	art
2.	**gray**	회색		2.	방망이	bat
3.	**ticket**	표, 입장권		3.	경기장	stadium
4.	**guitar**	기타		4.	디자인	design
5.	**purple**	자주색		5.	운동	exercise
6.	**brown**	갈색		6.	다채로운	colorful
7.	**athlete**	운동선수		7.	트럼펫	trumpet
8.	**bike**	자전거		8.	음악가	musician
9.	**hobby**	취미		9.	앨범	album
10.	**concert**	음악회		10.	현관	hall

B

1.	**exhibit**	전시하다		1.	손뼉 치다	clap
2.	**sneakers**	운동화		2.	손전등	flashlight
3.	**volleyball**	배구		3.	조각상	statue
4.	**whistle**	호루라기		4.	뻗다, 늘이다	stretch
5.	**carve**	조각하다		5.	전달하다	relay
6.	**dye**	염색하다		6.	인종	race
7.	**sculpture**	조각		7.	박물관	museum
8.	**cheer**	환호		8.	축제	festival
9.	**stripe**	줄무늬		9.	즐겁게하다	entertain
10.	**theater**	극장		10.	극, 연극	drama

C

1.	**dye**	그 여배우는 자신의 역할을 위해 금발로 염색했다.
2.	**statue**	자유의 여신상은 프랑스인들이 미국에 준 선물이었다.
3.	**athletes**	전 세계의 운동선수들 올림픽에서 경쟁할 것이다.
4.	**clap**	내가 상을 받으러 올라가자 모든 사람들이 환호하며 박수를 쳤다.
5.	**exercise**	우리 할아버지는 건강을 유지하기 위해 정기적으로 운동을 하신다.
6.	**sculpture**	그 예술가는 그리스 신들의 조각품들을 만들어왔다.
7.	**carve**	그 조각가는 얼음으로 아름다운 성을 조각했다.

D

1. ⓐ 그녀는 사람들과 대화를 잘 나누는 기술을 알고 있다.

2. ⓑ 그 큰 경기는 위성을 통해 전 세계 시청자들에게 중계될 것이다.

3. ⓒ 그 회사는 인종, 나이, 성별, 종교 또는 정치적 신념을 이유로 차별하지 않는다.

day 21

A

1.	map	지도		1.	약국	drugstore
2.	trip	(짧은) 여행		2.	서점	bookstore
3.	American	미국의		3.	공항	airport
4.	British	영국의		4.	비행기	plane
5.	border	국경		5.	관광객	tourist
6.	tropical	열대의		6.	교회	church
7.	Japanese	일본의		7.	지하철	subway
8.	Chinese	중국의		8.	운전	drive
9.	travel	(장거리) 여행		9.	다리	bridge
10.	hospital	병원		10.	영토	territory

B

1.	suitcase	여행가방		1.	~행인	bound
2.	delay	연기하다		2.	(교통) 요금	fare
3.	global	세계적인		3.	분수	fountain
4.	visit	방문하다		4.	붐비는	crowded
5.	post	우편(물)		5.	고속도로	expressway
6.	tomb	무덤		6.	교외, 근교	suburb
7.	temple	신전		7.	연료	fuel
8.	monument	기념비		8.	운하	canal
9.	destination	목적지		9.	혼잡	rush
10.	traffic	교통(량)		10.	시내	downtown

C

1. **delay** — 그 기차는 사고로 두 시간 연착되었다.
2. **suburb** — 내 이웃은 복잡한 도시를 떠나 교외로 이사 갔다.
3. **territory** — 대통령은 분쟁 영토에 대한 긴장을 완화시키기 위해 정상회담을 개최할 것이다.
4. **border** — 수천 명의 피난민들이 자유를 찾아 국경을 넘었다.
5. **fare** — 버스 요금이 지난 10년 동안 약 세 배가 올랐다.
6. **trip** — 그 매니저는 일본에 출장 중이라 자리에 없습니다.
7. **bound** — 그 교수는 런던행 비행기에 올라탔다.

D

1. ⓑ 그는 온 바닥에 더러운 옷을 내버려둬서 날 화나게 하고 있다.
2. ⓓ 그들은 그 영웅이 죽은 자리에 기념비를 세웠다.
3. ⓒ 관광 명소는 보통 그곳의 문화적 가치, 역사적 중요성, 자연의 또는 건축된 아름다움, 또는 즐거움의 기회들이 있기 때문에 많은 사람들이 찾아가고 싶은 관심 있는 장소이다.

A

1.	**angel**	천사		1.	등장인물	character
2.	**mate**	친구		2.	날짜	date
3.	**group**	집단		3.	수건	towel
4.	**belt**	벨트		4.	잠수하다	dive
5.	**bench**	긴 의자, 벤치		5.	묶다	tie
6.	**wink**	(눈을) 깜빡거리다		6.	밧줄	rope
7.	**idea**	생각		7.	똑똑한	smart
8.	**copy**	복사		8.	수다를 떨다	chat
9.	**label**	표, 라벨		9.	퍼즐	puzzle
10.	**letter**	편지		10.	알파벳	alphabet

B

1.	**boot**	장화		1.	구급차	ambulance
2.	**ghost**	유령		2.	부스	booth
3.	**guard**	경비		3.	펑 소리가 나다	pop
4.	**hero**	영웅		4.	광물	mineral
5.	**scream**	비명		5.	도보 여행	hike
6.	**alarm**	경보		6.	몸짓	gesture
7.	**flu**	독감		7.	일기	diary
8.	**parade**	(가두) 행진		8.	허구	fiction
9.	**mail**	우편물		9.	조각	chip
10.	**straight**	곧은; 곧장		10.	별명	nickname

C

1. **ambulance** 그 운동 선수는 구급차에 실려 병원으로 갔다.
2. **mineral** 그 나라는 광물 자원이 풍부하다.
3. **booth** 한 수상한 남자가 공중전화 부스에서 전화를 걸고 있었다.
4. **scream** 방에 있는 아이들이 무서워서 소리치고 있었다.
5. **guard** 몇 명의 군인들이 궁전의 문 앞에서 경비를 서고 있었다.
6. **hike** 우리 이번 주말에 근처 산으로 등산 갈거야.
7. **parade** 시에서 그 전쟁 영웅들을 위해 멋진 가두 행진을 벌일 것이다.

D

1. ⓓ 신청서에서 당신의 이름을 대문자로 써 주십시오.
2. ⓑ 그가 아무에게도 말하지 않고 고국을 떠난 것이 난 이해가 안 된다.
3. ⓐ 축구 시합에서 양 팀이 규정 시간(보통 90분) 내에 똑같은 점수를 냈다면 그 경기는 보통 무승부로 간주된다.

A

1.	**ahead**	앞으로, 앞에	1.	한번	once
2.	**behind**	~의 뒤에	2.	혼자	alone
3.	**toward**	쪽으로	3.	서쪽	west
4.	**without**	~이 없는	4.	함께	together
5.	**twice**	두 번	5.	남쪽	south
6.	**below**	~의 아래	6.	미리	beforehand
7.	**minute**	(시간의) 분	7.	북쪽	north
8.	**such**	그런, 그러한	8.	주말	weekend
9.	**thousand**	천	9.	동쪽	east
10.	**afterward**	후에, 나중에	10.	시간	hour

B

1.	**quarter**	1/4	1.	(시간의) 초	second
2.	**seldom**	좀처럼 ~하지 않는	2.	~도 ~도	either
3.	**million**	백만	3.	~하는 동안	while
4.	**unless**	~하지 않으면	4.	~이긴 하지만	though
5.	**whether**	~인지 아닌지	5.	~을 따라서	along
6.	**besides**	~외에	6.	~한 이래	since
7.	**rather**	약간, 좀	7.	하여간, 어쨌든	anyway
8.	**none**	어떤 것도 (~않다)	8.	~도 ~도 아닌	neither
9.	**else**	다른	9.	언젠가	sometime
10.	**beyond**	~의 저편에	10.	-시 정각	o'clock

C

1.	**whether**	성공하든지 실패하든지 우리는 다시 시도해봐야 한다.
2.	**neither**	와이프도 나도 신년 파티에 갈 수가 없다.
3.	**along**	그들은 서로 잘 지낸다.
4.	**rather**	운전하는 것보다 지하철을 타고 가는 게 낫겠다.
5.	**either**	넌 가도 되고 남아 있어도 돼.
6.	**beyond**	그 고객의 무리한 요구는 내 능력을 벗어나는 것이었다.
7.	**ahead**	각종 여론조사에서 그가 다른 후보들보다 앞서 있다.

D

1. ⓑ 넌 축구와 농구 외에 다른 운동 하니?
2. ⓒ 그런 상황에서는 침착을 유지하는 것이 중요하다.
3. ⓓ 그 회사는 10년 전 지역의 중소기업으로 시작해 그때 이후로 많이 성장했다.

A

1.	**doll**	인형	1.	운명	fate
2.	**gun**	총	2.	사슬	chain
3.	**example**	예, 사례	3.	풍선	balloon
4.	**sword**	칼, 검	4.	거품	bubble
5.	**block**	사각형 덩어리	5.	모자	hat
6.	**invade**	침입하다	6.	막대기	bar
7.	**form**	형태	7.	반죽	paste
8.	**tale**	이야기	8.	참다	bear
9.	**crown**	왕관	9.	거인	giant
10.	**lamp**	등, 전등	10.	구멍	hole

B

1.	**foundation**	근거	1.	단서, 실마리	clue
2.	**practice**	연습	2.	품질	quality
3.	**role**	역할	3.	결과	result
4.	**function**	기능	4.	악마	devil
5.	**disadvantage**	불리한 점	5.	수수께끼	riddle
6.	**funeral**	장례식	6.	보물	treasure
7.	**flame**	불길	7.	손수건	handkerchief
8.	**scar**	흉터	8.	겁주다	scare
9.	**prince**	왕자	9.	짐, 화물	load
10.	**script**	대본	10.	하인, 종	servant

C

1.	**scare**	우리는 큰 소리에 겁이 났다[놀랐다].
2.	**practice**	피아노를 잘 치려면 많은 연습이 필요하다.
3.	**funeral**	수천 명의 사람들이 전임 대통령의 장례식에 참석했다.
4.	**clue**	그 형사는 그 미스터리의 중요한 단서를 힘들게 찾아냈다.
5.	**riddle**	첫 번째로 수수께끼를 푸는 사람은 초콜릿 하나 받는다.
6.	**flame**	그 자동차가 갑자기 확 타올랐고 교통 혼잡을 일으켰다.
7.	**treasure**	그 해적들은 동굴 속에서 보물 상자를 발견했다.

D

1. ⓓ 시위운동자들이 주차된 차량들로 도로를 막았다.

2. ⓐ 그 백만장자는 고아들을 돕기 위한 재단을 설립했다.

3. ⓑ 그것은 좋은 계획입니다. 난 당신이 그것을 즉시 실행할 것을 제안해요.
   그거 좋은 계획이네요. 하지만 실행하기 전 해결해야할 두 가지 문제가 남아있어요.

day 25

A

1.	**behave**	행동하다	1.	감동시키다	move
2.	**climb**	오르다	2.	흔들다	shake
3.	**speak**	말하다	3.	차다	kick
4.	**call**	전화 걸다	4.	들어 올리다	lift
5.	**pass**	통과하다	5.	놓다	put
6.	**fight**	싸우다	6.	밀다	push
7.	**ride**	(올라) 타다	7.	받다	receive
8.	**hurt**	다치게 하다	8.	구르다	roll
9.	**hurry**	서두르다	9.	채우다	fill
10.	**hang**	매달다	10.	빨다	suck

B

1.	**obey**	복종하다	1.	(허리 굽혀) 절하다	bow
2.	**march**	행진하다	2.	닳다	wear
3.	**introduce**	소개하다	3.	참다, 버티다	stand
4.	**urge**	재촉하다	4.	익사시키다	drown
5.	**grab**	(꽉) 붙잡다	5.	휴대하다	carry
6.	**handle**	다루다	6.	그리워하다	miss
7.	**turn**	차례	7.	찌르다	stick
8.	**pour**	따르다, 붓다	8.	감동시키다	touch
9.	**invite**	초대하다	9.	(손목을) 삐다	twist
10.	**leap**	(높이) 뛰다	10.	쏟다, 흘리다	spill

C

1.	**grab**	그는 나뭇가지를 꽉 붙잡고 물속에서 빠져나왔다.
2.	**stuck**	그 간호사가 내 팔에 주사 바늘을 찔러 넣었다.
3.	**march**	수백 명의 사람들이 거리를 행진했다.
4.	**call**	몇몇 사람들은 그를 거짓말쟁이라고 하지만 그는 정직하다.
5.	**pour**	웨이터가 그녀의 잔에 물을 조심해서 따랐다.
6.	**drown**	배가 뒤집혀 많은 사람들이 강물에 빠져 죽었다.
7.	**spill**	반친구 에디가 나의 새 정장에 커피를 쏟았다.

D

1. ⓓ 그 오래된 카펫은 몇 군데가 몹시 닳았다.
2. ⓐ 난 내가 식사할 때 내 주위에서 담배 피는 사람들을 참을 수 없다.
3. ⓒ 누군가를 기분 나쁘게 하지 않으면서도 초대를 정중하게 거절하는 방법에 대한 몇 가지 팁을 너에게 알려줄게.

A

1.	**break**	깨다, 부수다	1.	덮다	cover
2.	**burn**	타다, 태우다	2.	연기	smoke
3.	**choose**	선택하다	3.	보여주다	show
4.	**gather**	모으다	4.	꿈꾸다	dream
5.	**add**	더하다	5.	바라다	wish
6.	**gain**	얻다	6.	닫다	shut
7.	**cut**	자르다, 베다	7.	계속하다	continue
8.	**keep**	유지하다	8.	추측하다	guess
9.	**appear**	나타나다	9.	시도하다	try
10.	**shoot**	쏘다, 발사하다	10.	일어나다	happen

B

1.	**tear**	찢다	1.	처벌하다	punish
2.	**rob**	빼앗다	2.	톱질하다	saw
3.	**disappear**	사라지다	3.	긁다, 할퀴다	scratch
4.	**discover**	발견하다	4.	망치다	spoil
5.	**sink**	가라앉다	5.	기록하다	record
6.	**become**	~되다	6.	고르다	pick
7.	**share**	공유하다	7.	반납하다	return
8.	**expect**	예상하다	8.	하락, 감소	drop
9.	**hide**	숨다	9.	잔돈	change
10.	**belong**	~에 속하다	10.	훔치다	steal

C

1. **sink** — 그 배가 바위에 부딪친 후 가라앉기 시작했다.
2. **scratch** — 자기야, 등 좀 긁어줄래?
3. **stole** — 그 도둑은 그 가게에서 수천 달러의 돈을 훔쳤다.
4. **pick** — 그 사람은 딸을 위해 가장 좋은 케이크를 골랐다.
5. **saw** — 그 목수는 판자를 정확히 반으로 톱질해 잘랐다.
6. **spoil** — 그의 예상 밖의 실수가 우리의 계획을 망쳐 놓았다.
7. **tore** — 화가 난 그 남자는 편지를 갈기갈기 찢었다.

D

1. ⓒ 병이 그녀의 평범한 어린 시절을 앗아갔다.
2. ⓑ 그녀는 오랜 친구의 죽음을 전해 듣고 울음을 터뜨렸다.
3. ⓐ 그는 파티에서 새로 산 스포츠카를 친구들에게 자랑하고 싶었다.

A

1.	able	~할 수 있는	1.	유명한	famous
2.	soft	부드러운	2.	뛰어난	excellent
3.	busy	바쁜	3.	기쁜	glad
4.	loud	소리가 큰	4.	슬픈	sad
5.	true	사실인	5.	잘생긴	handsome
6.	enough	충분한	6.	못생긴	ugly
7.	past	과거의	7.	힘든	hard
8.	bad	나쁜	8.	무거운	heavy
9.	useless	소용없는	9.	특별한	special
10.	equal	같은	10.	유용한	useful

B

1.	precious	값비싼	1.	태생의	native
2.	former	이전의	2.	종류	kind
3.	shallow	얕은	3.	인상적인	impressive
4.	several	몇 개의	4.	아주, 꽤	pretty
5.	vain	헛된, 소용없는	5.	고대의	ancient
6.	certain	확실한	6.	뒤의	rear
7.	fortunate	운 좋은	7.	비어있는	empty
8.	sharp	날카로운	8.	가장 좋아하는	favorite
9.	grand	큰, 웅장한	9.	분명한	clear
10.	flat	평평한	10.	지난, 최근의	last

C

1.	hard	그 어려운 문제를 주어진 시간 안에 풀기 힘들다.
2.	precious	나는 과거에 귀중한 시간을 낭비했던 것을 깊이 후회한다.
3.	shallow	우리는 그 얕은 개울을 걸어서 건널 수 있었다.
4.	several	그 소포가 도착하는 데 며칠이 걸렸다.
5.	former	전 대통령이 올해 노벨평화상을 받았다.
6.	enough	메리는 결혼할 만큼 충분히 나이가 들지가 않았어요.
7.	pretty	그 영화에서 그 여배우의 연기는 아주 훌륭했다.

D

1.	ⓐ	그 두 팀 사이에는 어느 정도의 우호적인 경쟁의식이 있다.
2.	ⓒ	실직한 사람들의 수가 급증했다.
3.	ⓓ	이해하지 않고 단순히 머리에 주입된 지식은 오래가지 않는다.

A

1.	**arrive**	도착하다	1.	아마도	maybe
2.	**pull**	당기다	2.	거꾸로	upside down
3.	**wind**	(실 등을) 감다	3.	끌(리)다	drag
4.	**stare**	응시하다	4.	치다	hit
5.	**throw**	던지다	5.	문제	problem
6.	**watch**	(지켜)보다	6.	거의	almost
7.	**saying**	속담	7.	특히	especially
8.	**probably**	아마	8.	주로	mostly
9.	**suddenly**	갑자기	9.	급히	hastily
10.	**really**	정말로	10.	즉시	instantly

B

1.	**pitch**	던지다	1.	(조직을) 이끌다	lead
2.	**coil**	(돌돌) 감다	2.	응시하다	gaze
3.	**proverb**	속담	3.	~처럼 보이다	look
4.	**altogether**	전부	4.	파업	strike
5.	**apart**	떨어져, 따로	5.	실제로	actually
6.	**further**	더, 더욱	6.	(선으로) 그리다	draw
7.	**immediately**	즉시	7.	아마도	perhaps
8.	**indeed**	정말, 실로	8.	빠르게, 신속히	rapidly
9.	**nearly**	거의	9.	(목표에) 도달하다	reach
10.	**recently**	최근에	10.	문제	matter

C

1. ⓑ 나는 컴퓨터 스크린을 응시하는데 내 많은 시간을 보낸다.
2. ⓒ 그 학교 폭력배가 그의 얼굴을 세게 때렸다.
3. ⓐ 그녀는 그 편지를 불 속에 던졌다.
4. ⓓ 뱀이 나뭇가지를 (몸을) 휘감았다.
5. ⓑ 만약 우리가 지금 무언가를 하지 않으면 숲이 완전히 사라질지 모른다.

D

1. ⓐ 우리는 공항에 늦게 도착했다.
2. ⓒ 주장이 그의 팀을 승리로 이끌었다.
3. ⓒ 속담은 지혜, 진리, 도덕 그리고 전통적 견해들을 담고 있는 짧고 사람들에게 일반적으로 알려진 문장이다.

A

1.	**question**	질문	1.	가져가다	take
2.	**sleep**	자다	2.	동의하다	agree
3.	**buy**	사다	3.	대답하다	answer
4.	**elder**	나이가 더 많은	4.	떨어지다	fall
5.	**younger**	나이가 더 어린	5.	실패하다	fail
6.	**live**	살다	6.	시작하다	begin
7.	**alive**	살아있는	7.	가입하다	join
8.	**quick**	빠른	8.	떠나다	leave
9.	**slow**	느린	9.	남자의	male
10.	**die**	죽다	10.	여자의	female

B

1.	**bury**	묻다	1.	빌려주다	lend
2.	**succeed**	성공하다	2.	머무르다	stay
3.	**separate**	분리하다	3.	게으른	lazy
4.	**wake**	(잠에서) 깨(우)다	4.	대답, 답장	reply
5.	**borrow**	빌리다	5.	가져오다	bring
6.	**disagree**	반대하다	6.	죽은	dead
7.	**dig**	(땅을) 파다	7.	부탁하다	ask
8.	**finish**	끝내다	8.	오르다	rise
9.	**lose**	잃다	9.	얻다	win
10.	**sell**	팔다	10.	근면한	diligent

C

1. ⓑ 나한테 펜 좀 빌려줄래요?
2. ⓒ 우리는 이번 주에 집에 머물기로 결정했다.
3. ⓐ 그들은 그 시체를 땅에 묻었다.
4. ⓐ 기온이 밤새 급격히 떨어졌다.
5. ⓑ 그는 자기 일에서 성공하기를 바란다.

D

1. ⓑ 그는 늘 레드 와인을 마시고 잠든다.
2. ⓒ 엄마가 그 파이를 8조각으로 나눴다.
3. ⓐ 화학 공장에서의 폭발로 14명의 노동자들이 죽었고 수십 명의 사람들이 부상 당했다.

A

1.	**dark**	어두운		1.	다른	different
2.	**clean**	깨끗한		2.	마른	dry
3.	**forward**	앞으로		3.	짧은	short
4.	**backward**	뒤로		4.	안전한	safe
5.	**strong**	강한		5.	쉬운	easy
6.	**early**	일찍		6.	단순한	simple
7.	**late**	늦은		7.	같은	same
8.	**high**	높은		8.	얇은	thin
9.	**low**	낮은		9.	넓은	wide
10.	**long**	긴		10.	부드러운	smooth

B

1.	**wet**	젖은		1.	비싼	expensive
2.	**thick**	두꺼운		2.	더러운	dirty
3.	**rough**	거친		3.	약한	weak
4.	**dangerous**	위험한		4.	꽉 조이는	tight
5.	**correct**	맞는, 옳은		5.	좁은	narrow
6.	**complex**	복잡한		6.	똑똑한	bright
7.	**present**	현재의		7.	느슨한	loose
8.	**absent**	결석한		8.	드문	rare
9.	**common**	공동의		9.	어려운	difficult
10.	**wrong**	틀린		10.	값싼	cheap

C

1. ⓒ 내 사촌은 비싼 차를 살 만큼 돈이 충분히 있다.
2. ⓑ 나사가 너무 꽉 조여 있어서 꼼짝을 안 했다.
3. ⓐ 바닥이 젖어있으니 미끄러지지 않도록 조심하세요.
4. ⓑ 그 도시의 오래된 길들은 버스가 지나다니기에는 너무 좁다.
5. ⓓ 기술이 좀 더 복잡해지고 점점 더 전문화되었다.

D

1. ⓐ 그 후보가 이번 선거에서 가까스로 승리했다.
2. ⓒ 만약 네가 학교에서 무슨 문제가 있으면 선생님께 도와달라고 부탁드려야 해.
3. ⓑ 이건 그냥 대강의 초안이라서 완성하려면 시간이 좀 더 필요해.

index 색인

영단어 고민 해결사 < MD Voca> 4단 시리즈

MD 중학 영단어

문덕/김형탁 공저 / 416면/
14,000원

- **기적의 WCS학습법**

  단어(word) → 짝 짓기(coupling) → 문장(sentence)

- **상상을 현실로 만든 cross-day시스템**

  중학<최중요 400>어휘를 자동 반복 시스템으로 100% 구현!

  1일차의 모든 단어가 2일차 예문에 등장하는

  기적의 자동 복습 장치!

MD 중학 영단어(실력편)

문덕/김형탁 공저 / 352면/
13,000원

- **엄선된 List !**

  까다로운 중학수준 영단어와 고교 수준 최 빈출 영단어 900여개 수록

- **선명한 의미와 예문**

- **특효약과 같은 Tip 풍선**

  - 가장 많이 쓰이는 접두사(prefix), 어근(root), 접미사(suffix)들이 포함된 어휘
    와 그 어원에 대한 설명과 함께 추가적인 어휘들을 제시

  - 중요 단어의 동의어나 유의어들을 제시

- **풍부하고 효율적인 복습 Test**

MD VOCA 수능

MD영어연구소 문덕/김형탁 지음 /
본권 474면, 부록 134면/
17,000원

- **MD 영어 연구소가 선보이는 WCS학습법의 신기원**

  단어(word) → 짝 짓기(coupling) → 문장(sentence)

- **암기 효율 끝판왕**

  어원&테마별 어휘학습의 완벽한 유기적 구성

- **다의어 문제 완벽해결**

MD VOCA 33000

문덕 지음 / 본권 624면, 실력팩
400면/32,000원

- 일본, 중국, 대만에도 수출되는 대한민국대표어휘집!
- TOEFL, TOEIC, TEPS, SAT, GRE, GMAT, 편입, 고시, 공무원
- 최장기 어휘 베스트셀러 MD 최신개정판!!
- 기본에서 최고급어휘까지 수록
- 세계 최초 기적의 동의어보감 수록